Detlev Brunner, Michaela Kuhnhenne, Hartmut Simon (Hg.)
Gewerkschaften im deutschen Einheitsprozess

Forschung aus der Hans-Böckler-Stiftung    Band 192

# Editorial

Die Reihe »**Forschung aus der Hans-Böckler-Stiftung**« bietet einem breiten Leserkreis wissenschaftliche Expertise aus Forschungsprojekten, die die Hans-Böckler-Stiftung gefördert hat. Die Hans-Böckler-Stiftung ist das Mitbestimmungs-, Forschungs- und Studienförderungswerk des DGB. Die Bände erscheinen in den drei Bereichen »Arbeit, Beschäftigung, Bildung«, »Transformationen im Wohlfahrtsstaat« und »Mitbestimmung und wirtschaftlicher Wandel«.

»**Forschung aus der Hans-Böckler-Stiftung**« bei transcript führt mit fortlaufender Zählung die bislang bei der edition sigma unter gleichem Namen erschienene Reihe weiter.

**Detlev Brunner** (PD Dr. phil.) lehrt deutsche und europäische Geschichte an der Universität Leipzig. Zu seinen Forschungsschwerpunkten gehören Gewerkschaftsgeschichte und deutsch-deutsche Zeitgeschichte.
**Michaela Kuhnhenne** (Dr. phil.) befasst sich als Forschungsreferentin in der Hans-Böckler-Stiftung mit der Geschichte der Gewerkschaften.
**Hartmut Simon** (Dr. phil.) arbeitet als Historiker und Archivar für die Vereinte Dienstleistungsgewerkschaft (ver.di) und befasst sich unter anderem mit der Aufarbeitung der Gewerkschaftsgeschichte.

Detlev Brunner, Michaela Kuhnhenne, Hartmut Simon (Hg.)

# Gewerkschaften im deutschen Einheitsprozess
Möglichkeiten und Grenzen in Zeiten der Transformation

[transcript]

© Detlev Brunner, Michaela Kuhnhenne, Hartmut Simon (Hg.)
Erschienen als
Gewerkschaften im deutschen Einheitsprozess
im transcript Verlag 2018

Dieses Werk ist lizenziert unter der

Creative Commons Attribution 4.0 (BY).
Diese Lizenz erlaubt unter Voraussetzung der Namensnennung des Urhebers die Bearbeitung, Vervielfältigung und Verbreitung des Materials in jedem Format oder Medium für beliebige Zwecke, auch kommerziell.
(Lizenztext: https://creativecommons.org/licenses/by/4.0/.

Die Bedingungen der Creative Commons Lizenz gelten nur für Originalmaterial. Die Wiederverwendung von Material aus anderen Quellen (gekennzeichnet mit Quellenangabe) wie z.b. Schaubilder, Abbildungen, Fotos und Textauszüge erfordert ggf. weitere Nutzungsgenehmigungen durch den jeweiligen Rechteinhaber.

**Bibliografische Information der Deutschen Nationalbibliothek**
Die Deutsche Nationalbibliothek verzeichnet diese Publikation in der Deutschen Nationalbibliografie; detaillierte bibliografische Daten sind im Internet über http://dnb.d-nb.de abrufbar.

Umschlagkonzept: Kordula Röckenhaus, Bielefeld
Umschlagabbildung: Leipziger Montagsdemonstration, 18.03.1991,
Fotograf: Wolfgang Kluge, © dpa
Satz: Michael Rauscher, Bielefeld
Druck: Majuskel Medienproduktion GmbH, Bielefeld
Print-ISBN 978-3-8376-4219-3
PDF-ISBN 978-3-8394-4219-7

Gedruckt auf alterungsbeständigem Papier mit chlorfrei gebleichtem Zellstoff.
Besuchen Sie uns im Internet: *http://www.transcript-verlag.de*
Bitte fordern Sie unser Gesamtverzeichnis und andere Broschüren an unter: *info@transcript-verlag.de*

# Inhalt

*Detlev Brunner/Michaela Kuhnhenne/Hartmut Simon* | 9
**Die Gewerkschaften im deutschen Einheitsprozess**
Eine Einleitung

*Stefan Müller* | 17
**Deutschlandpolitik der Gewerkschaften in den 1980er-Jahren**
**DGB und FDGB**
1. First and last contact: 1972 und 1989 | 17
2. Deutsch-deutsche Krisendynamiken: Die 1970er-Jahre | 21
3. Überraschende Dialoge und Positionsbestimmungen: die 1980er-Jahre | 24
4. Subkutane Annäherung im »Zweiten Kalten Krieg« | 28
5. Grenzen der Entspannung | 30

*Wolfgang Uellenberg-van Dawen* | 45
**Gewerkschaften und deutsche Einheit**
1. Die Wahrnehmung und Begleitung der friedlichen Revolution in der DDR durch den DGB | 46
2. Der Aufbau des DGB und der DGB-Gewerkschaften in den neuen Bundesländern | 51
3. Soziale Gleichheit, sozialverträgliche Abwicklung und struktureller Neuanfang – Konzepte und Aktivitäten der Gewerkschaften im geeinten Deutschland | 56
4. Fazit | 66

*Renate Hürtgen* | 69
## Betriebliche und gewerkschaftliche Basisbewegungen 1989/90 in der DDR
1. Die Gewerkschaften der DDR im Herbst 1989 | 70
2. Die Rolle von Betrieben in der demokratischen Revolution | 74
3. Opposition und »betriebliche Wende« | 78
4. Die Initiative für unabhängige Gewerkschaften (IUG) | 80
5. »Gründungsfieber« in den DDR-Betrieben | 82
6. Das Jahr 1990: Gewerkschaftseinheit und Betriebsratswahlen | 85
7. Resümee und Ausblick | 87

*Detlev Brunner* | 95
## Gewerkschaftspolitik in der Transformation
## Anmerkungen zum Forschungsstand
1. Transformationsphase | 96
2. Tarifpolitik | 98
3. Treuhandanstalt | 102

*Marcus Böick* | 109
## Beziehungsgeschichten von Treuhandanstalt und Gewerkschaften in der ostdeutschen Transformationslandschaft
## Konflikte, Kooperationen, Alltagspraxis
1. Einleitung: Annäherungen an ein schwieriges Verhältnis | 109
2. Konfliktgeschichten: Gegner im »Schlachthaus Ost« | 111
3. Kooperationsgeschichten: Partner beim »Aufschwung Ost« | 116
4. Praxis- und Alltagsgeschichten: »Gespaltene Erfahrungen« | 119
5. Fazit: Treuhandanstalt und Gewerkschaften in der Geschichte der Transformationszeit | 122

*Roland Issen* | 131
## Möglichkeiten und Grenzen für Gewerkschaften im Verwaltungsrat der Treuhandanstalt

*Ingrid Artus* | 151
**Tarifpolitik in der Transformation**
**Oder: Das Problem »stellvertretender Tarifautonomie«**
1. Tarifpolitik im Zeichen der Einheit | 152
2. Tarifpolitik in der Transformationskrise – oder: Von der Tarifangleichung zur Persistenz ostdeutscher Besonderheit | 160
3. Das etwas andere ostdeutsche System industrieller Beziehungen als Ergebnis der historischen Ereignisse | 163

*Lothar Wentzel* | 169
**Der Streik der IG Metall zur Verteidigung des Stufentarifvertrags in den neuen Bundesländern im Jahre 1993**

**Die Autorinnen und Autoren** | 181

# Die Gewerkschaften im deutschen Einheitsprozess
Eine Einleitung

*Detlev Brunner/Michaela Kuhnhenne/Hartmut Simon*

Die Geschichte der Gewerkschaften im vereinten Deutschland seit 1990 ist noch nicht geschrieben. Trotz der großen Menge und Vielfalt an Publikationen zur deutschen Einheit blieben die Rolle der Gewerkschaften im Einheitsprozess und ihr Anteil an der Erreichung der »inneren Einheit« bislang weitgehend ausgeblendet. Die Jubiläen (15/20/25 Jahre Einheit) haben hier nur sehr begrenzt als Schubkraft für die historische Forschung gewirkt.

Die Ignoranz gegenüber der Bedeutung der Gewerkschaften im deutschen Einheits- und Transformationsprozess hängt wohl auch mit dem schlechten Bild zusammen, das in der Öffentlichkeit von den Gewerkschaften gepflegt wurde – gerade seit der zweiten Hälfte der 1990er- und in den 2000er-Jahren wurde ein »Abgesang« auf die Gewerkschaften angestimmt. Vielen, gerade aus der jüngeren Generation und in den neuen IT-Branchen, schienen Gewerkschaften überflüssig zu sein. Mitglieder- und Vertrauensschwund schmälerten in der Tat die Aktionsmöglichkeiten. Allerdings ist dies nur *ein* (negativer) Blick auf die Gewerkschaftsgeschichte der vergangenen zweieinhalb Jahrzehnte.

Die alles in allem gelungene Wahrung des sozialen Friedens, eine sich abzeichnende Angleichung der Lebensverhältnisse, der zumindest in einer Reihe von Regionen erkennbare Aufschwung in Ostdeutschland zählen zur Habenseite – ohne die Gewerkschaften wäre dies nicht möglich gewesen. Gerade deshalb ist es für eine Gesellschaftsgeschichte des vereinten Deutschlands von außerordentlicher Bedeutung, die Geschichte der deutschen Gewerkschaften und ihres Handelns stärker in das Blickfeld der Forschung zu rücken.

Dieser Befund war ausschlaggebend für die Entscheidung, eine Tagung zum Thema »Einheit und Transformation – Gewerkschaften im deutschen Einheitsprozess« zu veranstalten und so die Thematik einer breiteren gewerkschaftlichen und wissenschaftlichen Öffentlichkeit zugänglich zu machen.

Auch innerhalb der Gewerkschaften hat eine Bilanzierung der Erfahrungen aus 25 Jahren deutscher Einheit, aus den Wendejahren und dem »Aufbau Ost« erst begonnen. Die Bilanz ist ambivalent. Neben den Erfolgen treten die Grenzen gewerkschaftlichen Handelns hervor. Als die Menschen in der DDR 1989 in Massen auf die Straße gingen, weil sie Gängelung und Entmündigung leid waren, oder als sie aus Enttäuschung, Resignation und Wut unter zum Teil dramatischen Umständen das Land verließen, waren die westdeutschen Gewerkschaften zunächst nur besorgte Beobachter der Entwicklung. Für sie standen Ende der 1980er-Jahre die Bekämpfung der Massenarbeitslosigkeit in der Bundesrepublik, die 35-Stunden-Woche, die Verteidigung des Streikrechts gegen die »kalte Aussperrung«, die neoliberale Politik der Entstaatlichung und die ökologischen Herausforderungen auf der Tagesordnung. Auf die friedliche Revolution in der DDR waren sie ebenso wenig vorbereitet wie auf ihre Aufgaben im dann vereinten Deutschland.

Die Menschen in der DDR in und nach der friedlichen Revolution suchten nach Perspektiven, nach wirksamer Interessenvertretung und Sicherheit in einer von ihnen herbeigewünschten sozialen Marktwirtschaft. Deren Regeln und Risiken kannten sie nicht, und sie hofften auf den Schutz der in ihren Augen starken westdeutschen Gewerkschaften. Die Gewerkschaften des DGB mühten sich redlich, diesen Anforderungen nachzukommen. Standen sie zunächst mit Informationsmaterial und Beratungsstellen den neuen gewerkschaftlichen Kräften in der DDR beim Aufbau staats- und parteiunabhängiger gewerkschaftlicher Strukturen zur Seite, ging es bald um einheitliche Gewerkschaften in ganz Deutschland.

Gleichzeitig gewann die gewerkschaftliche Tarifpolitik zunehmend an praktischer Bedeutung, galt doch mit dem Inkrafttreten des Staatsvertrags ab dem 1. Juli 1990 auch in der DDR die Koalitionsfreiheit und die Tarifautonomie. Tarifkommissionen mussten gegründet, Forderungen formuliert, Verhandlungen geführt werden. In den Augen der Beschäftigten der DDR war das die Nagelprobe für die Gewerkschaften. Von einem anfänglichen gesellschaftlichen Grundkonsens getragen, gelang es, die ersten Tarifverträge in Ostdeutschland zügig abzuschließen. Die Mitgliederzahlen in den seit Herbst 1990 gesamtdeutschen DGB-Gewerkschaften stiegen in den neuen Bundesländern auf fast vier Millionen an – dies war auch ein Ausdruck des Vertrauens in die westdeutschen Gewerkschaften, die jedoch mit dieser Aufgabe bald überfordert waren. So entsprach die Entlohnung bis Ende 1991 in nur einem ostdeutschen Tarifbereich, im Ostberliner Gebäudereinigerhandwerk, 100 Prozent des Westniveaus. In der Mehrzahl der Tarifbereiche schwankte sie zwischen 50 und 60 Prozent – und dies ohne Berücksichtigung von Weihnachts- und Urlaubsgeld und bei längerer Arbeitszeit als im Westen.

Trotz der starken Unterschiede in den Tarifverträgen in Ost- und Westdeutschland und einer die Produktivitätsunterschiede berücksichtigenden Tarifpolitik sahen sich die Gewerkschaften massiver Kritik ausgesetzt. Bundesregierung, Bundesbank und wirtschaftswissenschaftliche Forschungsinstitute warfen ihnen unverantwortliche Lohnabschlüsse vor. Sie seien schuld an der sich verschärfenden ökonomischen Lage in Ostdeutschland. Originalton der Wirtschaftsforschungsinstitute in ihrem Frühjahrsgutachten 1991: In der Lohnpolitik scheinen »alle Dämme gebrochen« (Der Spiegel 1991). Und der FDP-Vorsitzende Graf Lambsdorff forderte gar, dass der Staat eingreifen müsse, damit Unternehmer »zeitweilig aus den Tarifverträgen aussteigen« könnten (Bispinck 1991: 751). Auf der anderen Seite hatten die Beschäftigten in Ostdeutschland angesichts schnell steigender Lebenshaltungskosten eine rasche Anpassung der Einkommensbedingungen an die im Westen und Siebenmeilenstiefel auf dem Weg zur Tarifunion erwartet.

Die neuen gesamtdeutschen Gewerkschaften stießen trotz großen Engagements innerhalb des Umbruchs der ostdeutschen politischen Strukturen und des weitgehenden Zusammenbruchs wichtiger Industrie- und Dienstleistungsstrukturen schnell an ihre Grenzen. Gestaltungsperspektiven konnten in der Praxis vielfach nicht durchgesetzt werden. Eine offensive Interessenvertretung wich mangels Alternativen nicht selten der Beteiligung an sozialverträglicher Abwicklung. Nach der übergangslosen Einführung der Währungs-, Wirtschafts- und Sozialunion sahen sich die Ostbetriebe einer desaströsen Konkurrenz mit der westdeutschen und internationalen Wirtschaft ausgesetzt, der sie nicht standhalten konnten. Die Wirtschaftslage in den neuen Bundesländern verschlechterte sich dramatisch, die Arbeitslosigkeit wuchs rasant auf zweistellige Prozentzahlen, die Zahl der Arbeitsplätze verringerte sich von ehemals neun Millionen auf nur noch fünf Millionen. In der Folge sank auch die Zahl der Gewerkschaftsmitglieder in Ostdeutschland rapide, bis 1995 auf 2,4 Millionen (Biebeler/Lesch 2006).

25 Jahre nach der deutschen Einheit hat sich die Lohnentwicklung in West- und Ostdeutschland angenähert, ist jedoch immer noch nicht im Gleichstand, wozu auch die geringere Tarifbindung in Ostdeutschland beiträgt. Die Abwanderungsbewegung ist gestoppt, und in einigen ostdeutschen Regionen lässt sich sogar ein positiver Wanderungssaldo feststellen. Die Erwerbslosenquote ist insgesamt – wenngleich mit deutlichen regionalen Unterschieden – stark gesunken, liegt allerdings immer noch über der durchschnittlichen Erwerbslosenquote in Westdeutschland. Trotz aller Probleme und Grenzen gewerkschaftlichen Handelns lässt sich konstatieren, dass die Gewerkschaften die Fortschritte im Prozess der Angleichung der Produktions- und Lebensverhältnisse in Ost- und Westdeutschland als wichtige gesellschaftliche und tarifpolitische Akteure mitgestaltet und damit zur Gleichbehandlung und sozialen Gerechtigkeit in Deutschland beigetragen haben.

Der vorliegende Band beruht auf einer von der Hans-Böckler-Stiftung am 12./13. November 2015 in der Hauptverwaltung der Vereinten Dienstleistungsgewerkschaft (ver.di) durchgeführten Tagung. Sie verknüpfte zwei Ebenen: die Erfahrung und Wahrnehmung beteiligter Akteurinnen und Akteure sowie die wissenschaftliche Reflexion historischer und sozialwissenschaftlicher Forschung.

Christian Hall und Detlev Brunner präsentierten ihr 2012/13 durchgeführtes Interviewprojekt (Brunner/Hall 2014) zu den Erinnerungen gewerkschaftlicher Zeitzeuginnen und Zeitzeugen an den Einheits- und Transformationsprozess. Die vorgestellten Projektergebnisse und die Aussagen der auf dem Podium vertretenen Zeitzeuginnen und Zeitzeugen[1] eröffneten Einblicke in bislang kaum thematisierte Aspekte der Umbruchs- und Neu-

---

1 | *Jutta Schmidt*, 1989 Mitglied des Neues Forums, BGL-Vorsitzende am Institut für Halbleiterphysik, Frankfurt/Oder, ab Juni 1992 stellvertretende Vorsitzende der ÖTV; *Renate Hürtgen*, 1989 Gründungsmitglied der »Initiative für unabhängige Gewerkschaften« (IUG), bis 2013 wissenschaftliche Mitarbeiterin am Zentrum für Zeithistorische Forschung (ZZF) Potsdam; *Peter Witte*, 1989 Mitglied des »Ge-

## Die Gewerkschaften im deutschen Einheitsprozess

ordnungsphase. Dies betraf den gewerkschaftlichen Einigungsprozess an sich, das Verhältnis zwischen Ost und West in den Gewerkschaften, die Rolle und die Einflussmöglichkeiten der Gewerkschaften in den Jahren der Transformation, Erwartungen an demokratische Mitbestimmung und Enttäuschung über mangelnde Partizipationsmöglichkeiten. Bisherige Annahmen, die Demokratiebewegung habe in den DDR-Betrieben kaum oder keinen Niederhall gefunden, wurden widerlegt – im Gegenteil ist von einer unterschiedlich starken basisdemokratischen Bewegung auf betrieblicher Ebene auszugehen, die den gewerkschaftlichen Neuordnungsprozess in der DDR vorantrieb. In einem schmalen Zeitfenster von Herbst 1989 bis in die Zeit vor den Volkskammerwahlen am 18. März 1990 verfügten Gewerkschaften in der DDR offenbar über eine gewisse Handlungsmacht, die jedoch bald von dem beginnenden ökonomischen Transformationsprozess seit der Währungs-, Wirtschafts- und Sozialunion ab 1. Juli 1990 überlagert wurde. Auch ein gewerkschaftlicher Transformationsprozess zeigte Konsequenzen: Die zunehmende Orientierung am westdeutschen Gewerkschafts- und Organisationsmodell brachte das Ende der basisdemokratischen Initiativen mit sich.

Der vorliegende Band versammelt die für den Druck überarbeiteten Beiträge der Tagung. Sie spiegeln die je nach Standort und Perspektive teilweise unterschiedlichen Einschätzungen der Autorinnen und Autoren wider. Zusätzlich aufgenommen wurde ein Beitrag von *Stefan Müller* zur Deutschlandpolitik von DGB und FDGB in den 1980er-Jahren. Er bietet eine Vorgeschichte zur Entwicklung ab 1989, skizziert die Annäherung im entspannungspolitischen Rahmen und erklärt, warum sich der DGB zunächst schwertat, die Entwicklung in der DDR ab Sommer 1989 adäquat einzuschätzen. Immerhin trafen offizielle Delegationen des FDGB und des DGB noch Mitte September 1989 zusammen und stellten die positive Entwicklung der beiderseitigen Beziehungen fest.

Das unvorbereitete und zunächst vorsichtige Agieren beschreibt *Wolfgang Uellenberg-van Dawen*, der als Akteur beteiligt war – er war 1989/90 Referatsleiter im DGB-Bundesvorstand, Abteilung Gewerkschaftliche Bildung. In seiner Überblickskizze verweist er nicht nur auf Zögerlichkeiten und Probleme gewerkschaftlichen Handelns, sondern auch auf jene Kon-

---

werkschaftskomitees für Selbstbestimmung in der DDR«, bis 1996 Mitglied des geschäftsführenden Vorstands der IG Bergbau und Energie.

zepte, die eine sozialverträgliche Gestaltung des Transformationsprozesses ansteuerten.

*Renate Hürtgen* vereint Zeitzeugenschaft und Wissenschaft. Sie hat sich zum einen als Historikerin mit den Arbeitsbeziehungen in der DDR und dem gesellschaftlichen und politischen Umbruch auseinandergesetzt, zum anderen war sie als Bürgerrechtlerin und Mitgründerin der »Initiative für unabhängige Gewerkschaften« (IUG) aktiv daran beteiligt. Ihr Beitrag unterstreicht die Rolle der betrieblichen Initiativen als wichtiger Faktoren der demokratischen Revolution. Die Zurückdrängung all dieser Initiativen einschließlich der IUG entspricht dem Schicksal vieler Initiativen der Bürgerbewegung, die den bald etablierten Strukturen westdeutscher Provenienz wichen.

Die Beschäftigung mit den weiteren inhaltlichen Schwerpunkten des vorliegenden Bandes – dem Verhältnis zwischen Gewerkschaften und Treuhandanstalt und der Tarifpolitik im Transformationsprozess – leitet *Detlev Brunner* mit einem Abriss zum Forschungsstand ein. Sein Fazit fällt angesichts der eingangs festgestellten Unkenntnis gegenüber der Rolle der Gewerkschaften im Einheitsprozess wenig überraschend aus. Insbesondere das Verhalten der Gewerkschaften gegenüber *der* dominanten Transformationsagentur, der Treuhandanstalt, ist kaum untersucht. Etwas besser steht es um die Erforschung der Tarifpolitik in der Transformationsphase, zu der sozialwissenschaftliche Untersuchungen aus den 1990er- und 2000er-Jahren vorliegen.

Basierend auf seiner kürzlich abgeschlossenen Dissertation analysiert *Marcus Böick* das »Beziehungsverhältnis« Treuhand/Gewerkschaften mit drei Ansätzen: Man kann, so Böick, das Verhältnis unter dem Gesichtspunkt des Konflikts, aber auch der Kooperation beschreiben; als dritte Ebene schließlich nennt er »Praxis- und Alltagsgeschichten«, in denen jenseits der jeweiligen Spitzenebenen »gespaltene Erfahrungen« sichtbar werden. Man könne nicht von homogen abgeschlossenen Blöcken (hier die Gewerkschaften und dort die Treuhand) sprechen – eine vielversprechende Perspektive jenseits verbreiteter Muster der Anklage und der Apologie.

Als eines von insgesamt vier gewerkschaftlichen Mitgliedern des ehemaligen Verwaltungsrates der Treuhand berichtet der damalige Vorsitzende der Deutschen Angestellten-Gewerkschaft (DAG), *Roland Issen*, von seinen Erfahrungen mit der Treuhand und den gewerkschaftlichen Handlungsmöglichkeiten. Sein Resümee: Die Gewerkschaften konnten durch-

## Die Gewerkschaften im deutschen Einheitsprozess

aus mitentscheiden und mitgestalten, die großen Linien aber hat die Politik bestimmt. Die Transformationspolitik der Treuhandanstalt begreift er als einen groß angelegten Prozess eines Strukturaustausches, als Transfer marktwirtschaftlicher Rahmenbedingungen in ein bisher planwirtschaftliches System – ein Prozess, der zwar von einem Großteil der Bevölkerung der Noch-DDR und der neuen Bundesländer begrüßt wurde, dessen negative Konsequenzen jedoch erst allmählich registriert wurden.

Institutionentransfer in einen wirtschaftlichen und politischen Raum, in dem ein entsprechender historischer, politischer und gesellschaftlicher Prozess fehlt – dies ist das Thema von *Ingrid Artus*, die in ihrem Beitrag zur Tarifpolitik auf Forschungen aufbaut, die sie seit den 1990er-Jahren zum Tarifsystem in den neuen Bundesländern betreibt. Artus beschreibt mit dem Begriff der »stellvertretenden Tarifautonomie« ein Tarifsystem, das von der Bundesrepublik auf die neuen Bundesländer übertragen und von westdeutschen Gewerkschafts- und Arbeitgeberfunktionären in Form von Flächentarifverträgen umgesetzt wird, aber sehr bald auf die mit diesem System offenkundig nicht kompatiblen spezifischen Bedingungen der Wirtschaft in den neuen Bundesländern trifft. In Ostdeutschland zeigten sich, bedingt durch betriebliche Traditionen und besondere Beziehungen zwischen Management und Betriebsrat, deutlich andere Muster als in den alten Bundesländern. Dies schlug sich im »Aufweichen« von Tarifverträgen zugunsten betrieblicher Vereinbarungen nieder. Inwieweit dies auch Vorbild für die alten Bundesländer sein könnte, bot Stoff für kontroverse zeitgenössische Diskussionen, zumal ein gängiger Diskurs auf mehr Flexibilisierung bestehender sozial- und arbeitsrechtlicher Reglements der Arbeitswelt zielte.

Als Prüfstein in dieser Auseinandersetzung galt der aufsehenerregende und in einem Streik gipfelnde Konflikt um den 1991 ausgehandelten Stufentarifvertrag in der ostdeutschen Metallindustrie. Dieser Tarifvertrag, der eine Lohnangleichung an das Niveau in der bayerischen Metallindustrie bis 1994 vorsah, wurde zwar von beiden Seiten – den (westdeutschen) Verhandelnden der Gewerkschaften und der Arbeitgeber – begrüßt. 1992 jedoch kündigte die Arbeitgeberseite diesen laufenden Tarifvertrag mit Verweis auf die ostdeutschen Realitäten – ein historisch einmaliger Vorgang.

*Lothar Wentzel*, als westdeutscher Gewerkschafter für die Organisation des Streiks am Werftstandort Wismar eingesetzt, berichtet von seinen Erlebnissen in diesem Streik der IG Metall. Seine Wahrnehmungen verweisen auf unterschiedliche »Kulturen«: Die ostdeutschen Beschäftigten – »ungeübt« im Streiken – waren bei aller selbstverständlichen Solidarität im Streikgeschehen vorsichtig und misstrauisch, sahen den Streik als »Pflichtübung für eine gerechte Sache«, ohne sich als »aktives Subjekt« zur Veränderung von Verhältnissen zu begreifen. Auch hier zeigt sich die Differenz zwischen den Erfahrungen in West und Ost beim Transfer von Institutionen und Mechanismen, die sich »im Westen« seit Jahrzehnten entwickelt und etabliert hatten, die »im Osten« jedoch auf völlig andere Verhaltensmuster und Handlungsstrategien trafen.

Dieser Band wäre nicht ohne die Hilfe und das Engagement zahlreicher Personen entstanden. An erster Stelle sind die Autorinnen und Autoren zu nennen, ferner danken wir allen Teilnehmenden der Tagung »Einheit und Transformation. Gewerkschaften im deutschen Einheitsprozess« für ihre Diskussionsbeiträge, die in die Beiträge des vorliegenden Bands eingeflossen sind.

## Literatur und Quellen

Bispinck, Reinhard (1991): Die Gratwanderung, Tarifpolitik in den neuen Bundesländern, Gewerkschaftliche Monatshefte 12/91, S. 751
Biebeler, Hendrik/Lesch, Hagen (2006): Mitgliederstruktur der Gewerkschaften in Deutschland, Vorabdruck aus: IW-Trends. Vierteljahresschrift zur empirischen Wirtschaftsforschung aus dem Institut der deutschen Wirtschaft Köln, 33. Jahrgang, Heft 4/2006, www.iwkoeln.de/_storage/asset/74396/storage/master/file/524602/download/trends04_06_4.pdf (Abruf am 4.4.2017)
Brunner, Detlev/Hall, Christian (2014): Revolution, Umbruch, Neuaufbau. Erinnerungen gewerkschaftlicher Zeitzeugen der DDR. Berlin 2014
Der Spiegel (1991): »Alle Dämme sind gebrochen«. In: *Der Spiegel* vom 10.6.1991, www.spiegel.de/spiegel/print/d-13488290.html (Abruf am 15.11.2016)

# Deutschlandpolitik der Gewerkschaften in den 1980er-Jahren
## DGB und FDGB

*Stefan Müller*

## 1. First and last contact: 1972 und 1989

Am 18. Oktober 1972 reiste der DGB-Vorsitzende Heinz Oskar Vetter zu einem Treffen mit Vertretern des Freien Deutschen Gewerkschaftsbundes (FDGB) nach Ostberlin. Begleitet wurde er unter anderem vom Westberliner Gewerkschafter Gerhard Schmidt, und gemeinsam passierten sie, wie der *Spiegel* hervorhob, »den sonst nur Westdeutschen vorbehaltenen Kontrollpunkt Heinrich-Heine-Straße« (Der Spiegel 1972: 98). Mit diesem Treffen begann nach einer langen Phase von Blockaden auf beiden Seiten eine Periode gewerkschaftlicher Entspannungspolitik.

West- und ostdeutsche Gewerkschafter trafen sich, um sich über das politische Verhältnis der beiden deutschen Staaten, die aktuellen Verhandlungen über den Grundlagenvertrag sowie die Gewerkschaftsbeziehungen auszutauschen. Beide Seiten waren sichtlich um Deeskalation bemüht und vermieden Provokationen. Die nicht nur symbolischen Fragen, ob es sich hier um innerdeutsche Gespräche (westdeutsche Haltung) oder um internationale Beziehungen (Position der DDR) handelte, ob Westberlin neutral sei (FDGB) oder enge Verbindungen zur Bundesrepublik unterhalte (DGB) sowie die ostdeutsche Forderung nach völkerrechtlicher Anerkennung wurden entweder ausgeklammert oder beschwiegen (Otto 1972; Warnke 1972). Auch die Enttarnung von Wilhelm Gronau, damals Sekretär beim DGB-Vorstand, der bezeichnenderweise für die deutsch-deutschen Beziehungen zuständig war, als Agent des Ministeriums für Staatssicherheit

(MfS) stellte keinen Hinderungsgrund dar, obwohl sie nur vier Wochen zuvor stattgefunden hatte.

Diese erste deutsch-deutsche Gewerkschaftsbegegnung nach knapp 20 Jahren stand ganz im Zeichen der bevorstehenden Bundestagswahl am 19. November, die zu einem »Plebiszit für Brandt und die Ostpolitik« werden sollte (Jäger 1986: 86). Die Bundestagswahl legitimierte abschließend die Verträge mit Moskau und Warschau (August und Dezember 1970) und das Viermächteabkommen über Berlin (unterzeichnet am 3. September 1971) sowie die Paraphierung des Grundlagenvertrags mit der DDR (abgeschlossen am 21. Dezember 1972). Für den Erhalt des Friedens und die Vergrößerung der Freiheiten der Berliner Bevölkerung hatte die Bundesrepublik die politischen Realitäten der Nachkriegszeit akzeptiert: die Anerkennung der Sowjetunion als osteuropäische Führungsmacht, die Nachkriegsgrenzziehungen einschließlich der polnischen Westgrenze und schließlich die staatliche (aber nicht völkerrechtliche) Anerkennung der DDR.

Der DGB unterstützte diese Entspannungspolitik. Er wehrte ostdeutsche und osteuropäische Unterminierungsversuche ab und orientierte sich strikt an den deutschland- und ostpolitischen Positionen der Bundesregierung. So verweigerte er vor Abschluss des Warschauer Vertrags eine von den polnischen Gewerkschaften gewünschte gemeinsame Erklärung zugunsten der Oder-Neiße-Grenze, um die Bundesregierung nicht zivilgesellschaftlich unter Druck zu setzen. Zudem ließ der DGB Delegationsbesuche beim FDGB platzen, die den Ausschluss Westberliner Gewerkschafter bedeutet und damit die Zugehörigkeit des Westberliner DGB zur Bundesorganisation infrage gestellt hätten.

Auch nach der Begegnung 1972 waren die Beziehungen zwischen DGB und FDGB noch lange nicht entspannt, und in den Spitzengremien des DGB sehnte sich kaum jemand nach einem intensiveren Austausch. Vetter rutschte wenige Monate später im Bundesvorstand heraus, 1972 habe sich abgezeichnet, dass der Kontakt in die DDR »nicht mehr abzuwehren sei« (DGB 1973). Bei den innerdeutschen Gewerkschaftsbeziehungen handelte es sich also zu Beginn der 1970er-Jahre sicher nicht um eine Herzenssache, sondern um Pflichterfüllung.

Die letzte Spitzenbegegnung zwischen DGB und FDGB fand vom 12. bis 15. September 1989 statt,[1] als sich der Zusammenbruch der DDR bereits abzeichnete. Schon seit Mai des Jahres hatten Tausende DDR-Bürger die offene ungarische Grenze nach Österreich zur Flucht genutzt. Am 10./11. September, einen Tag vor Ankunft der FDGB-Delegation in der Bundesrepublik, öffnete Ungarn dann gänzlich seine Grenzen. Tausende DDR-Bürger waren in die westdeutschen Botschaften in Prag und Warschau sowie in die Ständige Vertretung der Bundesrepublik in Ostberlin geflüchtet, um ihre Ausreise zu erzwingen (Wirsching 2006: 631 ff.; Rödder 2009: 71 ff.). Allein in den Tagen des FDGB-Besuchs sollen etwa 15.000 DDR-Bürger die ungarisch-österreichische Grenze überschritten haben (Kowalczuk 2009: 347 ff.).

Der DGB-Vorsitzende Ernst Breit war sich der Offenheit der historischen Situation bewusst, und die FDGB-Delegation in der Bundesrepublik musste sowohl ihre Ratlosigkeit als auch die Intensität der Probleme feststellen. Der FDGB-Vorsitzende Harry Tisch räumte ein, dass das Agieren der Bundesrepublik nicht die Ursache der Fluchtbewegung aus der DDR sei. Tisch war überzeugt, dass die Erweiterung der Reisemöglichkeiten »über den Kreis der Familienangehörigen hinaus«, aber auch eine gewisse Lockerung der Planwirtschaft notwendig waren, um der Krise Herr zu werden. Breit und die anderen DGB-Vertreter verhielten sich zurückhaltend. Da die SED-Führung, so die westdeutsche Einschätzung, zu solch tiefgreifenden Reformen nicht in der Lage war, dürften die »bestehenden Brücken« nicht infrage gestellt »oder gar zerstört« werden: »Gerade jetzt sollten alle Möglichkeiten des Meinungsaustausches genutzt werden, um für Nachdenklichkeit bei den Repräsentanten aus der DDR zu sorgen« (Breit 1989b). Auf der abschließenden Pressekonferenz räumte Breit lediglich ein, dass die Gewerkschaftsbeziehungen aufgrund der »freien Entscheidung von Bürgern der DDR, in die Bundesrepublik zu kommen, Belastungen ausgesetzt seien«, »politische Folgerungen« müssten jedoch von der DDR-Führung gezogen werden (Breit 1989d).

In den verbreiteten Presseerklärungen würdigte der DGB zwar den Reformprozess in Osteuropa, äußerte sich aber nicht zur DDR (DGB/FDGB 1989; Breit 1989g). Auch während des Besuchs von Lech Wałęsa in der Bundesrepublik, der eine Woche zuvor stattgefunden hatte, sprach Ernst Breit

---

1 | Vgl. den Beitrag von Wolfgang Uellenberg-van Dawen in diesem Band (S. 45 ff.).

zwar öffentlich davon, dass Solidarność in »Polen das Tor zur Demokratie aufgestoßen« habe, vermied aber jedes Wort zur Entwicklung in der DDR (Breit 1989e). Wenige Tage nach dem Besuch von Harry Tisch reiste eine FDGB-Delegation zum bayerischen DGB. In einer Pressemitteilung erklärte der bayerische DGB-Vorsitzende sogar, dass »weder der DGB noch die Mehrzahl der politisch Verantwortlichen in der Bundesrepublik an einer Krise in der DDR interessiert seien; man setze vielmehr auf Stabilität und Reformen, damit die gegenwärtige Ausreisewelle überflüssig werde« (DGB Bayern 1989).

In den 17 Jahren, die zwischen diesen beiden Begegnungen liegen, war es zu erheblichen Veränderung in den deutsch-deutschen Gewerkschaftsbeziehungen gekommen. Zu Beginn der gewerkschaftlichen Entspannungsperiode standen sich beide Seiten noch konfrontativ gegenüber. Sie trugen noch das Erbe der – zumindest verbal – erbittert geführten Auseinandersetzungen der 1950er- und 1960er-Jahre mit sich, als westdeutsche Spitzengewerkschafter für die DDR lediglich »Agenten des US-Imperialismus« darstellten (vgl. Hildebrandt 2010). Die Jahre seit 1969 waren durch die blockpolitische Begleitung zentraler Ost-West-Fragen nach dem Mauerbau geprägt: den Status von und den Zugang nach Westberlin, die Anerkennung der Oder-Neiße-Grenze als polnische Westgrenze und die Anerkennung der DDR. Eingebettet waren diese Kontakte in die Politik des »Wandels durch Annäherung«, mit der die Bundesrepublik die politische Liberalisierung im osteuropäischen Machtbereich durch das Versprechen fördern wollte, auf eine militärische Intervention oder den gewaltsamen Umsturz zu verzichten (vgl. Niedhart 2014). »Wandel durch Annäherung« zielte auf den Wandel in der Sowjetunion und in der DDR durch Annäherung, Verhandlungen, Gespräche und Begegnungen. So wurde dieses Konzept denn auch seitens der DDR als »Aggression auf Filzlatschen« gewertet – so ein dem DDR-Außenminister Otto Winzer zugeschriebenes Zitat (Bahr 1996: 157; Seidel 2002: 52).

1989 sprach nun ein zerknirschter ostdeutscher Gewerkschaftsvorsitzender gegenüber seinen westdeutschen Gesprächspartnern offen über die Probleme in der DDR und deutete nicht nur die Notwendigkeit politischer Reformen, sondern auch den Übergang in die Marktwirtschaft an. Die westdeutsche Seite wiederum versuchte nicht, die ins Wanken geratene DDR weiter zu destabilisieren. Stattdessen begegnete man dem zutage getretenen Wandel mit Besorgnis und Skepsis. Die (vermeintlich?) große

Nähe zur ostdeutschen Staatsgewerkschaft gegen Ende der 1980er-Jahre brachte Teilen der DGB-Gewerkschaften den Vorwurf ein, mit dem FDGB kollaboriert zu haben (Wilke/Müller 1991; Wilke 2005). Unabhängig davon, ob und inwieweit dieser Vorwurf politisch motiviert war, stellen sich hier die Fragen nach der Reichweite und den Grenzen der Entspannungspolitik: Wie viel und welcher Wandel war durch die Annäherung von Ost und West zu erwarten? Welchen Beitrag, wenn überhaupt, leisteten solche zivilgesellschaftliche Kontakte für den Systemzusammenbruch 1989/90?

## 2. Deutsch-deutsche Krisendynamiken: Die 1970er-Jahre

Die Kontakte des DGB in die DDR und nach Osteuropa waren eingebettet in die westdeutsche Ost- und Deutschlandpolitik. Seit Regierungsbeginn der sozialliberalen Bundesregierung 1969 entwickelten sich zwischen DGB, Auswärtigem Amt und dem Bundesministerium für innerdeutsche Beziehungen enge Arbeitsbeziehungen auf Referentenebene. Diese Absprachen und Kontakte nahmen eine solche Intensität an, dass man den Charakter der westdeutschen Gewerkschaften als Nichtregierungsorganisationen in außenpolitischer Hinsicht infrage stellen kann (vgl. Müller 2014a; Müller 2014b).

Hatten die Gespräche mit den osteuropäischen Gewerkschaften bis 1972 weitgehend die internationale Politik zum Inhalt, so nahm der DGB nun einen Strategiewechsel vor und versuchte, die Gespräche mit den kommunistischen Gewerkschaften Osteuropas zu versachlichen. Es sollten alle Möglichkeiten genutzt werden, »durch Kontakte die Entspannung zu fördern und durch vermehrte fachliche Information und Konsultation den Menschen in West und Ost zu helfen« (DGB 1974). Der »Austausch von Expertengruppen für festumrissene Sachbereiche« sollte die Möglichkeit eröffnen, »Erfahrungen und Anregungen zu gewinnen, die unmittelbar in die praktische Gewerkschaftsarbeit umsetzbar sind« (Deutsche Botschaft Moskau 1973). Dagegen sollten Themen vermieden werden, »die stärker mit einem Ideologie-Dissens« befrachtet sind (ebd.). Ziel der westdeutschen Gewerkschaften war nun der gegenseitige »Respekt voreinander, die Bereitschaft, voneinander zu lernen und zu gemeinsamem Nutzen zusammenzuarbeiten« (Götz 1973: 450).

Der Strategiewechsel beruhte auf der Annahme, dass die sowjetischen Gewerkschaften »im Rahmen des kommunistischen Systems zahlreiche, die

Stefan Müller

Interessen der Arbeitnehmer unmittelbar berührende, Aufgaben« wahrnähmen (Fritze 1972: 649). So begann im Sommer 1972 eine regelrechte Reisewelle: Von den 89 Delegationen bzw. Auslandskontakten des DGB und der Einzelgewerkschaften im zweiten Halbjahr 1972 entfielen 43 auf Osteuropa. Im ersten Halbjahr 1973 fanden von insgesamt 99 internationalen bilateralen Begegnungen 37 mit Gewerkschaften der Warschauer-Pakt-Staaten statt (Internationale Gewerkschaftskontakte 1972; Internationale Gewerkschaftskontakte 1973). Die große Mehrheit der Delegationen wurde mit der Sowjetunion ausgetauscht, nämlich insgesamt 30. Es folgten Ungarn mit elf, Polen und Rumänien mit acht und die ČSSR mit sieben Kontakten; am Ende der Liste steht Bulgarien mit vier Delegationen. Die hohen Erwartungen an den Austausch sollten sich jedoch nicht erfüllen. Zwar gelang es zumeist, weltanschauliche und blockpolitische Fragen auszuklammern, es gab aber schlichtweg zu wenig gemeinsame Gesprächsthemen. »In der Tat«, so Vetter 1983, »gibt es sehr wenig Möglichkeiten zu einer konstruktiven und sinnvollen Zusammenarbeit über originäre gewerkschaftliche Themen. Versucht wurde es oft – meistens ist es gescheitert« (Vetter 1983: 124).

Der FDGB wurde dagegen zunächst als doktrinärer eingeschätzt und als Sonderfall im Konzert der kommunistischen Gewerkschaften gehandelt. Ende der 1960er-Jahre war man beim DGB der Meinung, dass die Osteuropäer im Wesentlichen gewerkschaftliche Fragen diskutieren wollten, wohingegen der FDGB »vor allem politische Probleme« auf die Tagesordnung bringe (DGB Abt. Gesellschaftspolitik 1969). Während die DGB-Spitze seit 1972 also eine regelrechte Reiseroutine nach Osteuropa entwickelte, trafen sich Heinz Oskar Vetter und Herbert Warnke bzw. Harry Tisch in den 1970er-Jahren lediglich viermal (1972 und 1973 sowie 1976 und 1977). 1978 besuchte Tisch zudem erstmals einen DGB-Bundeskongress.

Die innerdeutschen Gewerkschaftsbeziehungen wiesen eine regelrechte Krisendynamik auf: Die Begegnungszyklen in den Jahren 1972/73 und 1976–78 wurden unterbrochen von deutschlandpolitischen Konflikten wie beispielsweise der Erhöhung des Mindestumtauschs für Rentner bei Reisen in die DDR am 15. November 1973, die Vetter zur Absage des Besuchs der Leipziger Frühjahrsmesse veranlasste (Vetter 1974b). Es folgten die Verhaftung des Kanzleramtsspions Günter Guillaume im April 1974, die Ausweisung des IG-Metall-Vorsitzenden Eugen Loderer, der sich unbeaufsichtigt mit Beschäftigten des Röhrenkombinats in Riesa unterhalten hatte, sowie schließlich die Verhaftung des IG-Metall-Vorstandsmitglieds Heinz

## Deutschlandpolitik der Gewerkschaften in den 1980er-Jahren

Dürrbeck als vermeintlicher Stasi-Agent (vgl. Vetter 1974a; FR 1975; Müller 2010). Am Ende des zweiten Begegnungszyklus war der DGB der Auffassung, dass die Beziehungen nun stabil seien. Während der vierten Begegnung, im Herbst 1977, gelang nach Einschätzung beider Seiten der Durchbruch zur Normalisierung. Die Atmosphäre soll »insgesamt gut« und die Beziehungen »belastbarer« geworden sein, zukünftige Treffen könnten sich nun, so der DGB, »ohne protokollarische Förmlichkeiten eines Spitzenbesuchs abspielen« (BMI 2011: 345 f.). Der FDGB hielt seinerseits fest, dass die in den Diskussionen ausgetauschten Standpunkte und Meinungsverschiedenheiten »ohne Schärfe vorgetragen« worden seien (FDGB 1977: 384).

Die im November 1976 erfolgte Ausbürgerung von Wolf Biermann, der sich zu diesem Zeitpunkt immerhin auf Einladung der IG Metall in der Bundesrepublik befand, sollte die Annäherung nicht mehr stören. Vetter erklärte, dass die »zarten Pflanzen der Entspannung« nicht zerstört werden dürften; es sei die Aufgabe der Gewerkschaften, »die Fäden zum anderen Deutschland nicht abreißen zu lassen« (Vetter 1976).

Der DGB war mittlerweile zu der Einschätzung gelangt, dass der FDGB über eine relative Selbstständigkeit in der DDR verfüge und es somit sinnvoll sei, auf ihn Einfluss zu nehmen. So habe der FDGB laut einer internen Lageanalyse »auch« die Funktion, soziale Arbeitnehmerinteressen »aufzufangen« und in die staatlichen Entscheidungen »einzubringen«. Der FDGB stelle einen »organisierten und kontrollierten« Raum zur Konfliktaustragung zur Verfügung und halte diese Konflikte zugleich in einem systemimmanenten Rahmen (Kaltenborn 1977).

Die Ende der 1970er-Jahre eintretende Entspannung gelang, weil sich beide Organisationen realiter nicht zu nahe kamen. Die wenigen Treffen ermöglichten es, sich auszutauschen und Beziehungen zu entwickeln, zugleich aber auch die tiefen Wunden der 1950er- und 1960er-Jahre allmählich vernarben zu lassen. Durch die Distanz gelang es, nichtkonfrontative Umgangsformen für den seit 1949 existierenden realpolitischen Konflikt zu finden. Da die deutsch-deutschen Gewerkschaftsbeziehungen nach dem im Mai 1973 in Kraft getretenem Grundlagenvertrag noch stärker als zuvor auf symbolpolitische Fragen zurückgeworfen wurden, tat diese »Entspannung und Annäherung durch Distanz« den beiderseitigen Beziehungen gut. Des Weiteren hätte eine überstürzte Kontaktkultur die westdeutsche Furcht vor lokalem und betrieblichem »Wildwuchs«, also vor westdeutschen Sympathiereisen in die DDR, die innerdeutschen Animositäten möglicherweise eher bestärkt als zu deren Abbau beigetragen. Die Befürchtung aufseiten des DGB, die Beziehungen nicht unter Kontrolle halten zu können, war zu Beginn der 1970er-Jahre jedenfalls sehr ausgeprägt (vgl. Vetter 1970; BMI 2011). Mit dem »Zweiten Kalten Krieg«, also dem erneuten Rüstungswettlauf zwischen den beiden Militärblöcken, gerieten auch die Gewerkschaftsbeziehungen nach Osteuropa in eine Krise. Der NATO-Doppelbeschluss und der sowjetische Einmarsch in Afghanistan 1979 führten zwar nicht zu einer Einstellung der Kontakte nach Osteuropa, aber durch deren Einschränkung dokumentierte der DGB-Vorstand seine Solidarität mit der Bundesregierung (DGB 1980a; DGB 1980b; Simon 1980; Kristoffersen 1980). Die Beziehungen zum FDGB waren jedoch interessanterweise schon etwas losgelöst von diesen weltpolitischen Konflikten und in eine eigene Dynamik eingetreten. Der Afghanistan-Einmarsch spielte kaum eine Rolle; es waren stattdessen deutsch-deutsche Spezifika wie die erneute Erhöhung des Mindestumtausches bei Reisen in die DDR im Oktober 1980, verbunden mit der erneut erhobenen Forderung nach Anerkennung der DDR-Staatsbürgerschaft, die die Stimmung beeinträchtigten. Als Reaktionen hierauf strichen unter anderem die GEW und die IG Bergbau und Energie bereits geplante Delegationsreisen (Frister 1980; Stobbe 1980; Gaus 1981).

Mit dem Ausnahmezustand in Polen im Dezember 1981 und der Verfolgung der Gewerkschaft Solidarność folgte dann ein weiterer Schlag, sodass Heinz Oskar Vetter einen lange vorbereiteten Besuch beim FDGB absagte (Vetter 1982). Die nächste Spitzenbegegnung zwischen DGB und FDGB fand dann erst 1984 statt. Ursache hierfür war neben den politischen Konflikten, dass der neue DGB-Vorsitzende Ernst Breit Zeit zur Vorbereitung und Orientierung in den innerdeutschen Fragen benötigte (BMiB 1983).

## 3. Überraschende Dialoge und Positionsbestimmungen: die 1980er-Jahre

Ab 1983 schossen die Delegationszahlen dann plötzlich in die Höhe. Nachdem es in den Jahren von 1972 bis 1979 insgesamt 33 Begegnungen unterschiedlicher Art zwischen DGB und FDGB, den Einzelgewerkschaften sowie einzelgewerkschaftlichen Gremien (wie beispielsweise Bundesjugend- oder Frauenausschüssen) oder Besuche bei Gewerkschaftstagen gegeben hatte, fanden allein 1983 13 und in den Folgejahren 18 bzw. 16 Be-

Deutschlandpolitik der Gewerkschaften in den 1980er-Jahren

Tabelle 1: Treffen/Begegnungen mit dem FDGB in 1980er-Jahren

| | 1980 | 1981 | 1982 | 1983 | 1984 | 1985 | 1986 | 1987 | 1988 | 1989 |
|---|---|---|---|---|---|---|---|---|---|---|
| gesamt | 4 | 5 | 3 | 13 | 18 | 16 | (10) | 25 | 24 | 30-40 |
| DGB (diverse) | 1 | 1 | 2 | 3 | 5 | 4 | (4) | 12 | 7 | |
| Gewerkschaft Erziehung und Wissenschaft (GEW) | | | | 1 | 1 | 1 | (1) | 3 | 6 | |
| IG Druck | | 1 | | 1 | 1 | 1 | | 1 | 1 | |
| Gewerkschaft der Eisenbahner Deutschlands (GdED) | 1 | | | 2 | | | | | | |
| Gewerkschaft Handel, Banken und Versicherungen (HBV) | | | | | | 1 | | | 2 | |
| IG Kunst, Kultur und Medien | | | | | | | (1) | | 1 | |
| Gewerkschaft Leder (GL) | 1 | | | | | | (1) | 1 | 1 | |
| IG Metall | 1 | | 1 | 1 | 1 | 1 | (1) | 1 | 2 | |
| Deutsche Postgewerkschaft (DPG) | | | | | 1 | 1 | (1) | | 2 | |
| Gewerkschaft Textil-Bekleidung (GTB) | | | | | 1 | | | 1 | | |
| IG Bau-Steine-Erden | | | | | | | | 1 | | |
| IG Bergbau und Energie | | | | 1 | 1 | | | | | |
| Gewerkschaft Gartenbau, Land- und Forstwirtschaft (GGLF) | | | | 1 | 2 | 2 | | 1 | 1 | |
| Gewerkschaft Nahrung-Genuss-Gaststätten (NGG) | | | | 1 | 2 | 1 | | | | |
| Gewerkschaft Öffentliche Dienste, Transport und Verkehr (ÖTV) | 1 | | | 1 | | 1 | (1) | | | |
| Gewerkschaft der Polizei (GdP) | | 1 | | | | | | | | |
| IG Chemie-Papier-Keramik | | | | | 1 | 1 | | 1 | 1 | |
| Deutsche Journalisten-Union (dju) | 1 | | | | | | | | | |
| Gewerkschaft Holz und Kunststoff (GHK) | | | | | | 1 | | | | |

Eigene Zusammenstellung nach Angaben aus dem Archiv der sozialen Demokratie (Bestand DGB), dem Bundesarchiv (Bestand Bundesministerium für innerdeutsche Beziehungen) und Breit 1989a.

gegnungen statt (vgl. Gewerkschaftskontakte o.J.). Für das Jahr 1989 waren ca. 40 Begegnungen geplant, von denen bis September etwa 30 stattfanden. Aber nicht nur die Anzahl der Begegnungen »explodierte«, auch die Qualität veränderte sich. Ab Mitte der 1980er-Jahre gaben beide Organisationen gemeinsame politische Stellungnahmen ab und waren in der Lage, deutsch-deutsche Initiativen anzustoßen. Schon der erste Besuch von Ernst Breit in der DDR im Februar 1984 führte zu zwei Neuerungen. So legten beide Seiten dort ein mittelfristiges Delegationsprogramm über einen Zeitraum von drei Jahren fest, zweitens verabredeten sie, die Ausdehnung der Kontakte auf die Landesbezirksebene zu prüfen (DGB/FDGB 1984). Die Gespräche im Februar 1984 kreisten um die internationale Friedens- und Sicherheitspolitik, und obwohl sich die Standpunkte unterschieden, machte Ernst Breit »Gemeinsamkeiten bei den Zielen« aus (Breit 1984; vgl. ferner FAZ 1984; Tagesspiegel 1984). Diese positive Wertung wurde durch ein selbstsicheres, aber auch reflektiertes Auftreten von Harry Tisch begünstigt, der, so Breit, »durchaus nicht mit kritischen Bemerkungen« über die ökonomische Entwicklung in der DDR sparte (Breit 1984).

Beim Gegenbesuch Tischs in der Bundesrepublik 1985 kam es dann zu einer gemeinsamen politischen Stellungnahme im Hinblick auf die westdeutsche Innenpolitik. Im Abschlussdokument der Begegnung erinnerten beide Organisationen an den 40. Jahrestag des Kriegsendes und erklärten, dass die »politischen Realitäten und Grenzen in Europa, die sich als Ergebnis des Zweiten Weltkrieges herausgebildet haben, […] respektiert werden« müssten (DGB 1985). Mit dieser harmlos klingenden Formulierung, die lediglich Grundsätze der Entspannungspolitik wiedergab, reagierten DGB und FDGB auf eine Veröffentlichung im »Schlesier«, in der der Vertriebenenverband im Vorfeld seines Verbandstages den in Schlesien lebenden Polen mit Enteignungen gedroht hatte (Der Spiegel 1985). Der stellvertretende DGB-Vorsitzende Gustav Fehrenbach erklärte auf der Pressekonferenz mit dem FDGB ergänzend, dass es in der Beurteilung des 40. Jahrestages der deutschen Kapitulation mehr Übereinstimmung mit dem FDGB gebe als mit den bundesdeutschen Vertriebenenverbänden (Badische Zeitung 1985; FR 1985).

Der vom 14. bis 17. Juni 1985 stattfindende Schlesiertag war durch sein ursprüngliches Motto »40 Jahre Vertreibung – Schlesien bleibt unser« und die Teilnahme von Helmut Kohl – die erste eines Bundeskanzlers seit Ludwig Erhard – ein hochgradiges Politikum. Kohl gelang es zwar, das revanchistische Motto abzumildern (»40 Jahre Vertreibung – Schlesien bleibt unsere Zukunft im Europa der freien Völker«), und mit seiner Teilnahme wollte er nicht die polnische Westgrenze infrage stellen, sondern zielte auf die Integration des rechten CDU-Flügels (Wirsching 2006: 654). Dennoch handelte es sich um einen in der westdeutschen Öffentlichkeit hochumstrittenen Auftritt. Die Erklärung von DGB und FDGB kommentierte mithin nicht nur die Innenpolitik Westdeutschlands, sondern nahm implizit auch Stellung gegen konservative Positionen innerhalb der Bundesregierung.

1987 starteten beide Gewerkschaften dann eine deutsch-deutsche Entspannungsinitiative, die deutlich machte, wie weit sich beide Organisationen mittlerweile auf den gemeinsamen Dialog eingelassen hatten. Während des Spitzentreffens im Mai 1987 bot der FDGB-Vorsitzende Tisch überraschend an, dass auch Beziehungen zwischen den beiden Berliner Verbänden entstehen könnten, was ein Novum gewesen wäre (Milert 1987; DGB/FDGB 1987; DGB 1987a). Diese vermutlich spontane Zusicherung stand unter dem Eindruck der kurz zuvor gescheiterten gemeinsamen Feierlichkeiten zur 750-Jahr-Feier Berlins. Erich Honecker und der Ostberliner Bürgermeister Erhard Krack sowie der Westberliner Regierende Bürgermeister Eberhard Diepgen hatten ihre Teilnahme an den Feierlichkeiten im jeweils anderen Teil der Stadt abgesagt (Nawrocki 1987; ND 1987a; ND 1987b). Die symbolpolitische Dramatik um die Stellung (West-)Berlins entsprach auf der zwischenstaatlichen Ebene noch immer jener der 1970er-Jahre. *Die Zeit* beispielsweise fragte, ob Diepgen mit einer Teilnahme am Ostberliner Staatsakt nicht dem Hauptstadtanspruch Ostberlins »zur Legitimität verhelfen« (Nawrocki 1986a) und mit einer Gegeneinladung »die Spaltung der Stadt politisch und juristisch sanktionieren« würde (Nawrocki 1986b).

DGB und FDGB wollten jedoch genau diese Ebene der Symbolpolitik überwinden und zeigen, dass Kontakte existierten (Milert 1987). Ernst Breit hoffte, dass mit dem Berliner Austausch »in wesentlich bescheidenerem Rahmen auf gewerkschaftlicher Ebene das wahr werden [könnte], was auf der politischen Ebene [...] nicht möglich gewesen ist« (Breit 1987). Die Zusage von Kontakten zwischen den Berliner Organisationen hielt der FDGB dann aber nicht ein. Vermutlich bremste am Ende die SED-Parteiführung, der die Gleichstellung von West- und Ostberlin zu weit ging. Erst im Sommer 1989 kam es im Rahmen eines Besuchs beim FDGB-Bundesvorstand zu einem halbstündigen semioffiziellen Kontakt zwischen dem Westberliner DGB und dem FDGB-Bezirk Berlin (DGB 1989c; Pagels 1989).

## 4. Subkutane Annäherung im »Zweiten Kalten Krieg«

Was führte nun seit den ersten krisenanfälligen Begegnungen der 1970er-Jahre dazu, dass DGB und FDGB seit Mitte der 1980er-Jahre einen Dialog führen und gelegentlich sogar gemeinsame politische Positionsbestimmungen vornehmen konnten? Welche Prozesse sind in Gang gekommen, die angesichts rückläufiger Delegationsbesuche mit Beginn des Zweiten Kalten Krieges zu dieser subkutanen Annäherung führten? Mindestens drei Prozesse sind auf westdeutscher Seite auszumachen.

Zum Ersten hatte sich im letzten Drittel der 1970er-Jahre im Westen ein interkultureller Blick auf die DDR herausgebildet. Deutlich wird dies z. B. in den Analysen des gewerkschaftsnahen Bildungsträgers »Arbeit und Leben«, der Studienreisen in die DDR durchführte. Ohne Zweifel betrachtete »Arbeit und Leben« die Bundesrepublik als das überlegene, freiheitlichere und demokratischere System, wollte sich aber hierdurch nicht den Blick verengen lassen. In einem Grundsatzpapier von 1979 heißt es, dass die westdeutschen Teilnehmer sich häufig auf dieser Überlegenheit ausruhen und dadurch »einer problembewußten Auseinandersetzung mit dem ›östlichen‹ System« entzögen (Arbeit und Leben 1979). Dies erzeuge bei den ostdeutschen Gesprächspartnern einen »Legitimationsdruck«, sodass ein »wirkliches Verständnis der Probleme des jeweils anderen Systems [...] dadurch erheblich erschwert, wenn nicht gänzlich verhindert« werde (ebd.). Die interkulturelle Perspektive wird deutlich, wenn das Papier konstatiert, dass zwar beide Seiten Deutsch sprächen, sich aber »in der öffentlichen und zunehmend auch privaten Kommunikation so etwas wie zwei deutsche Sprachen entwickelt haben« (ebd.). In einem Delegationsbericht der kleinen Gewerkschaft Gartenbau, Land- und Forstwirtschaft beschreibt Wolf Andler, wie das »Ausmaß an gegenseitigem Überlegenheitsgefühl, an unterentwickelter Sensibilität und Toleranz« die Teilnehmenden überfordere und verhindere, »Gemeinsamkeiten zu erkennen und anzusprechen« (Andler 1979). Zwar hat der DGB den FDGB bis zum Ende des Systemkonflikts nie als gleichwertige Gewerkschaft betrachtet, die Perspektive kultureller Differenz ermöglichte aber die Herausbildung von Ambiguitätstoleranz und damit den Kontakt.

Zum Zweiten hatten die Vorstellung einer »Einheit der Nation« und die deutsche Wiedervereinigung als Nahziel erheblich an Strahlkraft verloren. Schon 1979 relativierte Heinz Oskar Vetter in seinem Redebeitrag auf der Veranstaltung zum 25-jährigen Bestehen des Kuratoriums Unteilbares Deutschland »die großen Träume von der Einheit der Nation« (Vetter 1979: 71). Der deutsche Nationalstaat sei nur für kurze Zeit einer gewesen, der auch einzulösen vermochte, »was von ihm zu erwarten ist«; es habe sich nur um eine »Episode« gehandelt (ebd.).

Mit dieser Einschätzung stand Vetter nicht allein. Hieß es im DGB-Grundsatzprogramm von 1963 noch, die deutsche »Wiedervereinigung« sei »die Voraussetzung für eine friedliche Ordnung Europas« (DGB 1980a: 35), sprach der DGB im 1981 beschlossenen neuen Grundsatzprogramm nur noch vom Recht auf Selbstbestimmung »auch für das deutsche Volk« (DGB 1981: 6/Anhang). Dieses Selbstbestimmungsrecht war zudem eingebettet in einen Abschnitt, in dem sich der DGB generell gegen Rassendiskriminierung und Unterdrückung wandte. Insofern leuchtete die »nationale« bzw. die »deutsche Frage« hier noch auf, bedurfte aber keiner dringenden, unmittelbaren Beantwortung mehr.

1963 schien die Wiedervereinigung in der Perspektive der Zeitgenossen weit näher als 1981, als den Beschlüssen die Erfahrung der zeitlichen Dimension von Entspannung und Annäherung zugrunde lag. 20 Jahre nach dem Mauerbau war deutlich geworden, in welchen Zeiträumen Deutschlandpolitik betrieben wurde und voraussichtlich weiter betrieben werden musste. Diese Einschätzung der »deutschen Frage« verstetigte sich dann in den 1980er-Jahren. Nur wenige Monate vor dem Mauerfall resümierte Ernst Breit zweierlei: Zum einen sei die »deutsche Zweistaatlichkeit […] mittlerweile in der politischen Diskussion unumstritten« (Breit 1989a: 74), zum anderen stelle sie auch einen positiven Bestandteil der deutschen Geschichte dar. Breit zählte die Bundesrepublik und die DDR »zu den stabilsten deutschen Staaten« in der Geschichte (ebd.).

Einen Sonderfall im »Konzert des DGB« stellte allerdings die GEW mit ihrem Vorsitzenden Dieter Wunder dar, der innerhalb der GEW, aber auch gegenüber den Gesprächspartnern aus dem FDGB offensiv das Fortbestehen der »Einheit der Nation« vertrat. Bemerkenswerterweise gelang es Dieter Wunder damit, die ostdeutsche Gewerkschaft Unterricht und Erziehung (GUE) in einen friedenspolitischen Dialog zu drängen, an dessen Ende das Positionspapier »Friedenserziehung in beiden deutschen Staaten« stand, in dem die GUE sogar die Auflösung beider Militärblöcke für denkbar hielt. Aufgrund der Auflösungserscheinungen in der DDR verweigerte die GUE allerdings im Oktober 1989 die Fertigstellung des Dialogpapieres (vgl. Wunder 1987; Wunder 1988; GEW 1989).

Zum Dritten erleichterte ein Generationswechsel an der DGB-Spitze den Dialog. So datierte Ernst Breit, der 1982 zum Vorsitzenden des DGB gewählt worden war, in einer Darstellung gegenüber dem DGB-Bundesvorstand den ersten offiziellen Besuch des DGB in der DDR auf den November 1976 (Breit 1984). Auch wenn dem DGB-Vorsitzenden die persönliche Kenntnis über die konfliktreiche Kontaktaufnahme und die Probleme zu Beginn der 1970er-Jahre fehlen mochte, so ist doch auffallend, dass anscheinend auch die Organisation als Ganze diese Entstehungsgeschichte »vergessen« hatte. Aus der Sicht der DGB-Spitze Mitte der 1980er-Jahre hatten die Beziehungen zum FDGB mit dem Zeitpunkt ihrer Stabilisierung 1976/77 begonnen.

Sicherlich zählte die Einbettung des DGB in die westdeutsche Vertragspolitik zum abstrakten historisch-politischen Wissensbestand der Organisationsspitze. Als konkrete Krisenerfahrung waren die Konflikte um die Ostverträge jedoch in den gewerkschaftlichen Ost-West-Beziehungen nicht mehr präsent, sondern abgelöst durch den Afghanistaneinmarsch 1979, die Erhöhung des Mindestumtauschs für Reisen in die DDR 1980 und die Verhängung des Kriegsrechts in Polen 1981. Damit unmittelbar zusammenhängend war auch das Selbstbewusstsein des DGB im Umgang mit dem »Systemgegner« gestiegen. Die frühere Angst vor Unterwanderung oder Stärkung eines kommunistischen Flügels in den westdeutschen Gewerkschaften spielten nun keine Rolle mehr (DGB 1984).

## 5. Grenzen der Entspannung

Ganz offensichtlich hatte sich unter der Oberfläche inmitten des Zweiten Kalten Krieges Dialogfähigkeit entwickelt. Diese Entwicklung kam ab 1983/84 zum Tragen und fand ihren Ausdruck in einer wachsenden Zahl von Delegationsbesuchen und vor allem in überraschenden gemeinsamen Positionierungen und Initiativen. Auf der zwischenstaatlichen Ebene wird für die 1980er-Jahre eine »deutsch-deutsche Interessengemeinschaft« ausgemacht, die darauf basiert, »eine Rückkehr zum Kalten Krieg verhindern« zu wollen (Faulenbach 2007: 29).

## Deutschlandpolitik der Gewerkschaften in den 1980er-Jahren

Andreas Wirsching nennt dies eine »komplementäre Interessenstruktur«, die den internationalen Krisen zum Trotz und allen Schwierigkeiten entgegen für die »Fortführung der Kooperation« gesorgt habe (Wirsching 2006: 602). Erich Honecker bot der neuen Bundesregierung schon 1983 eine »Koalition der Vernunft« an, drei Jahre später griff Helmut Kohl dann diese Charakterisierung der deutsch-deutschen Beziehungen auf (ND 1983; Honecker 1986: 154; Kohl 1986: 158; Potthoff 1995: 21 ff.). So entwickelte sich zwischen beiden deutschen Staaten eine »Verantwortungsgemeinschaft«, deren Basis das Bekenntnis war, es dürfe nie wieder Krieg von deutschem Boden ausgehen.

In den Gewerkschaftsbeziehungen finden sich allerdings keine Hinweise auf einen solchen rationalisierten Annäherungsprozess. Auch konnte sich aufgrund fehlender sicherheitspolitischer Verantwortlichkeit keine entsprechende »komplementäre Interessenstruktur« entwickeln. Die emotionale Ebene dagegen spielte durchaus eine Rolle. Die unterschwellige, also in den Quellen nur schwer auffindbare Annäherung begann Ende der 1970er-Jahre und wurde möglicherweise durch die internationalen Krisen beschleunigt, lag aber nicht in diesen begründet. Die Gewerkschaftsbeziehungen entfalteten eine Dynamik, die in den 1980er-Jahren zunehmend ihren eigenen Gesetzen gehorchte und weniger denen der Regierungspolitik.

Allerdings handelte es sich bei der gewerkschaftlichen Annäherung nicht um einen geradlinigen Prozess, der schließlich in eine vermeintliche Kollaboration mit dem »Systemgegner« geführt hätte. Die engen Grenzen der Entspannung wurden unter anderem anhand eines 1988 durchgeführten Urlauberaustauschs deutlich. Für den Sommer 1988 verabredeten beide Seiten, jeweils zehn Familien ehrenamtlicher Funktionäre, aber ohne Kinder (!), einen 14-tägigen Urlaub in einer Ferien- bzw. Erholungseinrichtung der anderen Seite zu ermöglichen. Die Kosten trug grundsätzlich die einladende Seite, allerdings erhob der DGB von den westdeutschen Urlaubern eine Eigenbeteiligung von 1.100 DM pro Paar, das zudem die Fahrtkosten selbst tragen musste (DGB/FDGB 1988). Dies sollte sich dann auch wenig überraschend als Hemmnis herausstellen: Von DDR-Seite aus nahmen zehn Paare teil; von westdeutscher Seite waren es lediglich vier Paare, die ihren Urlaub gemeinsam verbrachten (DGB 1989c).

Ein westdeutscher Teilnehmer dieses Austauschs berichtete anschließend in einem längeren Brief über seine Erlebnisse. Generell seien seine

Ehefrau und er sehr zuvorkommend und freundlich behandelt worden, ihr FDGB-Betreuer sei »nicht doktrinär« und auch bereit gewesen, »Systemfehler einzugestehen« (F.T. 1988). Das Gefühl, letztlich aber doch »unter Kontrolle« gestanden zu haben, habe die Urlauber jedoch nicht verlassen (ebd.). Als problematisch betrachtete das westdeutsche Ehepaar die erfahrene Vorzugsbehandlung. So wurde ihnen »in einem Speiseraum für ca. 120 Personen zu jeder Mahlzeit eine Kleinigkeit extra gereicht«, was von den DDR-Urlaubern »mit neidischen Blicken« bedacht worden sei (ebd.). Der FDGB-Betreuer habe erklärt, »das aufgebesserte Essen und das Getränk gehörten zur Preiskategorie für ›ausländische‹ Gäste« (ebd.). Zudem wurden den westdeutschen Gästen im Speiseraum feste Plätze zugewiesen, während die DDR-Urlauber vor der Tür auf Platzzuweisung warten mussten. »So haben wir Bundi's [sic] uns ganz gut angefreundet, aber die Kontakte zu denen unterblieben« (ebd.). Schließlich habe sich herausgestellt, dass einige DDR-Urlauber annahmen, es handle sich bei den Gewerkschaftsgästen um DKP-Mitglieder. Andere wiederum hatten die Befürchtung, dass jetzt Westdeutsche den DDR-Bürgern die wenigen Ferienplätze streitig machen würden.

Angesichts des damals schon millionenfachen Reiseverkehrs zwischen Ost und West mutet dieser Urlauberaustausch kurios an. Nach 15 Jahren Entspannungspolitik und vielfachen Kontakten zwischen den beiden Staaten auf kultureller, wissenschaftlicher, technischer, wirtschaftlicher und politischer Ebene und angesichts der aufs Ganze gesehen beständig erweiterten Reiseerleichterungen erinnerte dieser Austausch eher an die frühen 1960er-Jahre. Die Bereitschaft zu diesem Austausch und das (anfängliche) Interesse beider Seiten deuten auf die nach wie vor hohen »blockpolitischen« Hürden zwischen beiden Organisationen. Der FDGB wollte den Urlauberaustausch auch fortsetzen, auf bundesdeutscher Seite stieß diese grenzüberschreitende Kooperation dagegen auf wenig Begeisterung. Der DGB beschloss, den Austausch künftig den Einzelgewerkschaften zu überlassen, und schob hierfür organisatorische Gründe vor (Unterlagen 1988; Milert 1989a; Milert 1989b; Breit 1989c). Im August 1989 teilte der DGB dem FDGB schließlich mit, dass der Austausch aufgrund des geringen Interesses nicht weitergeführt werde (Milert 1989c).

Der Stand der Beziehungen zwischen DGB und FDGB war am Ende der 1980er-Jahre vielschichtig und ist nicht in einfachen Kategorien zu deuten. Die Delegationszahlen selbst waren im innerdeutschen Vergleich eher unbedeutend. So wurden im Jahr 1987 5 Millionen private Reisen aus der DDR in die Bundesrepublik gezählt und etwa 5,5 Millionen in die Gegenrichtung (BMiB 1987: 379). Aber auch im Vergleich mit zivilgesellschaftlichen Organisationen, insbesondere den Kirchen, waren die gewerkschaftlichen Delegationszahlen marginal. Schon in den Jahren 1975 bis 1981 förderte das Bundesministerium für innerdeutsche Beziehungen (BMiB) 15.500 innerdeutsche Jugendbegegnungen mit 82.000 Jugendlichen, 97 Prozent davon entfielen auf die Kirchen (Kassel 1982). Und selbst der 1982 zwischen dem westdeutschen Bundesjugendring und der Freien Deutschen Jugend (FDJ) verabredete Austausch umfasste mehr Personen als die offiziellen Gewerkschaftsbegegnungen. Allein für das zweite Halbjahr 1985 zählte das BMiB rund 1.000 FDJ-Mitglieder, die in die Bundesrepublik gereist waren (BMiB 1986: 13). Dem standen 16 offizielle Gewerkschaftsbegegnungen mit 100 bis 150 Teilnehmerinnen und Teilnehmern im gesamten Jahr 1985 gegenüber.

Im Sommer 1989 bewegten sich DGB und FDGB auf einem politischen Weg, der Ende der 1970er-Jahre begonnen hatte und Mitte der 1980er-Jahre öffentlich zutage getreten war. Die Entspannungspolitik zeigte ohne Zweifel Wirkung. Dennoch war man an der DGB-Spitze gegen Ende der 1980er-Jahre der Auffassung, auf der Stelle zu treten. Die vielfachen Kontakte seien zwar freundlich, aber es müsse überlegt werden, »von einem mehr ›touristischen Programm‹ zur inhaltlichen Diskussion auf fachlicher Ebene (Seminarform) zu kommen« (Milert 1988d; vgl. Blättel 1988). Von einer Krise im Jahr 1989 kann zwar nicht gesprochen werden, allerdings von einer gewissen Ratlosigkeit über die Zukunft der innerdeutschen Gewerkschaftsbeziehungen seitens des DGB. Die diskursive Einflussnahme auf die ostdeutsche gewerkschaftliche Elite sollte aufrechterhalten werden, nur war unklar, wie dies künftig konzeptionell geschehen könne.

Die sich Ende der 1980er-Jahre abzeichnenden »Grenzen der Entspannung« machten sich aufseiten des FDGB und der DDR im Wesentlichen in der Berlin-Frage fest, von westlicher Seite aus dagegen an der Zurückhaltung des DGB, sich auf eine gemeinsame Gedenkpolitik einzulassen. 1987 hatte Harry Tisch verschiedene geschichtspolitische Projekte vorgeschlagen, die beide Organisationen gemeinsam durchführen könnten: zum einen eine Veranstaltung zum Antikriegstag am 1. September 1989, zum anderen Festveranstaltungen zur Gründung des ADGB 1919 sowie zum 100. Jahrstag des Halberstädter Kongresses 1892, auf dem die sozialdemokratischen Gewerkschaften reorganisiert wurden (Milert 1987). Die vorgeschlagene Veranstaltung in beiden Teilen Berlins scheiterte, da die SED sie nicht mir ihrer Interpretation des Berlin-Status in Einklang bringen konnte (Milert 1988e; Unterlagen 1988). Auf gemeinsame Feiern anlässlich sozialdemokratischer Gewerkschaftsgeschichte wiederum wollte sich Ernst Breit nicht einlassen (DGB 1987b). Allenfalls wissenschaftliche Seminare seien denkbar und wurden auch durchgeführt, wie beispielsweise 1988 das geschichtspolitische Hattinger Forum zu Rosa Luxemburg, zu dem neben der aus der DDR stammenden Rosa-Luxemburg-Expertin Anneliese Laschitza auch der Leiter und stellvertretende Leiter der FDGB-Gewerkschaftshochschule Bernau, Heinz Deutschland und Wolfgang Heym, eingeladen waren (Milert 1988a; Milert 1988b; Milert 1988c; Hattinger Forum 1988).

Der DGB akzeptierte den FDGB als Akteur der ostdeutschen Gesellschaft, mit dem auf Augenhöhe kooperiert, jedoch nicht fraternisiert wurde. Die Dialoge und Kontakte in den 1980er-Jahren, die Annahme einer dauerhaften Zweistaatlichkeit sowie die mittlerweile persönliche und teilweise freundschaftliche Ebene bei den Begegnungen dürfen nicht darüber hinweg täuschen, dass die DDR für die westdeutschen Gewerkschaften nach wie vor ein »Systemgegner« war. Die Einheit Deutschlands blieb das politische Ziel, auch wenn es in weite Ferne gerückt war.

Auf den ersten Blick wirkt das vorsichtige Auftreten während der letzten Spitzenbegegnung im September 1989 wie die Aufgabe deutschlandpolitischer Positionen. Der DGB agierte damit jedoch ähnlich wie die Bundesregierung: Helmut Kohl förderte zwar die Grenzöffnung in Ungarn mit ökonomischen Zusagen, zugleich aber drängte die Bundesregierung die westdeutschen Botschaften, die Botschaftsflüchtlinge zur Rückkehr in die DDR zu bewegen (Wirsching 2006: 633 ff.).

Der Übergang von der Stabilisierungspolitik zur offenen Aufforderung an den FDGB, gesellschaftliche Reformen durchzuführen, belegt dagegen, wie wenig die westlichen Gewerkschaften sich tatsächlich dem »Systemgegner« angenähert hatten. Ende Oktober 1989 forderte Ernst Breit den FDGB auf, das Gespräch mit der Opposition zu suchen: »Was in der Sowjetunion, in Polen, in Ungarn unter den jeweils unterschiedlichen nationalen Bedingungen begonnen hat, kann auch an der DDR nicht vorübergehen« (Breit 1989f).

Anfang Dezember 1989 sah der DGB die deutsche Teilung dann als überwindbar an. In einer deutschland- und europapolitischen Entschließung forderte er nicht nur freie Wahlen in der DDR, sondern erklärte auch sein Ziel, »die Teilung Deutschlands durch eine Vertragsgemeinschaft zu überwinden« (DGB 1989a). Aber auch ohne dieses von den Beteiligten nicht vermutete Ende der DDR kann man feststellen, dass der FDGB deutlich stärker in die entspannungspolitischen Vorstellungen des Westens eingebunden war als gemeinhin angenommen, selbst jedoch wenig Wirkung auf den DGB im ostdeutschen Sinne entfaltete. Insbesondere die berlinpolitischen Initiativen (750-Jahr-Feier und regionale Gewerkschaftskontakte), also gewissermaßen der »Verzicht« des FDGB auf Westberlin, belegen dies.

## Literatur und Quellen

Andler, Wolf (1979): Begegnungen. Persönliche Notizen während einer Studienfahrt in der DDR, in: Forstliche Mitteilungen. Zeitschrift der Fachgruppe Forstbeamte und -angestellte in der GGLF im DGB, (1979) 4, S. 61

Arbeit und Leben (1979): Empfehlungen für die Planung und Durchführung von Studienseminaren in der DDR (verabschiedet am 18.9.1979), Archiv der sozialen Demokratie, 5/DGAI001702

Badische Zeitung (1985): Für Anerkennung der Grenzen, in: *Badische Zeitung* vom 1.6.1985

Bahr, Egon (1996): Zu meiner Zeit. München 1996

Blättel, Irmgard (1988): Besuch einer DGB-Frauen-Delegation beim FDGB vom 10.–14.10.1988, 6.12.1988, Archiv der sozialen Demokratie, 5/DGAI002177

BMI (2011): Notiz des DGB zum Ablauf und zur Wertung des FDGB-Spitzenbesuches vom 27. September bis 1. Oktober 1977 in Düsseldorf, Düsseldorf, 3. Oktober 1977", in: Bundesministerium des Innern/Bundesarchiv (Hg.): Dokumente zur Deutschlandpolitik. VI. Reihe, Band 5, 1. Januar 1977 bis 31. Dezember 1978, München 2011, S. 345–347

BMiB (1983): Vermerk über Telefongespräch am 15.8.1983 mit dem DGB, Bundesarchiv, B 137/15304

BMiB (1986): Zur Entwicklung der innerdeutschen Beziehungen seit 1980, in: Bundesministerium für innerdeutsche Beziehungen (Hg.): Innerdeutsche Beziehungen. Die Entwicklung der Beziehungen zwischen

der Bundesrepublik Deutschland und der Deutschen Demokratischen Republik 1980-1986. Eine Dokumentation, Bonn 1986, S. 5-16
BMiB (1987): Die innerdeutschen Beziehungen 1987 - Zahlen, Daten, Fakten. Pressemitteilung des Ministeriums für innerdeutsche Beziehungen vom 17. Dezember 1987, in: Bundesministerium für innerdeutsche Beziehungen (Hg.): Texte zur Deutschlandpolitik. Reihe III/Band 5-1987, S. 377-397
Breit, Ernst (1984): Ernst Breit an Mitglieder des DGB-Bundesvorstandes, 29.2.1984, Archiv der sozialen Demokratie, 5/DGAI001704
Breit, Ernst (1987): Statement vor dem DGB-Bundesvorstand am 2.7.1987 zum Besuch der DGB-Delegation in der DDR, Archiv der sozialen Demokratie, 5/DGAI000544
Breit, Ernst (1989a): Die deutschen Gemeinsamkeiten wahren, in: Dieter Haack, Hans-Günter Hoppe, Eduard Lintner, Wolfgang Seiffert (Hg.): Das Wiedervereinigungsgebot des Grundgesetzes, 4. Aufl., Köln, S. 73-79
Breit, Ernst (1989b): Ernst Breit an den DGB-Bundesvorstand, Bericht über den Besuch einer FDGB-Delegation vom 12.-15.9.1989, 25.9.1989, Archiv der sozialen Demokratie, 5/DGAI002022
Breit, Ernst (1989c): Ernst Breit an DGB-Bundesvorstand, 22.5.1989, Archiv der sozialen Demokratie, 5/DGAI002182
Breit, Ernst (1989d): Statement bei der DGB-Pressekonferenz am 15.9.1989 in Stuttgart, Archiv der sozialen Demokratie, 5/DGAI002022
Breit, Ernst (1989e): Statement für die Pressekonferenz mit Lech Wałęsa am 7.9.1989 in Düsseldorf, Archiv der sozialen Demokratie, 5/DGAI001378
Breit, Ernst (1989f): Umbruch in Europa kann an DDR nicht vorübergehen. Sperrfrist: Frei ab 22.10.1989, 15 Uhr, in: DGB-Nachrichtendienst vom 20.10.1989
Breit, Ernst (1989g): Veränderungen in einigen Ost-Ländern lassen hoffen, in: DGB-Nachrichtendienst, 14.9.1989
Der Spiegel (1972): Warm und freundlich, in: *Der Spiegel* vom 23.10.1972, S. 98, www.spiegel.de/spiegel/print/d-42787541.html (Abruf am 28.1.2017)
Der Spiegel (1985): »Unser Rechtskampf war nicht vergebens«, in: *Der Spiegel* vom 10.6.1985, S. 30-32, www.spiegel.de/spiegel/print/d-13514056.html (Abruf am 28.1.2017)
Deutsche Botschaft Moskau (1973): Deutsche Botschaft Moskau an Auswärtiges Amt, 16.8.1973, Nr. 3146, Politisches Archiv des Auswärtigen Amtes, ZA, Band 126726

DGB (1973): Protokoll der DGB-Bundesvorstandssitzung vom 3.4.1973, Archiv der sozialen Demokratie, 5/DGAI000478
DGB (1974): Die internationale Gewerkschaftspolitik des DGB im europäischen Rahmen, Teil 1, Jahreswende 1973/74, Archiv der sozialen Demokratie, 5/DGAI000483
DGB (1980a): Dokumentation. Das Grundsatzprogramm des DGB von 1963 und der Entwurf von 1979 im Vergleich, in: Gewerkschaftliche Monatshefte, 31/1980, 1, S. 28–82
DGB (1980b): Entwurf zu einer Erklärung des DGB-Bundesvorstandes zur Gefährdung von Frieden und Entspannung, Januar 1980, Archiv der sozialen Demokratie, 5/DGAI000503
DGB (1980c): Protokoll der DGB-Bundesvorstandssitzung vom 5.2.1980, in: Archiv der sozialen Demokratie, 5/DGAI000503
DGB (1981): Protokoll 4. Außerordentlicher DGB-Bundeskongreß, Düsseldorf, 12. bis 14. März 1981, Düsseldorf 1981
DGB (1984): Bewertung des vom FDGB vorgelegten Entwurfs einer Vereinbarung zwischen dem Bundesvorstand des FDGB und dem Bundesvorstand des DGB über die Weiterführung der bilateralen Beziehungen, 20.2.1984, Archiv der sozialen Demokratie, 5/DGAI001703
DGB (1985): Gemeinsame Presseerklärung über den Aufenthalt einer FDGB-Bundesvorstandsdelegation in der Bundesrepublik vom 28.–31.5.1985, in: DGB-Nachrichtendienst vom 31.5.1985
DGB (1987a): Gemeinsame Presseerklärung über den Aufenthalt einer DGB-Bundesvorstandsdelegation in der DDR vom 25.–29.5.1987, in: DGB-Informationsdienst, 1.6.1987
DGB (1987b): Protokoll der DGB-Bundesvorstandssitzung vom 1.12.1987, Archiv der sozialen Demokratie, 5/DGAI000545
DGB (1989a): Entschließung zur deutschland- und europapolitischen Situation (beschlossen vom DGB-Bundesvorstand am 5.12.1989), in: DGB-Nachrichtendienst, 7.12.1989
DGB (1989b): Pressemitteilung zum Besuch einer Delegation des DGB Berlins beim FDGB vom 20.–23.6.1989, Archiv der sozialen Demokratie, 5/DGAI002177
DGB (1989c): Vorlage zur Beratung im Geschäftsführenden Bundesvorstand, betr. Übernahme der durch den Ferienaustausch mit dem FDGB nicht gedeckten Kosten, 3.5.1989, Archiv der sozialen Demokratie, 5/DGAI002182

DGB Abt. Gesellschaftspolitik (1969): Überprüfung der politischen Möglichkeiten offizieller Kontakte zum FDGB, 27.11.1969, Archiv der sozialen Demokratie, 5/DGAI001135

DGB Bayern (1989): Pressemeldung Nr. 29 des DGB Bayern vom 19.9.1989, Archiv der sozialen Demokratie, 5/DGAI002177

DGB/FDGB (1984): Vereinbarung zwischen den Bundesvorständen von DGB und FDGB über die Weiterführung ihrer bilateralen Beziehungen, 24.2.1984, Archiv der sozialen Demokratie, 5/DGAI001703

DGB/FDGB (1987): Vereinbarung zur Weiterführung der Beziehungen zwischen dem FDGB und dem DGB vom 28.5.1987, Bundesarchiv, B 137/12656.

DGB/FDGB (1988): Vereinbarung zwischen DGB und FDGB über den Besuch der gewerkschaftlichen Freizeit- und Erholungseinrichtungen, 9.3.1988, Archiv der sozialen Demokratie, 5/DGAI002031

DGB/FDGB (1989): Gemeinsame Pressemitteilung über den Besuch einer Delegation des Bundesvorstands des FDGB vom 12.–15.9.1989, Archiv der sozialen Demokratie, 5/DGAI002022

F. T. (1988): F. T. [anonymisiert] an Werner Milert, 9.9.1988, Archiv der sozialen Demokratie, 5/DGAI002182

Faulenbach, Bernd (2007): Europa im Zeichen der Entspannungspolitik, in: Hans-Joachim Veen, Ulrich Mählert, Peter März (Hg.); Wechselwirkungen Ost–West. Dissidenz, Opposition und Zivilgesellschaft 1975–1989, Köln/Weimar/Wien 2007, S. 17–29

FAZ (1984): Gespräche der Gewerkschaften beider deutscher Staaten, in: *Frankfurter Allgemeine Zeitung* vom 24.2.1984

FDGB (1977): Information für das Politbüro des Zentralkomitees der SED über den Besuch einer Delegation des Bundesvorstandes des FDGB in der Bundesrepublik Deutschland, 12. Oktober 1977, in: Dokumente zur Deutschlandpolitik, VI/5, S. 384–388

FR (1975): Nach einem Kantinengespräch abgeschoben, in: *Frankfurter Rundschau* vom 3.7.1975

FR (1985): Rüstung im All verurteilt, in: *Frankfurter Rundschau* vom 3.6.1985

Frister, Erich (1980): Erich Frister an Paul Ruhig (Gewerkschaft Unterricht und Erziehung im FDGB), 24.10.1980, Archiv der sozialen Demokratie, 5/DGAI001702

Fritze, Walter (1972): Die Ostpolitik des Deutschen Gewerkschaftsbundes, in: Gewerkschaftliche Monatshefte, 23(1972), 10, S. 644–649

Gaus, Günter (1981): Bericht über Besuch einer ÖTV-Delegation in der DDR vom 6.–9.1.1981, Archiv der sozialen Demokratie, 5/DGAI001702
GEW (1989): GEW-Korrespondenz vom 2.11.1989
Gewerkschaftskontakte (o.J.): Gewerkschaftskontakte Bundesrepublik–DDR, Bundesarchiv, B 137/15304
Götz, Christian (1973): Arbeitnehmer in Ost und West haben gemeinsame Grundinteressen. Zum ersten offiziellen Besuch einer Delegation von Gewerkschaftsjournalisten in der UdSSR, in: Gewerkschaftliche Monatshefte, 24(1973), 7, S. 446–451
Hattinger Forum (1988): Programm des Hattinger Forums »70 Jahre Novemberrevolution/Rosa Luxemburg im Widerstreit«, Archiv der sozialen Demokratie, 5/DGAI002031
Hildebrandt, Jens (2010): Gewerkschaften im geteilten Deutschland. Die Beziehungen zwischen DGB und FDGB vom Kalten Krieg bis zur neuen Ostpolitik 1955 bis 1969, St. Ingbert 2010
Internationale Gewerkschaftskontakte (1972): Internationale Gewerkschaftskontakte, 1.7.–31.12.1972 [Stand etwa November 1972], Archiv der sozialen Demokratie, 5/DGAI000478
Internationale Gewerkschaftskontakte (1973): Internationale Gewerkschaftskontakte, 1.1.–30.6.1973, Archiv der sozialen Demokratie, 5/DGAJ000202
Jäger, Wolfgang (1986): Die Innenpolitik der sozial-liberalen Koalition 1969–1974, in: Karl Dietrich Bracher (Hg.): Republik im Wandel, Band 1, Die Ära Brandt: 1969–1974, Stuttgart 1986, S. 15–160
Honecker, Erich (1986): Schreiben von SED-Generalsekretär Erich Honecker an Bundeskanzler Dr. Helmut Kohl zur Stationierung amerikanischer Raketen in der Bundesrepublik Deutschland vom 5. Oktober 1983, in: Bundesministerium für innerdeutsche Beziehungen (Hg.): Innerdeutsche Beziehungen. Die Entwicklung der Beziehungen zwischen der Bundesrepublik Deutschland und der Deutschen Demokratischen Republik 1980–1986. Eine Dokumentation, Bonn 1986, S. 154
Kaltenborn, Wilhelm (1977): Notiz zum Besuch der FDGB-Delegation vom 27.9.-1.10.1977, 23.9.1977, Archiv der sozialen Demokratie, 5/DGAI001143
Kassel (1982): Innerdeutsche Beziehungen, Jugendtourismus, Grundsatzpapier von Dr. Kassel vom 8.3.1982, Bundesarchiv, B 137/15265
Kohl, Helmut (1986): Antwort von Bundeskanzler Dr. Helmut Kohl auf das Schreiben vom Generalsekretär des ZK der SED Erich Honecker zur Raketenstationierung, 24. Oktober 1983, in: Bundesministerium

für innerdeutsche Beziehungen (Hg.): Innerdeutsche Beziehungen. Die Entwicklung der Beziehungen zwischen der Bundesrepublik Deutschland und der Deutschen Demokratischen Republik 1980–1986. Eine Dokumentation, Bonn 1986, S. 158–160

Kowalczuk, Ilko-Sascha (2009): Endspiel. Die Revolution von 1989 in der DDR, München 2009

Kristoffersen, Erwin (1980): Vermerk für Vetter über gewerkschaftliche Ost-West-Beziehungen, 19.5.1980, Archiv der sozialen Demokratie, 5/DGAI002005

Milert, Werner (1987): Aktenvermerk über den Inhalt der Gespräche mit Harry Tisch beim Besuch der DGB-Delegation vom 25.–29.5.1987, 1.7.1987, Archiv der sozialen Demokratie, 5/DGAI001705

Milert, Werner (1988a): Milert an Rolf Spitzner, 24.5.1988, Archiv der sozialen Demokratie, 5/DGAI002031

Milert, Werner (1988b): Milert an Uellenberg, 2.11.1988, Archiv der sozialen Demokratie, 5/DGAI002031

Milert, Werner (1988c): Milert an Wolfgang Uellenberg (DGB, Abt. Gewerkschaftliche Bildung), 6.5.1988, Archiv der sozialen Demokratie, 5/DGAI002031

Milert, Werner (1988d): Unterlagen für das Gespräch mit dem Vorsitzenden des FDGB Harry Tisch am 9.11.1988 in Dachau, 3.11.1988, Archiv der sozialen Demokratie, 5/DGAI002022

Milert, Werner (1988e): Vermerk für das Gespräch mit Harry Tisch am 16.4.1988, 31.3.1988, Archiv der sozialen Demokratie, 5/DGAI002031

Milert, Werner (1989a): Aktenvermerk über das Gespräch zwischen Breit und Heilemann am 23.1.1989, Archiv der sozialen Demokratie, 5/DGAI002022

Milert, Werner (1989b): Freizeit- und Erholungsaustausch, 30.3.1989, Archiv der sozialen Demokratie, 5/DGAI002022

Milert, Werner (1989c): Zum Verhältnis DGB/FDGB, 25.8.1989, Archiv der sozialen Demokratie, 5/DGAI002022

Müller, Stefan (2010): Gewerkschafter, Sozialist und Bildungsarbeiter. Heinz Dürrbeck (1912–2001), Essen 2010

Müller, Stefan (2014a): DGB und Ostpolitik. Gewerkschaften als parastaatliche Akteure im Entspannungsprozess, in: Michaela Bachem-Rehm, Claudia Hiepel, Henning Türk (Hg.): Teilungen überwinden. Europäische und internationale Geschichte im 19. und 20. Jahrhundert. Festschrift für Wilfried Loth, München 2014, S. 223–234

Müller, Stefan (2014b): West German Trade Unions and the Policy of Détente (1969–1989), in: Moving the Social, 52(2014), S. 109–137
Nawrocki, Joachim (1986a): Darf er, kann er, soll er?, in: *Die Zeit* vom 3.10.1986, S. 13, www.zeit.de/1986/41/darf-er-kann-er-soll-er (Abruf am 28.1.2017)
Nawrocki, Joachim (1986b): Zauberformeln für Berlin, in: *Die Zeit* vom 12.12.1986, S. 4, www.zeit.de/1986/51/zauberformeln-fuer-berlin (Abruf am 28.1.2017)
Nawrocki, Joachim (1987): Ein alter Brief als Vorwand, in: *Die Zeit* vom 17.4.1987, S. 4, www.zeit.de/1987/17/ein-alter-brief-als-vorwand (Abruf am 28.1.2017)
ND (1983): Vordringliches Erfordernis unserer Zeit: Neue Runde des atomaren Wettrüstens verhindern, in: *Neues Deutschland* vom 22.9.1983
ND (1987a): Begegnungen mit Vertretern des Senats von Berlin (West), in: *Neues Deutschland* vom 14.4.1987
ND (1987b): Diepgen sagt Teilnahme am Treffen der Oberbürgermeister ab, in: *Neues Deutschland* vom 30.4.1987
Niedhart, Gottfried (2014): Wandel durch Annäherung und Grenzen des Wandels in den Beziehungen zwischen der Bundesrepublik Deutschland und den Staaten des Warschauer Paktes 1967–1975, in: Michaela Bachem-Rehm, Claudia Hiepel, Henning Türk (Hg.): Teilungen überwinden. Europäische und internationale Geschichte im 19. und 20. Jahrhundert. Festschrift für Wilfried Loth, München 2014, S. 189–198
Otto, Bernd (1972): Bericht über »Informationsgespräch DGB–FDGB am 18./19.10.1972«, Archiv der sozialen Demokratie, 5/DGAI000477
Pagels, Michael (1989): Michael Pagels an Ernst Breit, 28.6.1989, Archiv der sozialen Demokratie, 5/DGAI002177
Potthoff, Heinrich (1995): Deutschlandpolitik der Regierungen Kohl und die deutsche Frage in den Parteien und der Öffentlichkeit 1982–1989, in: ders. (Hg.): Die »Koalition der Vernunft«. Deutschlandpolitik in den 80er Jahren, München 1995, S. 9–86
Rödder, Andreas (2009): Deutschland einig Vaterland. Die Geschichte der Wiedervereinigung, München 2009
Seidel, Karl (2002): Berlin-Bonner Balance. 20 Jahre deutsch-deutsche Beziehungen. Erinnerungen und Erkenntnisse eines Beteiligten, Berlin 2002

Simon, Harald (1980): Harald Simon an Heinz Oskar Vetter, 15.1.1980, Archiv der sozialen Demokratie, 5/DGAI000503

Stobbe, Dietrich (1980): Ein Schlag gegen die Entspannung, in: Sozialdemokratischer Pressedienst vom 24.10.1980

Tagesspiegel (1984): DGB und FDGB wollen Kontakte auf Spitzenebene intensivieren, in: *Tagesspiegel* vom 25.2.1984

Unterlagen (1988): Unterlagen für das Gespräch mit Harry Tisch am 9.11.1988 in Dachau, 3.11.1988, Archiv der sozialen Demokratie, 5/DGAI002031

Vetter, Heinz Oskar (1970): Vetter an DGB-Landesbezirke und Kreise, 24.4.1970, Archiv der sozialen Demokratie, 5/DGAI001693

Vetter, Heinz Oskar (1974a): Heinz Oskar Vetter an DGB-Bundesvorstand, 14.5.1974, Archiv der sozialen Demokratie, 5/DGAI001692

Vetter, Heinz Oskar (1974b): Heinz Oskar Vetter an Herbert Warnke, 8.3.1974, Archiv der sozialen Demokratie, 5/DGAI001464

Vetter, Heinz Oskar (1976): Warum der DGB mit dem FDGB redet. Konkrete Antworten auf zahlreiche Fragen, in: SPD-Pressedienst, 22.11.1976

Vetter, Heinz Oskar (1979): Redebeitrag auf der Veranstaltung zum 25-jährigen Bestehen des KUD, in: Politik und Kultur, 6(1979), 5, S. 70–75

Vetter, Heinz Oskar (1982): Heinz Oskar Vetter an Harry Tisch, 8. März 1982, Archiv der sozialen Demokratie, 5/DGAI001703

Vetter, Heinz Oskar (1983): Notizen. Anmerkungen zur internationalen Politik, Köln 1983

Warnke, Herbert (1972): Information über die Verhandlungen des FDGB mit der Delegation des DGB am 18./19. Oktober 1972, 23.10.1972, Bundesarchiv, DY 34/23148, Bl. 376–382

Wilke, Manfred (2005): Die »Westarbeit« des FDGB. Die DDR-Gewerkschaft und die innerdeutschen Beziehungen (1945–1990), in: Zeitschrift des Forschungsverbundes SED-Staat, 18, S. 115–137

Wilke, Manfred/Müller, Hans-Peter (1991): Zwischen Solidarität und Eigennutz. Die Gewerkschaften des DGB im deutschen Vereinigungsprozeß, Marburg 1991

Wirsching, Andreas (2006): Abschied vom Provisorium. 1982–1990, München 2006

Wunder, Dieter (1987): Wie kann die friedenspolitische Verantwortung der GEW und der GUE praktisch werden? Vortrag auf dem Friedenspädagogischen Treffen vom 28.9.–1.10.1987 in Kassel, Archiv der sozialen Demokratie, 5/DGAI002174

Wunder, Dieter (1988): Thesen betreffend das Verhältnis der GEW zur GUE. Ergänzung zum Nachbereitungstreffen in Frankfurt-Hoechst am 5.12.1987, 28.1.1988, Archiv der sozialen Demokratie, 5/DGAI002174

# Gewerkschaften und deutsche Einheit

*Wolfgang Uellenberg-van Dawen*

Dieser Beitrag will einen geschichtlichen Überblick über Handeln und Einschätzungen des DGB und seiner Mitgliedsgewerkschaften im Umbruch der DDR und im deutschen Einheitsprozess aus der Sicht eines Beteiligten[1] geben und zugleich eigenes Handeln und eigene Erfahrungen reflektieren. Zeitzeugen und wissenschaftlich fundierte Darstellungen stimmen häufig in der Genauigkeit und der Komplexität des Dargestellten nicht überein, sind aber heute, 25 Jahre nach dem Einheitsprozess, nicht voneinander zu trennen. Denn es ging in diesem Prozess ja gerade um Einstellungen, Einschätzungen, Motive und Stimmungen, die die Quellen und Fakten erst erhellen und – wenn man so will – lebendig und nachvollziehbar werden lassen.[2] Hierbei soll es um drei Aspekte gehen:

- die Wahrnehmung und Begleitung der friedlichen Revolution in der DDR durch den DGB,
- den Aufbau des DGB und der DGB-Gewerkschaften in den neuen Bundesländern,

---

**1 |** Der Autor dieses Beitrags war 1989/90 Referatsleiter in der Abteilung Gewerkschaftliche Bildung beim DGB-Bundesvorstand, 1990–1993 Referatsleiter in der Abteilung Gesellschaftspolitik sowie im Aufsichtsrat der Sächsischen Edelstahlwerke GmbH Freital und 1993/94 bei der IG Metall, unter anderem als Betreuer der Stahlwerke Hennigsdorf und Brandenburg an der Havel.
**2 |** Zum Beispiel hat Manfred Scharrer in seiner Arbeit zum Aufbau einer freien Gewerkschaft in der DDR im Einigungsprozess 1989/90 (bezogen auf die ÖTV) mündliche und schriftliche Quellen gut nachvollziehbar miteinander verbunden, vgl. Scharrer 2011.

- soziale Gleichheit, sozialverträgliche Abwicklung und struktureller Neuanfang – Konzepte und Aktivitäten der Gewerkschaften im geeinten Deutschland.

## 1. Die Wahrnehmung und Begleitung der friedlichen Revolution in der DDR durch den DGB

Als am 11. September 1989 eine Delegation des Freien Deutschen Gewerkschaftsbundes (FDGB) unter Leitung von Harry Tisch, FDGB-Vorsitzender und Mitglied des Politbüros des Zentralkomitees der SED, den DGB besuchte, war die Skurrilität dieser Begegnung nicht zu übersehen: Menschen flüchteten aus der DDR, wo immer sie konnten, die Opposition gegen die Fälschungen der Kommunalwahlen in der DDR wuchs, die Repression nahm zu. Die offene Ablehnung des Reformkurses von Michail Gorbatschow, dem Generalsekretär der KPdSU, durch das SED-Politbüro verschärfte die Lage. Doch der DGB, so schien es, setzte seinen Kurs der Entspannungspolitik fort und veröffentlichte eine gemeinsame Erklärung mit dem FDGB, in der es hieß, dass sich die »Beziehungen zwischen dem DGB und dem FDGB gemäß der Vereinbarung von 1987 positiv entwickelt hätten« (Scharrer 2011: 26 f.).

In den Diskussionen der politischen Sekretäre im DGB jedoch herrschte große Unsicherheit. Deutlich erkennbar war, dass der DGB-Vorsitzende Ernst Breit den Besuch mehr aus Pflichtbewusstsein denn aus innerer Überzeugung abwickelte, aber eine Alternative schien es nicht zu geben. Man wollte die unter Mühen und über Jahre hinweg gepflegte Entspannungspolitik und die Kontakte zum FDGB nicht gefährden. Der überwiegenden Mehrheit im DGB und seinen Gewerkschaften schien Entspannungspolitik als Alternative zu der immer noch aggressiven Rhetorik der US-Regierung und der Aufrüstung durch NATO-Mittelstreckenraketen immer noch der beste Weg, um den Frieden in Europa zu wahren. Zudem weckte Gorbatschow auch bei denen neue Hoffnungen, die – wie der Schreiber dieser Zeilen – dem autoritären und diktatorischen Regime des real existierenden Sozialismus mit großer Distanz gegenüberstanden.

Diese Haltung wurde nicht von allen im DGB geteilt. Es gab Gewerkschafterinnen und Gewerkschafter, die in der DDR und dem real existierenden Sozialismus ein Vorbild oder zumindest Leitbild gesellschaftlicher

Entwicklung sahen, eine enge Zusammenarbeit mit dem FDGB wollten und nun auch die Demokratiefrage im Sozialismus positiv geklärt sahen. Auf der anderen Seite hatten sich insbesondere im Bereich der DGB-Jugend, in der gewerkschaftlichen Bildung und bei einigen Einzelgewerkschaften immer wieder kritische Stimmen zu Wort gemeldet, die den sogenannten Sozialismus als Diktatur ablehnten und sich in Wort und Tat mit der DDR-Opposition solidarisierten. Diese innergewerkschaftlichen Auseinandersetzungen wurden über Jahre hinweg mehr oder weniger verdeckt geführt, denn es ging dabei um parteipolitische Präferenzen, aber auch um Macht und Einfluss im DGB.

Einen Vorgeschmack auf die möglichen Kontroversen hatte 1988 der Abbruch der DDR-Reise einer Jugenddelegation des DGB gegeben, die nach Hause fahren musste, weil sie die Umwelt-Bibliothek in der Ostberliner Zionskirche besuchen wollte. »Wie stehen wir zur friedlichen Revolution?« – nicht nur diese Frage bestimmte die DGB-interne Debatte, sondern auch, ob, wann und wie man die Kooperation mit dem FDGB beenden sollte.

Vier Wochen nach dem Besuch der Delegation des FDGB befand sich die DDR mitten in der friedlichen Revolution. Die Flüchtlingsströme kamen über Ungarn oder erzwangen ihre Ausreise aus den Botschaften der Bundesrepublik Deutschland. Die Feiern zum 40. Jahrestag der DDR am 7. Oktober 1989 waren von heftigen Protesten begleitet. Montagsdemonstrationen hatten sich in Leipzig und anderen Städten etabliert. Das Neue Forum entwickelte sich zur Bürgerbewegung von unten, und nun meldeten sich auch Reformkräfte innerhalb der SED und auch im FDGB zu Wort. Allerdings waren es vor allem die Beschäftigten selbst, die demonstrierten; FDGB-Gewerkschaften waren dabei nicht mit von der Partie. Zwar gab es am 1. November eine Erklärung der Mitarbeiter und Studenten der FDGB-Hochschule Bernau, in der sie Eigenständigkeit und eine neue Qualität innergewerkschaftlicher Demokratie forderten, aber mit ihrer Herkunft aus der Kaderschmiede des FDGB fanden sie damit kaum Resonanz (Gehrke/ Hürtgen 2001; Scharrer 2011).

Auch in den Betrieben häuften sich kritische Positionen und Resolutionen an die FDGB-Spitze. Aber in erster Linie ging der Druck zur Transformation des FDGB nicht von ihnen aus, vielmehr waren es die großen friedlichen Demonstrationen in Berlin, Leipzig und Dresden, die in kürzester Zeit die Legitimation des herrschenden Systems, der SED und ihrer Massenorganisationen untergruben. Initiativen, die im Zusammenhang mit der Bürgerbewegung Neues Forum standen, aber auch unabhängige Initiativen oder spontaner Protest führten zum Umbruch in den Betrieben und zur Absetzung von FDGB-Kadern und Betriebsgruppenleitungen (BGL).

Die DGB-Gewerkschaften reagierten zunächst mit äußerster Zurückhaltung, denn man wollte sich nicht in die inneren Angelegenheiten der DDR einmischen, gleichwohl aber die Demokratiebewegung unterstützen. So forderte der Hauptvorstand der ÖTV im Oktober 1989 von den FDGB-Gewerkschaften, die Sorgen der Menschen aufzugreifen und sich am Demokratisierungsprozess zu beteiligen. (Scharrer 2011: 57f.) Aber schon wenige Tage nach dem Fall der Mauer am 9. November 1989 verabschiedete die IG Metall auf ihrem Gewerkschaftstag eine Resolution, in der sie ihre Hilfe beim Aufbau demokratischer Gewerkschaften in der DDR anbot (Schneider 2000: 413 f.).

Die Erosion des FDGB verunsicherte die DGB-Gewerkschaften. Sie hatten keine Ansprechpartner mehr, und wenn es sie noch gab, so war nicht sicher, wie lange sie sich noch in ihren Positionen halten konnten. In einer internen Analyse der Abteilung Vorsitzender des DGB zog man daraus die Konsequenz, Gespräche mit der Bürgerbewegung, insbesondere mit dem Neuen Forum zu suchen und Kontakte zu knüpfen. Dabei konnte der Bereich der gewerkschaftlichen Bildung an Kontakte mit in der DDR verfolgten und ausgebürgerten Oppositionellen anknüpfen. Andere Kontakte ergaben sich am Rande der DGB-Jugendkonferenz Anfang Dezember 1989. Vielfach unterstützten DGB-Sekretäre Gruppen des Neuen Forums materiell, indem sie z.B. Flugblätter und Broschüren druckten.

Nach dem Fall der Mauer strömten die Bürgerinnen und Bürger der DDR nicht nur in die westdeutschen Kaufhäuser, sondern auch in die Gewerkschaftshäuser. Die Nachfrage nach Informationen zum Aufbau demokratisch legitimierter Interessenvertretungen in den Betrieben und auch zum westdeutschen Sozialsystem war immens. Die DGB-Gewerkschaften kamen unter Zugzwang. Sie wussten nicht so recht, wie sie auf die Anfragen und Anforderungen der Beschäftigten aus der DDR im Hinblick auf den Aufbau neuer Gewerkschafts- und Interessenvertretungsstrukturen in der DDR und auf den Beitritt zu westdeutschen Gewerkschaften antworten sollten.

Am 9. Dezember 1989 trat der FDGB-Bundesvorstand zurück, und auf einem außerordentlichen FDGB-Kongress Ende Januar 1990 erklärten sich die bisher als Abteilungen geführten Gewerkschaften zu autonomen Industriegewerkschaften und erneuerten ihre Führungen (Schneider 2000: 410). Dieser Prozess war vor allem von Gewerkschaftskadern der zweiten und dritten Reihe ausgelöst worden, die sich als Reformerinnen und Reformer im bestehenden System im Sinne einer Liberalisierung wie in der Sowjetunion verstanden. Schnell erkannten sie, dass sie mit den DGB-Gewerkschaften kooperieren mussten, wenn sie ihren Einfluss behalten wollten (Scharrer 2011: 91 f. und 178 ff.).

Die DGB-Gewerkschaften agierten sehr unterschiedlich. So suchten die einen den institutionellen Kontakt mit den neuen Führungen der FDGB-Gewerkschaften mit dem Ziel, Einfluss auf die Gewerkschaftspolitik in der DDR auszuüben – aber auch, um über die Ostgewerkschaften mit den Betrieben in Kontakt zu kommen und Bildungsangebote und Informationen zu vermitteln. Die IG Bau-Steine-Erden schloss mit der Industriegewerkschaft Bau-Holz der DDR eine Vereinbarung über regelmäßige Beziehungen auf allen Ebenen einschließlich der Betriebe, in der auch Kurzseminare und Lehrgänge vorgesehen waren. Dabei ging es der Westgewerkschaft vor allem um die Regulierung des Zustroms von Bauarbeitern aus der DDR zur Vermeidung von Lohndumping und Schwarzarbeit. Auch die IG Chemie-Papier-Keramik und die IG Bergbau und Energie suchten die Zusammenarbeit mit den inzwischen gewendeten DDR-Gewerkschaften, indem sie zum einen eigene Beratungsbüros einrichteten, zum anderen gezielt Funktionsträger zu Seminaren einluden. In ähnlicher Form schlossen die Gewerkschaft Handel, Banken und Versicherungen (HBV), die Deutsche Postgewerkschaft, die Gewerkschaft Gartenbau, Land- und Forstwirtschaft und die IG Metall Abkommen mit ihren DDR-Pendants ab (Schneider 2000: 411 f.).

Die GEW und die ÖTV hingegen standen den gewendeten DDR-Gewerkschaften mit Skepsis gegenüber, sahen sie doch deren schnell schwindende und kaum noch vorhandene Legitimation, die sich in sinkenden Mitgliederzahlen und entsprechend geringeren Beitragseinnahmen niederschlug (Scharrer 2011: 345 f.).

Im Februar 1990 eröffnete die ÖTV eine Koordinationsstelle für Arbeitnehmerorganisationen und Gewerkschaften in der DDR und entsandte wenig später einen Beraterstab als Ansprechpartner für tarifliche, arbeitsrechtliche und sozialpolitische Fragen und für den Aufbau demokratischer Strukturen in den Gewerkschaften. So sollte Hilfe zur Selbstorganisation und demokratischen Erneuerung von unten geleistet werden. Auch der DGB richtete eine Verbindungsstelle in Ostberlin zur Beobachtung der Gesetzgebung in der Volkskammer und zur Begleitung des Reformprozesses im FDGB ein, obwohl er kaum noch Erwartungen in dessen Reformierbarkeit setzte.

In den internen Beratungen des DGB[3] mit Gewerkschaftsvertretern aus der DDR auf Arbeitsebene wurden die unterschiedlichen Wege vorgestellt. Dabei wurde deutlich, dass es anfangs zwei Motivationen für die institutionelle Kooperation gab: Zum einen gab es eine gewisse Nähe zur DDR mit der Hoffnung auf Demokratisierung des Staates und seiner Gewerkschaften. Zum anderen herrschte Unsicherheit und Skepsis bis hin zur Ablehnung gegenüber basisorientierten Neugründungen oder den als grün-alternativ empfundenen Bürgerbewegungen. Immerhin aber konnte die Abteilung Gewerkschaftliche Bildung einheitliche Informationsmaterialien zu Themen wie z. B. Mitbestimmung oder Arbeitsrecht erstellen.

Zugleich formulierten die DGB-Gewerkschaften ihre Kriterien für den Neuaufbau der Gewerkschaften in der DDR. In der Entschließung des DGB-Bundesausschusses vom 7. März 1990 benannten sie die dafür notwendigen Bedingungen und stellten zugleich fest, dass der FDGB diesen Kriterien nicht entspreche:

- demokratisch legitimierte Gewerkschaftsstrukturen;
- parteipolitisch unabhängige Einheitsgewerkschaften nach dem Branchenprinzip;
- frei von den Belegschaften gewählte Betriebsräte;
- Einsatz für Tarifautonomie und Streikrecht und für umfassende Mitbestimmung am Arbeitsplatz, in den Betrieben und Unternehmen und in der Gesamtwirtschaft.

Indes waren in den Zwei-plus-Vier-Gesprächen die Würfel gefallen: Der Weg zu einer Wiedervereinigung beider deutscher Staaten war frei; unklar waren noch Zeitraum und Art und Weise, wie dies geschehen sollte. Nach der letzten Volkskammerwahl der DDR am 18. März 1990 wurde auch dies

---

3 | DGB-Bundesvorstand, Abteilungen »Vorsitzender und Gesellschaftspolitik« und »Gewerkschaftliche Bildung«, und Gewerkschaftsvertreterinnen und -vertreter, die von den Hauptvorständen verantwortlich entsandt waren.

zugunsten eines schnellen Beitritts zur Bundesrepublik und einer schnellen Einführung der D-Mark in einem Umtauschverhältnis von 1:1 entschieden. Die Hoffnungen und Erwartungen an eine demokratische Erneuerung von unten sowohl der DDR als auch ihrer Gewerkschaften hatten sich nicht erfüllt. Die DGB-Gewerkschaften mussten nun einen Kurswechsel vollziehen – von der Kooperation mit den sich ihrem Anspruch nach erneuernden DDR-Gewerkschaften hin zum Aufbau eigener Strukturen in der DDR mit dem Ziel einer einheitlichen Gewerkschaftsbewegung unter dem Dach des DGB.

## 2. Der Aufbau des DGB und der DGB-Gewerkschaften in den neuen Bundesländern

Diesen Prozess im Einzelnen zu schildern würde hier zu weit führen; wesentlich war die ungeheure Beschleunigung durch den sich immer schneller vollziehenden Einigungsprozess. Am 1. Juli 1990 trat die Währungs-, Wirtschafts- und Sozialunion in Kraft, am 3. Oktober traten die fünf neuen Bundesländer der Bundesrepublik Deutschland bei. Mit dem Tag der Deutschen Einheit hatten sich alle ehemaligen FDGB-Gewerkschaften aufgelöst. Auch die Einheit des DGB und seiner Gewerkschaften in ganz Deutschland war vollzogen, ebenso wie die Einheit der Deutschen Angestellten-Gewerkschaft (DAG), des Deutschen Beamtenbundes (DBB) und anderer Berufsverbände.

Schon nach den Volkskammerwahlen war absehbar gewesen, dass die Chancen für eine demokratische Erneuerung der ehemaligen FDGB-Gewerkschaften gering waren, da immer mehr Beschäftigte in der DDR Mitglied einer westdeutschen Gewerkschaft werden wollten. Die verbliebenen oder neu in Funktionen gewählten Hauptamtlichen in den FDGB-Gewerkschaften sahen nun in der Verstärkung der institutionellen Kooperation mit den DGB-Gewerkschaften, im kollektiven Beitritt und in der Übergabe des noch vorhandenen Vermögens die beste Garantie, auch persönlich eine neue Perspektive in einer der DGB-Gewerkschaften oder im DGB zu finden (Schneider 2000: 415; Hertle/Weinert 1991).

Unaufhaltsam war der Auflösungsprozess des FDGB. Die Nachfolgerin von Harry Tisch, Annelis Kimmel, war im Dezember 1989 schon nach wenigen Wochen zurückgetreten. Ihre Nachfolgerin Helga Mausch wurde im Mai 1990 durch die Einsetzung eines Sprecherrates entmachtet, durch den die Vorsitzenden der Branchengewerkschaften die FDGB-Spitze mit dem Ziel ersetzten, den FDGB aufzulösen. Am 14. September 1990 wurde der FDGB aufgelöst. Es wurden drei Liquidatoren eingesetzt, die das Vermögen, soweit es dem FDGB zugesprochen wurde, für die Bezahlung der zu entlassenden Beschäftigten und deren Rentenansprüche einsetzten (Hertle/Weinert 1991).

Dem DGB und den westdeutschen Gewerkschaften war allerdings klar, dass sie in keinem Fall die Rechtsnachfolge des FDGB oder einer seiner Gewerkschaften antreten konnten. Das hätte bedeutet, mehrere Zehntausend Beschäftigte des FDGB und allein 18.000 Beschäftige des Feriendienstes übernehmen und dann zum allergrößten Teil entlassen zu müssen. Zudem stellte sich schnell heraus, dass die DGB-Gewerkschaften aufgrund der unübersichtlichen Vermögensverhältnisse und Finanzbeziehungen des FDGB und seiner Gewerkschaften von der Rechtsnachfolge kaum profitieren würden. Nach längeren Verhandlungen konzentrierten sie sich daher erfolgreich auf die Restitution der von den Nazis 1933 beschlagnahmten Gewerkschaftsimmobilien und auf die Sicherung der Mitgliedsbeiträge, die die Beschäftigten der DDR seit der Wende bis zur Wiedervereinigung gezahlt hatten. Diese verblieben in Treuhandfonds für die Arbeit in den neuen Bundesländern. Die IG Metall beispielsweise richtete mit diesen Mitteln die Stiftung Neue Länder unter Verwaltung der Otto-Brenner-Stiftung ein.

IG Metall und ÖTV übernahmen keine hauptamtlichen Funktionäre aus den FDGB-Gewerkschaften. Die Gewerkschaft der Eisenbahner Deutschlands (GdED), die Gewerkschaft Handel, Banken und Versicherungen (HBV) und die IG Medien übernahmen einen Teil der ostdeutschen Hauptamtlichen. Besonders eng war die Kooperation von IG Bergbau und Energie und IG Chemie-Papier-Keramik mit ihren DDR-Pendants. Sie diktierten ihnen die Bedingungen für die Aufnahme einschließlich der gemeinsamen Organisationsstruktur sowie einer Abgrenzungserklärung zur SED, die mittlerweile in »Partei des Demokratischen Sozialismus« (PDS) umbenannt worden war. Dafür wurde ein Großteil der Hauptamtlichen übernommen. Ehemalige führende Funktionärinnen und Funktionäre der Ostgewerkschaften wurden von den gesamtdeutschen Kongressen – wenn auch mit schlechten Ergebnissen – in die neuen Vorstände gewählt (Scharrer 2011: 150f.).

Die IG Bergbau und Energie übernahm mit dem gesamten Organisationsbereich der ehemaligen FDGB-Gewerkschaft Bergbau-Energie-Wasserwirtschaft auch den in Westdeutschland in der ÖTV organisierten Bereich Wasserwirtschaft. Damit nahm ein jahrzehntelanger Konflikt mit der ÖTV und später mit ver.di seinen Anfang.

Insgesamt trat das Interesse an einem demokratischen Aufbau der DGB-Gewerkschaften in den neuen Bundesländern gegenüber den jeweiligen organisationspolitischen Interessen der einzelnen DGB-Gewerkschaften zurück. Man wollte schnell in den Betrieben, Einrichtungen und Verwaltungen der Branchen präsent sein, die auch in der alten Bundesrepublik zum jeweiligen gewerkschaftlichen Organisationsbereich gehörten. Dies war umso dringlicher geworden, da nicht alle ostdeutschen Beschäftigten in die DGB-Gewerkschaften strebten. Vor allem ehemalige Leitungskräfte und Beschäftigte in Wissenschaft, Verwaltung und Gesundheitswesen hatten eigene berufsspezifische Verbände gegründet und sich der DAG oder einem der DBB-Verbände angeschlossen.

Durch diese Entwicklung war besonders die ÖTV unter Druck geraten, ihr Organisationsgebiet durch Kooperation und/oder Ausweitung möglichst schnell zu sichern. Ferner war sie daran interessiert, unkontrollierte eigenständige Gründungen von ÖTV-Gliederungen in der DDR zu verhindern. Daher verfolgte der Hauptvorstand der ÖTV das Projekt der Gründung einer »ÖTV in der DDR«. Am 30. Mai 1990 schloss die ÖTV mit sechs zum Teil neu formierten Gewerkschaften der DDR[4] eine Vereinbarung, nach der deren Mitglieder aufgefordert werden sollten, zum 1. November 1990 der ÖTV beizutreten.

Nachdem mit der Währungs-, Wirtschafts- und Sozialunion am 1. Juli 1990 ein einheitlicher Wirtschaftsraum und damit auch ein gesamtdeutscher Arbeitsmarkt entstanden und das Ende der DDR absehbar war, entschieden alle DGB-Gewerkschaften, die Mitgliedschaft für Personen im Territorium der DDR bzw. der neuen Bundesländer am Tag nach der Vollendung der Einheit am 3. Oktober zu öffnen. Vorherige Vereinbarungen über spätere Zeitpunkte wurden damit hinfällig. Mit der Öffnung der DGB-Gewerkschaften wurde die Selbstauflösung der DDR-Gewerkschaften verbunden. Die Möglichkeit eines direkten Beitritts in eine DGB-Ge-

---

4 | Gewerkschaft der Armeeangehörigen, Gewerkschaft Gesundheits- und Sozialwesen, Gewerkschaft öffentliche Dienste, Gewerkschaft Wissenschaft, Gewerkschaft der Zivilbeschäftigten der NVA und der Industriegewerkschaft Transport.

werkschaft war die entscheidende Voraussetzung dafür, dass die Gewerkschaftseinheit unter dem Dach des DGB vollzogen werden konnte. Die Nichtübernahme hauptamtlicher Funktionäre wie z. B. bei der Gewerkschaft ÖTV bedeutete nicht, dass ehemalige FDGB-Beschäftige generell von einer Tätigkeit in den DGB-Gewerkschaften ausgeschlossen waren. Sie wurden in größerer oder kleinerer Zahl vor allem in den neuen Bundesländern beschäftigt. So hielt es auch der DGB, der dort Büros und später DGB-Kreis- und Landesbezirke einrichtete. Auf den DGB kam vor allem die Aufgabe zu, den Rechtsschutz schnell und umfassend aufzubauen, denn mit der Währungs-, Wirtschafts- und Sozialunion begann der immer schnellere Zusammenbruch eines großen Teils der DDR-Wirtschaft, und Massenarbeitslosigkeit statt blühender Landschaften bestimmte den weiteren Weg der Einheit.

In den DGB-Gewerkschaften und im DGB selbst war der Prozess des Aufbaus eigener Strukturen anfangs von großer Euphorie bestimmt, schienen doch auf einmal mehr als 9 Millionen FDGB-Mitglieder auf ihre DGB-Mitgliedschaft zu warten. Allerdings zeigte sich schnell, dass viele FDGB-Mitglieder nur Ferienplätze und andere Vergünstigungen mit ihrer Mitgliedschaft verbunden hatten. Die Zahl der Mitglieder aus den neuen Bundesländern sank schon zum Jahresende 1990 auf unter 4 Millionen. Mit dem Verlust der Arbeitsplätze gingen auch die Mitglieder verloren. Neue Mitglieder zu gewinnen gelang kaum, da der FDGB dem Ansehen der Gewerkschaften nachhaltig geschadet hatte.

Viele DGB-Gewerkschaften mussten erkennen, dass der Aufbau organisatorischer Strukturen in den neuen Bundesländern zum Verlustgeschäft wurde. Dabei war dies früh absehbar gewesen. Kurz nach seiner Wahl zum DGB-Vorsitzenden auf dem DGB-Kongress im Mai 1990 hatte Heinz-Werner Meyer für eine Bundesvorstandssitzung eine Analyse der DDR-Wirtschaft angefordert. Der Berliner Ökonom Kurt Hübner lieferte dem Vorstand eine exakte datenbasierte Analyse des hohen Verschleißes des Anlagevermögens der DDR-Wirtschaft, der maroden Infrastruktur, der teilweise unerträglichen Umweltbelastungen und der geringen Weltmarktfähigkeit der Produkte.

Meyer trug diese Analyse vor, stieß aber bei den Vorsitzenden der Gewerkschaften auf Unverständnis. Der IG-Metall-Vorsitzende Franz Steinkühler erklärte, man müsse jetzt schnell die Organisation aufbauen und die Löhne angleichen, sonst verstärke sich die Abwanderung von Arbeits-

## Gewerkschaften und deutsche Einheit

kräften in den Westen. Monika Wulf-Mathies erläuterte die Strategie der ÖTV, die rasch Gewerkschaften von unten aufbauen wollte. Hermann Rappe, der Vorsitzende der IG Chemie-Papier-Keramik, erklärte, in Deutschland werde wohl nie wieder ein Chemiestandort genehmigt, daher sei der Standort Leuna-Merseburg unverzichtbar. Die Bürgerbewegungen in der DDR bestünden aus Grünen und Umweltschützern, daher werde die IG Chemie-Papier-Keramik mit der ehemaligen FDGB-Gewerkschaft IG Chemie, Glas und Keramik zusammengehen – mit den dort noch vorhandenen Kommunisten werde man schon fertig. Die Angst vor dem Einfluss von SED/PDS-Mitgliedern in den Gewerkschaften war zwar präsent, aber Abgrenzungsbeschlüsse erschienen ausreichend.

Diese Sitzung des DGB-Bundesvorstands kann als Beispiel dafür dienen, wie Organisationspolitik über Ökonomie siegte. Anstatt die Organisation vorsichtig aufzubauen und mittelfristige wirtschaftspolitische wie organisationspolitische Strategien zu entwickeln, wurde aus dem Stand heraus gehandelt. Nur der DGB übte in seinem Organisationsaufbau zunächst eine größere Zurückhaltung, die er aber zum Aufbau des Rechtsschutzes wieder aufgab.

Ende 1990 zählten die DGB-Gewerkschaften 7,9 Millionen Mitglieder im Westen und 3,6 Millionen im Osten Deutschlands. Für die neuen Bundesländer hatte der DGB rund 110 Rechtsschutzsekretäre eingestellt. 1991 wurden 33 DGB-Kreise sowie die DGB-Landesbezirke Nord (bestehend aus Mecklenburg-Vorpommern, Schleswig-Holstein sowie Hamburg), Berlin/Brandenburg, Hessen/Thüringen, Niedersachsen/Bremen/Sachsen-Anhalt und – als einziger rein ostdeutscher DGB-Landesbezirk – Sachsen konstituiert.

Damit folgte der DGB der IG Metall, die ost- und westdeutsche Bezirke verbunden hatte. Hierdurch sollte der Wissens- und Erfahrungstransfer von West nach Ost erleichtert und gegenseitiges Verständnis gefördert werden. Dies war sinnvoll und nötig. Die nach der Wiedervereinigung stattfindenden Gewerkschaftstage und Kongresse, auf denen Vorstände und Beiräte um Mitglieder aus den neuen Bundesländern erweitert wurden, zeigten, wie fremd sich die Menschen aus West und Ost gegenüberstanden. Die ostdeutschen Gewerkschafterinnen und Gewerkschafter wollten zwar schnell in die DGB-Gewerkschaften, viele von ihnen empfanden jedoch ihre organisationspolitische Vereinnahmung als Verlust von neu gewonnener Selbstbestimmung, und die Strukturen und Rituale westdeutscher Gewerkschaften waren ihnen fremd.

## 3. Soziale Gleichheit, sozialverträgliche Abwicklung und struktureller Neuanfang – Konzepte und Aktivitäten der Gewerkschaften im geeinten Deutschland

1989 hatten die Gewerkschaften keine realistischen Informationen über die tatsächliche Lage der DDR-Wirtschaft. Sie folgten der damals in Wissenschaft und Publizistik verbreiteten Einschätzung, dass die DDR trotz der Mängel und Probleme bei Konsumgütern und der Rohstoff- und Materialbeschaffung und trotz des deutlichen Rückstands in der Modernisierung des Produktionsapparates immerhin das zehntgrößte Industrieland der Welt sei. Die vor der Wende zunehmend geäußerte Kritik aus der Bevölkerung wurde auf den grundlegenden Systemfehler einer Kommandowirtschaft zurückgeführt, die nur den Mangel verteilen konnte. Wie marode die Infrastruktur und vor allem der Produktionsapparat waren, war nicht bekannt.

Allerdings wussten die DGB-Gewerkschaften auch, dass ein Zusammenbruch der DDR-Wirtschaft nur zu verhindern war, wenn die Öffnung für die Weltmärkte und vor allem für den westdeutschen Markt nicht mit einem Schlag erfolgte. Zu Beginn des Jahres 1990 schien dies möglich, da zwei bis fünf Jahre als realistische Zeitperspektive für die Einheit von Wirtschaft und Währung galten. So konzentrierten sich die DGB-Gewerkschaften zunächst auf den Aufbau demokratischer und staats- und parteiunabhängiger Gewerkschaften in der DDR. In seinen wirtschaftspolitischen Stellungnahmen bezog sich der DGB weiterhin auf die Situation in Westdeutschland und kritisierte die wachsende Ungleichheit der Einkommen, die unzureichende Mitbestimmung, die Mängel in der öffentlichen Daseinsvorsorge und die tarifpolitische Verweigerungshaltung der Arbeitgeber. Die Beseitigung dieser Mängel dürfe durch die deutsche Einheit nicht zum Stillstand kommen (Schneider 2000: 419 f.; DGB 1996: 34 f.). Eine Analyse, welche Folgen die Einheit für die Wirtschaft und vor allem für die Arbeitsplätze in der DDR haben könnte und wie man darauf reagieren sollte, fehlte.

Am 22. Mai 1990, einen Tag vor der Bundestagsdebatte zum Staatsvertrag zur Währungs-, Wirtschafts- und Sozialunion, verabschiedete der DGB-Bundeskongress eine Entschließung zur deutschen Einheit, formulierte jedoch kein auf den Umbau der Wirtschaft in der DDR bezogenes wirtschaftspolitisches Konzept. Zur Vermeidung der zu befürchtenden

## Gewerkschaften und deutsche Einheit

Massenarbeitslosigkeit in der DDR und zur Beseitigung der bestehenden Arbeitslosigkeit in der Bundesrepublik forderte er eine wirksame Arbeitsmarktpolitik und ein qualitatives Wirtschaftswachstum durch Ausbau der Infrastruktur und öffentlicher Dienstleistungen sowie die Beseitigung der Umweltverschmutzung.

Der verteilungspolitische Forderungskatalog war detaillierter. So sollten die ungleiche Verteilung der Einkommen in Westdeutschland abgebaut und die Nettoeinkommen der DDR-Bürgerinnen und -Bürger gesichert und schrittweise an die Einkommen in Westdeutschland angeglichen werden. Zur gerechten Verteilung der finanziellen Belastungen sollten keine weiteren Steuern mehr gesenkt werden. Der wesentliche Teil der Entschließung bestand aus einem Forderungskatalog für die gesamtdeutsche Arbeits- und Sozialordnung, und zwar zum Recht auf Arbeit, Wohnen und Bildung, zur Gleichberechtigung von Männern und Frauen, zu erweiterten Arbeitnehmerrechten und zur Mitbestimmung.

Erst im Juni 1990 legte der DGB struktur- und beschäftigungspolitische Forderungen für die DDR-Wirtschaft vor, die im Wesentlichen darauf hinausliefen, eine geordnete Sanierung der DDR-Industrie auch unter Einsatz des in der Treuhand verwalteten Volksvermögens als Alternative zu einer Kahlschlagsanierung zu ermöglichen (DGB 1996: 36f.). Bereits kurz nach der am 1. Juli in Kraft getretenen Währungs-, Wirtschafts- und Sozialunion und der plötzlichen Öffnung der DDR für die westdeutsche und globale Wirtschaft begann der Zusammenbruch der im Verhältnis zur Konkurrenz unproduktiven Betriebe, die zudem noch ihre angestammten Märkte und Kooperationspartner in Osteuropa verloren. Ende August 1990 waren fast 400.000, Ende Dezember mehr als 680.000 Menschen in den neuen Bundesländern arbeitslos. Der Ausreisestrom aus dem Osten Deutschlands entwickelte sich zu einer Auswanderungswelle, die die westdeutschen Kommunen vor große Probleme bei der Unterbringung stellte.

Die DGB-Gewerkschaften sahen sich nach der Währungs-, Wirtschafts- und Sozialunion in erster Linie mit der Herausforderung der tariflichen Regelung von Löhnen und Arbeitsbedingungen konfrontiert. Zwar hatte die Währungsunion einen Kaufrausch ausgelöst, aber bald wurde den Menschen in Ostdeutschland klar, dass nun zwar alle wünschbaren Waren erhältlich waren, das notwendige Geld dafür aber schnell aufgebraucht sein würde. Wie eine produktivitäts- und verteilungsgerechte Tarifpolitik bei der Umwandlung einer staatssozialistischen in eine privatkapitalistische Wirtschaft aussehen könnte, wusste niemand. Auch die Transformationstheoretiker hatten immer nur über den Weg vom Kapitalismus zum Sozialismus diskutiert. Man wusste sozusagen, wie man aus Fisch Suppe, aber nicht wie man aus Suppe Fisch kochen sollte.

Vor allem aber wollten die westdeutschen Gewerkschaften 1990 verhindern, dass die noch existierenden Branchengewerkschaften der DDR Tarifverträge ohne ihre Kontrolle abschlossen. In den Abkommen der DGB-Gewerkschaften, die auf institutionelle Kooperation mit ihren ostdeutschen Pendants setzten wie die IG Chemie-Papier-Keramik und die IG Metall, war ein klares Einvernehmen in allen tarif-, sozial- und wirtschaftspolitischen Fragen vereinbart worden (Schneider 2000: 413 f.). Zwar schlossen DDR-Gewerkschaften noch Tarifverträge mit Betriebsleitungen oder Behörden ab, aber faktisch hatten die Westgewerkschaften die Führung übernommen.

Im Öffentlichen Dienst und Transportwesen beanspruchten die DDR-Gewerkschaften, die am 30. Mai 1990 mit der ÖTV ein Abkommen über die künftige Gewerkschaftseinheit abgeschlossen hatten, zwar eine Tarifführerschaft, konnten diese aber nicht wirksam ausüben, denn unter dem Druck der Belegschaften und mangels Arbeitgeberverbänden wurden Tarifabkommen auf lokaler Ebene abgeschlossen. Daraufhin nahm die ÖTV die Tarifführerschaft auf nationaler Ebene wahr und stellte am 25. Juli 1990 gegenüber der DDR-Regierung eine Tarifforderung von 350 DM Einkommenserhöhung und 50 DM Sozialzuschlag. Am 4. September 1990 schloss sie mit der DDR-Regierung einen Tarifvertrag, der eine Erhöhung um 200 DM und einen Sozialzuschlag pro Kind um 50 DM vorsah (Scharrer 2011: 129) – das waren etwa 50 Prozent des Westniveaus. Entscheidend war, dass dieser Abschluss mit den westdeutschen Arbeitgeberverbänden abgestimmt war und somit auch über den Tag der Wiedervereinigung am 3. Oktober Bestand hatte.

In den internen Debatten zwischen den Gewerkschaften über ihre tarifpolitische Strategie wurden drei Wege deutlich:

- Die IG Metall verfolgte die Strategie, die Löhne möglichst schnell auf Westniveau anzuheben. Dies sollte durch einen Stufentarifvertrag bis April 1994 erreicht werden. Sie argumentierte mit der Gefahr der Verlagerung von Arbeitsplätzen in die neuen Bundesländer und mit der schnellen Abwanderung von Fachkräften aus den neuen in die alten Bundesländer. Für beide Entwicklungen gab es genügend Anhaltspunkte. So wurden bis Mitte der Neunzigerjahre viele kleinere und mittlere Unternehmen von West- nach Ostdeutschland verlagert. Sie trafen dort auf eine gut qualifizierte Facharbeiterschaft und durch die Hilfen der Treuhandanstalt und die Wirtschaftsförderung der Kommunen und Länder auf günstige Rahmenbedingungen. Zum anderen aber hielt die Wanderung von gut ausgebildeten Fachkräften von Ost- nach Westdeutschland an.

- Die IG Chemie-Papier-Keramik bevorzugte eine langsame und der Produktivitätssteigerung der ostdeutschen Chemieindustrie angemessene Lohnsteigerung. Dafür sprach der marode Zustand der ostdeutschen Chemiestandorte, die grundlegend saniert und im Wesentlichen nur durch Neuansiedlungen auf Weltmarktniveau gebracht werden konnten.
- Andere Gewerkschaften versuchten, die Entgeltniveaus je nach Branche anzugleichen. Gegen die schnell einsetzende Massenarbeitslosigkeit sollten Rationalisierungsschutzabkommen und die Angleichung der Arbeitszeiten helfen, die im Osten länger waren als im Westen.

Ende 1990 verdienten die Beschäftigten in den ostdeutschen Industriebetrieben 42 Prozent des westdeutschen Lohnniveaus. Mitte 1991 lag das durchschnittliche Niveau der Ostlöhne bei 50 bis 60 Prozent der Westlöhne; bei der ÖTV waren es ab Juli 1991 60 Prozent.

Nach der deutschen Einheit war die Tarifpolitik der Gewerkschaften zunehmend unter Druck geraten. Schon direkt nach der Währungs-, Wirtschafts- und Sozialunion waren Industriebetriebe zusammengebrochen. In der industrialisierten Landwirtschaft der DDR sank die Zahl der Beschäftigten von 640.000 auf 300.000. Viele Landwirtschaftliche Produktionsgenossenschaften (LPGs) wurden aufgelöst oder rationalisierten mithilfe westlicher Arbeitsmethoden und Maschinen Arbeitsplätze weg. Dienstleistungen in Handel, Banken und Versicherungen, Verkehr, Tourismus und ähnlichen Branchen wurden in kleinen Einheiten privatisiert und von westdeutschen und westeuropäischen Unternehmen übernommen. Auch hierbei gingen viele Arbeitsplätze verloren.

Auch Beschäftigte im Öffentlichen Dienst waren vom Personalabbau betroffen:[5] Die Verwaltungen wurden umgebaut, Universitäten und In-

---

5 | In der DDR hatte es keinen Beamtenstatus gegeben, der die Beschäftigten im Öffentlichen Dienst der neuen Bundesländer vor Entlassungen hätte schützen können.

stitute evaluiert und zum Teil abgewickelt. Viele wissenschaftlich-technische Kader wurden nicht weiter beschäftigt. Die meisten Führungskräfte in der Verwaltung, bei Polizei und Justiz, an Schulen und Hochschulen wurden abgesetzt oder heruntergestuft und erhielten westdeutsche Vorgesetzte.

Während einerseits viele Westdeutsche durch die Länderpartnerschaften im Osten neue Aufstiegsmöglichkeiten fanden, wanderten infolge der Entlassungen viele ostdeutsche Arbeitskräfte in den Westen. 1993 waren in den neuen Bundesländern 1,2 Millionen Menschen arbeitslos – das war eine Arbeitslosenquote von 17 Prozent. Mehr als eine halbe Million Erwerbstätige wurden in den Vorruhestand geschickt. Die Zahl der Erwerbstätigen in den neuen Bundesländern hatte seit der Wiedervereinigung 1990 bis 1993 um 3 Millionen abgenommen. Frauen, die bis dahin meist voll erwerbstätig gewesen waren, waren die Hauptbetroffenen.

Dass diese rasant zunehmende Arbeitslosigkeit nicht zu größeren Unruhen führte, war vor allem den umfassendsten arbeitsmarktpolitischen Maßnahmen in der deutschen Nachkriegsgeschichte zu verdanken. 1,6 Millionen Menschen befanden sich 1993 in einer Arbeitsbeschaffungsmaßnahme oder in der Fort- und Weiterbildung (DGB 1996: 67). Konzipiert waren die Arbeitsbeschaffungsmaßnahmen als Brücken in neue und wettbewerbsfähige Arbeit, sie dienten jedoch der Demontage stillgelegter Fabriken und der Beseitigung maroder Infrastruktur, aber auch der Fortbildung und Qualifizierung sowie dem Erhalt von Ausbildungskapazitäten und örtlichen Dienstleistungen. Auch ein Teil der Kultur-, Freizeit- und Sportangebote sowie der Ferienhotels der stillgelegten DDR-Betriebe überlebte zunächst durch Arbeitsbeschaffungsmaßnahmen.

Grundlage der Finanzierung waren Mittel der Bundesanstalt für Arbeit, Beiträge der Treuhandanstalt und Mittel aus Sozialplänen. Ende 1993 gab es 400 Arbeitsbeschaffungs-, Beschäftigungs- und Strukturentwicklungsgesellschaften (ABS), die rund 110.000 Beschäftigte betreuten und auf Landes- und regionaler Ebene vernetzt waren. Zudem stellte die Treuhandanstalt ab Mitte 1991 Abfindungen für entlassene Arbeitskräfte in Höhe von 5.000 DM zur Verfügung.

Die Gewerkschaften und der DGB waren oftmals die Initiatoren der ABS und arbeiteten auch in deren Gremien mit. Damit wurden die Gewerkschaften zu Mitgestaltern der sozialverträglichen Abwicklung oder der Wege in eine neue und qualifizierte Arbeit. Es entstanden die noch bis heute wirksamen Instrumente und Gesellschaften für Personaltransfer. Hoffnungen und Überlegungen, aus diesen großflächigen Beschäftigungsgesellschaften einen Sektor gemeinnütziger Ökonomie oder einen auf Dauer angelegten zweiten oder dritten Arbeitsmarkt zu machen, konnten durch die allmähliche Verschlechterung der Förderbedingungen, die am Ende zur fast kompletten Abschaffung der Arbeitsbeschaffungsmaßnahmen führte, nicht realisiert werden. Sinnvoll war dieser Gedanke sicherlich, zumal neue Arbeitsplätze auf dem ersten Arbeitsmarkt nicht so schnell entstanden wie erhofft.

Ab 1991 begann die Wirtschaft in den neuen Bundesländern langsam wieder zu wachsen; der Dienstleistungssektor stabilisierte sich. Der DGB und seine Gewerkschaften sahen den Schlüssel für den Aufschwung im Erhalt der industriellen Kerne. Die Industrie wiederum befand sich komplett in der Hand der Treuhandanstalt, die – im März 1990 von der Volkskammer der DDR gegründet – das gesamte volkseigenen Vermögen verwalten und für den wirtschaftlichen Aufbau treuhänderisch einsetzen sollte. Im Vorstand der Treuhandanstalt war kein Gewerkschafter tätig, was sich auch nach der deutschen Einheit nicht änderte. Allerdings wurde ein Verwaltungsrat gebildet, in dem Roland Issen für die DAG, Hermann Rappe für die IG Papier-Chemie-Keramik, Horst Klaus und später Joachim Töppel für die IG Metall und der DGB-Vorsitzende Heinz-Werner Meyer bzw. dessen Nachfolger Dieter Schulte saßen.[6]

Dass sich Bundeskanzler Helmut Kohl bei der Besetzung des Vorstands der Treuhandanstalt mit dem DGB-Vorsitzenden Meyer ebenso wie mit Vertretern der Arbeitgeber beraten hatte, war ein offenes Geheimnis. So rechnete man die Hälfte des Treuhandvorstands eher zum sozialorientierten Lager, darunter den für Personal zuständigen Horst Föhr, die andere Hälfte zum neoliberalen Lager. Auch Detlev Karsten Rohwedder, der später durch die RAF ermordete Präsident der Treuhandanstalt, war eher dem sozialorientierten Lager zuzurechnen. Er kam aus der Montanindustrie und setzte auf Industriepolitik und die Zusammenarbeit mit den Gewerkschaften. Seine Nachfolgerin Birgit Breuel dagegen ist klar dem neoliberalen Lager zuzurechnen.

---

6 | Vgl. in diesem Band die Beiträge von Marcus Böick (S. 109 ff.) und Roland Issen (S. 131 ff.).

Die Treuhandanstalt, die nicht völlig eigenständig, sondern im Rahmen der Vorgaben der Bundesregierung handelte, traf zwei aus Sicht nicht nur der Gewerkschaften problematische Entscheidungen:

- Bei der Prüfung der offenen und meist unübersichtlichen, weil kaum dokumentierten Vermögensverhältnisse setzte sie auf das Prinzip Rückgabe statt Entschädigung. Altbesitzer erhoben nun Ansprüche auf die Übergabe von Grundstücken, Unternehmen, Häusern u. Ä. Vielfach waren die Ansprüche ungeklärt und die Rechtspflege war angesichts der Fülle der Verfahren überfordert, sodass die Klärung der vielfach undurchsichtigen Ansprüche Jahre dauerte. Dadurch wurden viele Initiativen für Neugründungen oder Unternehmensübernahmen vor allem im Dienstleistungsbereich blockiert.
- Für die Industrie galt der Grundsatz »Privatisieren geht vor Sanieren«. Wenn die Privatisierung dann misslang, wurde liquidiert. Der DGB entwickelte zahlreiche Konzepte und Papiere, um den Erhalt industrieller Kerne im Rahmen einer erneuerten Infrastruktur zu begründen und den politischen Entscheidungsträgern nahezubringen. Dabei plädierte er für »Sanieren vor privatisieren«. Dies lehnten Treuhandanstalt und Bundesregierung – abgesehen von Einzelfallentscheidungen etwa für das Chemiedreieck Halle-Merseburg – ab. Die Gewerkschaften engagierten sich daher verstärkt für die Übernahme ostdeutscher Industriebetriebe durch westliche Unternehmen und Unternehmensgruppen.

Die ostdeutschen Belegschaften kämpften um den Erhalt ihrer Arbeitsplätze – oft, aber nicht immer vergeblich. Dazu einige Beispiele:

Die westdeutsche Kali und Salz AG war bereit, die ostdeutschen Kaligruben zu übernehmen. Dafür hatten sich sowohl die IG Bergbau und Energie als auch der DGB engagiert. Damit verbunden war jedoch die Stilllegung einiger ostdeutscher Kaligruben, auch wenn diese modern und produktiv arbeiteten. Der am Ende vergebliche Kampf der Bergleute von Bischofferode in Thüringen mit Betriebsbesetzungen und Demonstrationen richtete sich daher nicht nur gegen die Treuhandanstalt, sondern auch gegen die zurückhaltende Politik der IG Bergbau und Energie.

Erfolgreich, jedoch im Hinblick auf den Erhalt von Standorten und Arbeitsplätzen in Westdeutschland riskant, war der Prozess der Privatisierung der ostdeutschen Eisen- und Stahlindustrie. In Westdeutschland

## Gewerkschaften und deutsche Einheit

gingen aufgrund weltweiter und europäischer Überkapazitäten fast zwei Drittel der Arbeitsplätze verloren. So wurde 1993 – trotz aller Proteste der Stahlarbeiter – das zu einem Symbol des Kampfes der Stahlarbeiter um ihre Arbeitsplätze gewordene Hüttenwerk Duisburg-Rheinhausen geschlossen. In dieser Situation war der Erhalt ostdeutscher Stahlunternehmen umstritten.

Die ostdeutschen Belegschaften befürchteten, dass eine Übernahme der Standorte durch westdeutsche Unternehmen zu Stilllegungen und Produktionsverlagerungen führen könnten. Dies galt vor allem für die Warmbreitbandstraße der EKO-Stahlwerke in Eisenhüttenstadt. Es gab bereits vier Warmbreitbandstraßen in Westdeutschland, die fünfte würde den Druck auf die Industrie zum Abbau von Produktionskapazitäten noch verschärfen. Daher suchten Bundesregierung und IG Metall nach ausländischen Investoren.

Die Stahlwerke Hennigsdorf und Brandenburg an der Havel waren vom italienischen Stahlkonzern Riva übernommen worden. Auch die EKO Stahl GmbH in Eisenhüttenstadt sollte nach den Plänen der Bundesregierung an den Riva-Konzern gehen. Aber die IG Metall brachte osteuropäische bzw. russische Investoren ins Spiel und konnte am Ende mithilfe des Landes Brandenburg die Übernahme durch Riva verhindern. 1994 verkaufte die Treuhandanstalt das Unternehmen dann an den belgischen Stahl- und Maschinenbaukonzern Cockerill-Sambre. Heute gehört das Stahlwerk in Eisenhüttenstadt zu ArcelorMittal.

Welche Weichen gestellt werden mussten, um einen Standort zu erhalten, konnte der Schreiber dieser Zeilen als Mitglied des Aufsichtsrates der Sächsischen Edelstahlwerke GmbH in Freital verfolgen. Nachdem Versuche einer gemeinsamen industriellen Lösung der Edelstahlwerke Freital mit den Edelstahlwerken in Gröditz gescheitert waren, hatte sich die Treuhandanstalt entschlossen, Freital dem Direktorat Liquidation zuzuordnen. Der Aufsichtsratsvorsitzende wurde abgelöst und durch einen ehemaligen Manager der Hoesch AG ersetzt. Dieser ließ die Absicht der Treuhandanstalt zur Schließung durchblicken. Über die sächsische Staatsregierung und mithilfe von Bundeswirtschaftsminister Jürgen Möllemann wurde mit der Firma Winterhager ein Interessent gefunden, der sich im westdeutschen Siegerland nicht mehr erweitern konnte und nun bereit war, Freital zu übernehmen. Durch eine konzertierte Aktion der IG Metall und der Belegschaft, die den Dresdener Flughafen besetzte, der Landesregierung und des

DGB-Vorsitzenden Meyer im Präsidium der Treuhandanstalt wurden die Edelstahlwerke dem Direktorat Sanierung zugeordnet und mit erheblicher Hilfe der Treuhandanstalt an Winterhager verkauft.

Bei diesen und anderen Maßnahmen zum Erhalt von Standorten durch Sanierung und/oder Verkauf an einen Investor gab es flankierende Hilfen von der Treuhandanstalt, meist durch die komplette Entschuldung des Unternehmens. Es mussten aber auch neue Kredite von den Banken eingeworben werden, und am Ende musste auch die Belegschaft auf Teile der ihr zustehenden tariflichen Leistungen verzichten. Bei den meisten dieser »Deals« stimmten die Gewerkschaften die Bedingungen vor Ort und mit den Bezirken oder dem Hauptvorstand ab. Dann wurden die abgestimmten Vorlagen vom DGB mit den zuständigen Sachbearbeitern der jeweiligen Gewerkschaften diskutiert und schließlich vom Treuhand-Verwaltungsrat bzw. -Präsidium gebilligt. Die Verhandlungsprozesse waren oftmals von Aktivitäten und Protesten der Belegschaften unter Führung der örtlichen Gewerkschaftsvertreter begleitet, sodass in der öffentlichen Wahrnehmung ein widersprüchliches Bild vom Verhalten der Gewerkschaften entstand.

Die Aushandlungsprozesse zum Erhalt von Standorten durch Investitionen mit staatlicher Begleitung und Unterstützung sowie durch Lohnverzicht der Arbeitnehmerinnen und Arbeitnehmer verfestigten sich in den neuen Bundesländern. Sie wurden zum Modell für entsprechende Sanierungs- und Investitionsvereinbarungen in ganz Deutschland.

Aber nicht nur in den Branchen und Unternehmen, auch auf Landes- und Bundesebene entstanden neue Formen und Institutionen der Zusammenarbeit von Regierung, Gewerkschaften und Arbeitgebern, um den Strukturbruch der ostdeutschen Wirtschaft zu bewältigen. Im März 1990 hatten DGB und die Bundesvereinigung der Deutschen Arbeitgeberverbände (BDA) eine gemeinsame Erklärung zur deutschen Einheit verabschiedet, in der sie sich auch für eine Sozialunion neben der Wirtschafts- und Währungsunion einsetzten. Der westdeutsche Klassenkompromiss in Gestalt der sozialen Marktwirtschaft sollte nicht infrage gestellt werden.

Im März 1991 wurde dann das »Gemeinschaftswerk Aufschwung Ost« der Bundesregierung verabschiedet, das Förderprogramme für kleinere und mittlere Unternehmen, Verkehrsinfrastruktur, kommunale Investitionen und Arbeitsbeschaffungsmaßnahmen bereitstellte und bei dessen Umsetzung Landräte, Arbeitsverwaltung, lokale Wirtschaft, Wirtschafts- und Handwerksverbände bzw. -kammern und Gewerkschaften eingebunden waren. Es gelang den Gewerkschaften nicht, darin eine spezielle Förderung industrieller Kerne zu verankern, aber die Bundesregierung erklärte sich bereit, den Feriendienst des FDGB mit allen Häusern und Beschäftigten der Treuhandanstalt zu übertragen.

Das »Gemeinschaftswerk Aufschwung Ost« wurde zum Vorläufer weiterer trilateraler Abkommen und Programme zwischen Regierung, Wirtschaft und Gewerkschaften, die im ersten »Bündnis für Arbeit« 1995 und dann noch einmal 1997 im »Bündnis für Arbeit Ost« mündeten. Mit diesen Bündnissen konnte die Regierung Kohl darauf verpflichtet werden, nicht in die Tarifautonomie einzugreifen, indem sie etwa betriebliche Bündnisse für Arbeit zuließ, wie es der neoliberale Flügel der Wirtschaftsverbände und der Präsident des Bundesverbandes der Deutschen Industrie (BDI), Hans-Olaf Henkel, forderten.

Danach verlagerte sich die Auseinandersetzung auf die Branchenebene. Als die ostdeutschen Arbeitgeber in der Metall-, Eisen- und Stahlindustrie im März 1993 den Stufentarifvertrag zur Angleichung der Löhne an das Westniveau bis April 1994 kündigten, bedurfte es wochenlanger Streiks, um den Stufentarif zu verteidigen, jedoch wurde die Angleichung bis Juli 1996 gestreckt.[7] Viele Arbeitgeber traten aus ihren Verbänden aus; die Erosion der Tarifbindung in den neuen Bundesländern begann.[8]

Dass vereinigungsbedingte »Sonderopfer« von den westdeutschen Beschäftigten nicht gewollt waren, zeigte der Streik im Öffentlichen Dienst, der am 27. April 1992 begann und das öffentliche Leben elf Tage lang beeinträchtigte. Ein Plus von 9,5 Prozent lautete die Forderung der ÖTV. Am 7. Mai einigten sich die Tarifvertragsparteien auf 5,4 Prozent plus Sonderzahlungen, die Mitglieder lehnten das Ergebnis allerdings in einer Urabstimmung mit 55 Prozent Nein-Stimmen ab. Dennoch trat der Kompromiss nach einer Entscheidung des ÖTV-Hauptvorstandes in Kraft. Auch bei den Tarifverhandlungen der anderen Gewerkschaften gab es keine ostspezifische Komponente der Lohnzurückhaltung. Vielmehr wurde die Osttarifpolitik in den neuen Bundesländern eigenständig mit dem Ziel der Angleichung je nach Branche und Produktivitätswachstum geführt.

Das Mai-Motto des DGB lautete 1992 »Teilen verbindet«. Damit stieß der DGB bei vielen gesellschaftlichen Gruppen, in Kirchen, Wissenschaft

---

7 | Vgl. den Beitrag von Lothar Wentzel in diesem Band (S. 169 ff.).
8 | Vgl. den Beitrag von Ingrid Artus in diesem Band (S. 151 ff.).

und auch in der Politik auf Zustimmung, denn sie alle wussten, dass die deutsche Einheit nicht zum Nulltarif zu haben war, sondern immens viel kosten würde. Die Frage aber war, wer die Lasten tragen sollte. In den neuen Bundesländern trugen die Menschen sie in Form des Verlustes ihrer Arbeit, Lebensperspektive und Sicherheit und gewannen dafür politische und persönliche Freiheitsrechte sowie bessere Lebensbedingungen. In den alten Bundesländern bescherte ein kurzfristiger Aufschwung mehr Beschäftigung und höhere Löhne, aber schon bald stiegen die Sozialversicherungsbeiträge, denn die Arbeitsmarktpolitik, die Aufwertung der Ostrenten und die Gesundheitsversorgung mussten überwiegend aus dem Westen bezahlt werden. Auch der Solidaritätszuschlag, der von allen Einkommen in Deutschland erhoben wurde und wird, wurde mehrheitlich im Westen bezahlt.

## 4. Fazit

Die westdeutschen Gewerkschaften wurden wie fast alle Akteure von der friedlichen Revolution und dem Wunsch der überwiegenden Mehrheit der Bevölkerung nach schneller Vereinigung der beiden deutschen Staaten überrascht und von dieser Entwicklung überholt. Der Versuch, eine demokratische Gewerkschaftsorganisation in der DDR zunächst durch Erneuerung von unten und Kooperation von oben aufzubauen, scheiterte daran, dass sich die Beschäftigten in der Nachwende-DDR den demokratischen Einheitsgewerkschaften im DGB anschließen wollten. Am Ende mussten sich alle DGB-Gewerkschaften rasch für die Mitglieder in den neuen Bundesländern öffnen, um in den Strukturbrüchen von Wirtschaft, Arbeitswelt und Gesellschaft handlungsfähig zu bleiben. Hoffnungen, dadurch neue finanzielle und organisatorische Stärke zu gewinnen, hatten sich in wenigen Jahren zerstreut.

Jedoch wurden in diesen Strukturbrüchen neue Strategien und Praktiken der gewerkschaftlichen Interessenvertretung entwickelt, die über die traditionellen Formen von Konfrontation oder Kooperation hinausgingen. Um Standorte zu erhalten, Arbeitsplätze zu sichern und Beschäftigten eine neue Perspektive zu geben, war Mitgestaltung und Mitverantwortung gefragt. Die Kosten der Einheit, z. B. in Form von Arbeitsplatzverlust, mussten vor allem die Beschäftigten in den neuen Bundesländern tragen. Die

Arbeitnehmerinnen und Arbeitnehmer in Westdeutschland wollten und konnten die finanziellen Lasten nicht allein aufbringen – Teilen ohne Umverteilen war und ist nicht möglich. Auch 25 Jahre nach der Einheit ist die Gleichheit der Arbeits- und Lebensbedingungen trotz vieler Erfolge nicht erreicht. Solidarische Gewerkschaftspolitik, die diese Gleichheit durchsetzt, steht nach wie vor auf der Tagesordnung.

## Literatur und Quellen

DGB (Hg.) (1996): Deutschland – einig Vaterland. Der Aufbau des DGB im Osten. Düsseldorf 1996

Gehrke, Bernd/Hürtgen, Renate (Hg.) (2001): Der betriebliche Aufbruch im Herbst 1989. Die unbekannte Seite der DDR-Revolution. Diskussion – Analysen – Dokumente, Bildungswerk der Heinrich-Böll-Stiftung, Berlin 2001

Hertle, Hans-Hermann/Weinert, Rainer (1991): Die Auflösung des FDGB und die Auseinandersetzungen um sein Vermögen, Berliner Arbeitshefte zur sozialwissenschaftlichen Forschung 45, FU Berlin, Zentralinstitut für sozialwissenschaftliche Forschung, Berlin 1991

Scharrer, Manfred (2011): Der Aufbau einer freien Gewerkschaft in der DDR 1989/1990. ÖTV und FDGB-Gewerkschaften im deutschen Einigungsprozess, Berlin 2011

Schneider, Michael (2000): Kleine Geschichte der Gewerkschaften. Ihre Entwicklung in Deutschland von den Anfängen bis heute, Bonn 2000

# Betriebliche und gewerkschaftliche Basisbewegungen 1989/90 in der DDR

*Renate Hürtgen*

Die Geschichte der betrieblichen und gewerkschaftlichen Basisbewegungen in der DDR vom Herbst 1989 und während des Aufbaus von Interessenvertretungsstrukturen nach westdeutschem Vorbild in den 1990er-Jahren ist noch nicht geschrieben. Trotz der Tatsache, dass der Parteienstaat DDR ohne den Aufbruch der Belegschaften in den Betrieben der DDR nicht hätte gestürzt werden können, sind die Vorgänge dort noch immer kein selbstverständlicher Bestandteil der zeithistorischen Forschung. Bezeichnungen wie »Feierabendrevolution« für den Herbst 1989 verhindern, die Ereignisse in ihrer ganzen Dynamik und Wechselwirkung von betrieblichem Aufbruch und Straßendemonstrationen zu begreifen. Diese Ignoranz betrifft einerseits die Vorgänge innerhalb des Freien Deutschen Gewerkschaftsbundes (FDGB) und der gewerkschaftlichen Transformation, andererseits jedoch vor allem jene Bewegung, die von Beschäftigten in den Betrieben der DDR und ehrenamtlichen Basisgewerkschafter/innen im Herbst 1989 getragen wurde.

Einige Tausend Aktive waren es, die den revolutionären Zeitgeist mit Protestschreiben und -kundgebungen, der Einberufung von Belegschaftsversammlungen und der Forderung nach Absetzung der Betriebsleitung oder Neuwahl der Betriebsgewerkschaftsleitung (BGL)[1] in die Betriebe trugen. Sie schlossen sich in den verschiedensten Initiativen zusammen

---

1 | Mit der Auflösung der unabhängigen Betriebsräte ab Ende 1948 wurde die BGL als unterste Organisationseinheit des FDGB das einzige Vertretungsorgan auf Betriebsebene. Eingebettet in die zentralistische Hierarchie des FDGB stellte sie keine unabhängige Interessenvertretung der Belegschaften dar.

und schufen so eine Gegenöffentlichkeit zu den im Betrieb herrschenden Machtstrukturen von Partei, Betriebsleitung und Gewerkschaft.
Von dieser breiten Bewegung handelt der vorliegende Beitrag. Er will den Blick für die betrieblichen Basisbewegungen schärfen, deren Charakter, Stärken und Schwächen beschreiben und einen Ausblick auf die 1990er-Jahre geben, als sich im Osten ein wohl einmaliger Widerstand gegen die Politik der Treuhandanstalt[2] zeigte. Eine umfassende historische Einordnung kann dieser Text nicht leisten, vielleicht aber das Interesse an der Geschichte dieser immer noch weitgehend unbekannten Seite der DDR-Revolution wecken.

## 1. Die Gewerkschaften der DDR im Herbst 1989

Wie für jeden politischen Akteur gilt auch für die Gewerkschaften, dass sich ihre Rolle in den politischen und sozialen Bewegungen vom Herbst 1989 ganz wesentlich aus der gesellschaftlichen Funktion erklären lässt, die sie bis dahin gespielt hatten. Der FDGB wurde 1946 mit großen Erwartungen seiner Mitglieder an eine Interessenvertretung gegründet, die von ihrem Selbstverständnis her in der Tradition einer kämpferischen Arbeiterbewegung stand, sich aber schnell zu einer Organisation wandelte, die sich dem Parteiauftrag der Planerfüllung verpflichtet sah und nicht dem gewerkschaftlichen Kampf um die Interessendurchsetzung der Lohn- und Gehaltsempfänger. Tarifverhandlungen kannten die DDR-Gewerkschaften nicht. Ohnehin lässt sich angesichts der Tatsache, dass alle staatlichen Leiter und Parteifunktionäre bis hin zu Erich Honecker Mitglied im FDGB waren, kaum mehr von einer Gewerkschaft sprechen, fehlte ihr doch damit die »Gegnerfreiheit«.

In den aktuellen Diskussionen zur Rolle der Gewerkschaften in der Transformationsphase 1989/90 wird meist übersehen, dass der FDGB im DDR-Betrieb Teil des herrschenden Dreigestirns der Macht von Partei, staatlicher Leitung und BGL gewesen ist. Die Eigenständigkeit der BGL und deren Durchsetzungskraft gegenüber der SED waren dabei äußerst gering. Auf betrieblichen Gewerkschaftsversammlungen wie denen zu Plandiskussionen

---

2 | Zur Treuhandanstalt vgl. in diesem Band die Beiträge von Marcus Böick (S. 109 ff.)und Roland Issen (S. 131 ff.).

bestimmten der Parteisekretär und die Betriebsleitung die Diskussion, die Reden der Gewerkschaftsfunktionäre waren von ihnen vorab genehmigt worden. Die Kaderauswahl in der Betriebsgewerkschaftsleitung wurde von der SED vorgenommen, und alle wichtigen Leitungsfunktionen, auch die der betrieblichen Gewerkschaftsorganisation, waren mit SED-Mitgliedern besetzt. Damit waren Gewerkschaftsfunktionäre wie jeder andere Parteifunktionär der Parteidisziplin und den Weisungen der Partei unterworfen und hätten keine eigenständige Gewerkschaftspolitik betreiben können, selbst wenn sie gewollt hätten.

Zur Beschreibung des Verhältnisses der Mitglieder zur Gewerkschaft gehört auch, dass die Kreis- und Bezirksleitungen des FDGB, aber auch die Vorstände der Einzelgewerkschaften, so gut wie gar nicht wahrgenommen wurden. Wer kannte schon – um ein Beispiel aus meiner eigenen Erfahrung zu nennen – den Vorsitzenden der Gewerkschaft Unterricht und Erziehung, wo doch die meisten nicht einmal den Namen ihres BGLers hätten nennen können? Neben der Anonymität infolge der Bildung riesiger Kombinate[3] war es vor allem die Bedeutungslosigkeit der Gewerkschaften, die das Desinteresse ihrer Mitglieder hervorrief. Nicht einmal als soziale Dienstleister waren die Vorstände der Einzelgewerkschaften und territorialen Gliederungen des FDGB, von denen in Abständen Kampagnen zu politischen Aktionen ausgingen, geeignet. Ohnehin war man Mitglied im FDGB und zahlte seine Beiträge an den Bundesvorstand, für den die Einzelgewerkschaften letztlich nur Filialen waren.[4]

Dass der FDGB Teil der herrschenden Partei- und Staatsführung war, bestätigte sich in besonderer Weise im Sommer und Herbst 1989. Als sich die Lage in der DDR angesichts der Tausenden von Flüchtlingen zuspitzte, bekräftigte der FDGB noch einmal seine Parteitreue und wiederholte

---

3 | Im Zuge des Konzentrationsprozesses der DDR-Wirtschaft wurden bis Ende der 1970er-Jahre die Volkseigenen Betriebe (VEB) mit jeweils gleichen Erzeugnissen, Fertigungsprozessen bzw. zu verarbeitenden Rohstoffen in Kombinate zusammengefasst.

4 | Der FDGB war nicht nur territorial-betrieblich (Bezirk, Kreis, Betrieb), sondern auch in Gewerkschaften und Industriegewerkschaften untergliedert (z. B. Gewerkschaft Land, Nahrungsgüter und Forst; IG Metall). Diese Gewerkschaften waren jedoch, anders als die Mitgliedsgewerkschaften des DGB, nicht autonom und besaßen keine Finanzhoheit.

wortreich die aus dem Politbüro verlautete Beschimpfung der flüchtenden DDR-Bürger.[5] Ohnehin waren die damaligen Vorgänge im FDGB-Apparat denen im Staats- und Parteiapparat zum Verwechseln ähnlich.[6] Hier wie dort überschlugen sich die Funktionäre in gegenseitiger Schuldzuweisung; die unteren Funktionärsebenen bekamen von der in Auflösung begriffenen Zentrale keine Order mehr und fühlten sich in dieser schwierigen Situation im Stich gelassen. Die Funktionäre der Parteien und Organisationen sowie die staatlichen Angestellten fielen entweder in eine Art »Schreckstarre« oder arbeiteten ungerührt weiter, als wäre nichts geschehen. Funktionäre aus der zweiten Reihe starteten den Versuch, sich mit neuem Personal auf die veränderten Bedingungen einzustellen.

Mit einiger Verzögerung setzte dieser Prozess auch im FDGB ein: Anfang November nahm der Bundesvorstand auf seiner zehnten Tagung das Rücktrittsangebot seines Vorsitzenden Harry Tisch an, die bisherige Vorsitzende des FDGB Berlin, Annelies Kimmel, wurde zur Nachfolgerin gewählt. Ein außerordentlicher Gewerkschaftskongress wurde einberufen. Der Bundesvorstand hatte zwar eine neue Vorsitzende, doch das Arbeitssekretariat bestand weiterhin aus den alten Sekretären. Privilegien- und Korruptionsvorwürfe wurden laut. Am 2. Dezember 1989 wurde Harry Tisch in Untersuchungshaft genommen. Am 9. Dezember 1989 trat der gesamte Bundesvorstand des FDGB zurück. Ein Vorbereitungskomitee, dem verschiedene Vorsitzende von Einzelgewerkschaften angehörten, war für die inhaltliche Vorbereitung des außerordentlichen Gewerkschaftskongresses am 31. Januar/1. Februar 1990 verantwortlich. Der Vorsitz dieser Vorbereitungsgruppe wurde Werner Peplowski übertragen, dem Vorsitzenden der IG Druck und Papier der DDR, der zusammen mit anderen Vorsitzenden und BGLern den Rücktritt des Bundesvorstandes bewirkt hatte. Rückblickend räumt Peplowski ein, dass nichts passiert wäre, wenn nicht die Basis – damit ist hier die hauptamtliche Funktionärsbasis in den Betrieben gemeint – Druck ausgeübt hätte (Hertle 1990a: 10).[7]

---

**5** | Sie hätten sich »selbst aus unserer Gesellschaft ausgegrenzt. Man sollte ihnen deshalb keine Träne nachweinen« (*Tribüne* vom 2.10.1989).
**6** | Zu den Vorgängen 1989 im Partei- und Staatsapparat auf lokaler Ebene vgl. Hürtgen 2014: 296–308.
**7** | Zur Chronologie der Ereignisse siehe Hertle 1990c und Fichter/Lutz 1991.

## Betriebliche und gewerkschaftliche Basisbewegungen 1989/90 in der DDR

In der Tat waren es betriebliche Funktionäre, Lehrer und Studenten der Gewerkschaftsschule in Bernau sowie gewerkschaftseigene Verlage, die mit ihren Forderungen die Auflösung des Bundesvorstandes forcierten. Allerdings war dies keine innergewerkschaftliche Reformbewegung; Peplowski resümiert: »Und das ist eigentlich das Kritische, was man aus heutiger Sicht sagen muss: Die Gewerkschaft als solche hat in der Verharrung gelegen. Sie war durch die politischen und ökonomischen Ereignisse so in den Zentralismus eingebunden, dass von den Funktionären nicht die Aktivität gekommen ist und von der Basis auch nicht die Auseinandersetzung über die Gewerkschaftsebene gefordert wurde« (Hertle1990a: 10f.).

An diesem Kampf gegen die alte Garde des Bundesvorstandes, gegen die Kreis- und Bezirksvorstände, aber auch gegen die Reaktionäre in den Vorständen der Einzelgewerkschaften war eine kleine Gruppe von BGLern namentlich aus Berliner Großbetrieben maßgeblich beteiligt. Eine ihrer wichtigsten Funktionen sah sie darin, den FDGB zu entmachten, die Rolle der Einzelgewerkschaften zu stärken und deren Eigenständigkeit herzustellen. Auf dem Ende Januar stattfindenden Gewerkschaftskongress sollte dieser Machtkampf um die Stellung der Einzelgewerkschaften den Verlauf der Veranstaltung bestimmen (Hertle 1990b).

Für ihre Rücktrittsforderungen und einen radikalen Kurs der Erneuerung der Gewerkschaften, wie sie es selbst nannte, sah sich diese Gruppe durch die Basis legitimiert. Anders als die Funktionäre im FDGB und in den meisten Vorständen – die nicht begriffen hätten, »dass längst ein Prozess in Gang gekommen war, der nicht mehr aufzuhalten war« (Hertle 1990b: 1) – habe sie gewusst, was im Betrieb los war und wie die Mitglieder dachten. Dies betont Peter Pischner, stellvertretender BGL-Vorsitzender im Kabelwerk Oberspree (KWO), dem Stammbetrieb eines Kombinats mit über 16.000 Beschäftigten, in einem späteren Interview nachdrücklich. Er hatte in seinem Betrieb erfahren, wie die BGL auf Druck der Belegschaft geschlossen zurückgetreten war und später Neuwahlen stattgefunden hatten. Er und die anderen BGLer in der kleinen Erneuerergruppe hatten Belegschaftsversammlungen mit wütenden Kolleginnen und Kollegen erlebt, kannten die Massenaustritte aus dem FDGB, sahen sich Misstrauensvoten und Rücktrittsforderungen ausgesetzt. Bereits im September hatten sich ganze Gewerkschaftsgruppen mit offenen Briefen an Harry Tisch gewandt, in denen sie den Vorsitzenden des FDGB zum Realismus in der Einschätzung der politischen Situation aufforderten; andere teilten ihm mit, dass sie nunmehr geschlossen aus dem FDGB austreten würden. Bis zum Dezember 1989 waren einige Hunderttausend solchen Beispielen gefolgt. Zu einer Erneuerung des FDGB sollte es nicht kommen. Peter Pischner hatte sich mit seinen Vorschlägen an die Vorstände gewandt. »Aber da waren nur Schweigen und Sprachlosigkeit; die kamen mit den Ereignissen nicht zu Recht. Sie konnten sie gar nicht verstehen, weil sie in den vergangenen Jahren den Kontakt zur Gewerkschaftsbasis vollkommen verloren hatten« (Hertle1990b: 2). Die anderen Erneuerungswilligen hatten dieselben Erfahrungen gemacht.[8]

Nicht nur aus Sicht der Reformer scheiterte der außerordentliche Gewerkschaftskongress Ende Januar 1990; danach war der FDGB mit seiner eigenen Auflösung beschäftigt. Ohnehin schienen die Weichen nun gestellt: DGB und Einzelgewerkschaften begannen, die »Gewerkschaftseinheit« zwischen Ost und West herzustellen (siehe Kapitel 6 dieses Beitrags).

## 2. Die Rolle von Betrieben in der demokratischen Revolution

Getrennt und weitgehend unbeachtet neben den Vorgängen rund um den Sturz des FDGB-Bundesvorstandes, die Vorbereitung des außerordentlichen Gewerkschaftskongresses und den Kampf der Einzelgewerkschaften um ihre Eigenständigkeit gegenüber dem FDGB fand im Herbst 1989 in den Betrieben der DDR ein Prozess der »betrieblichen Wende« statt. Die demokratische Revolution in der DDR war ihrem Charakter nach kein Arbeiteraufstand; 1989 war eben nicht 1953, wie der Minister für Staatssicherheit Erich Mielke befürchtet hatte. Die abhängig Beschäftigten gingen als Bürgerinnen und Bürger auf die Straße, wo sie mit ihren Protestaktionen die alte Herrschaft zum Rücktritt zwangen. Allein in der Woche vor dem Mauerfall zählte die Staatssicherheit rund 1,3 Millionen Protestierende (Gehrke/Hürtgen 2012: 249).

---

8 | Eine Lehrerin der Gewerkschaftshochschule in Bernau, Mitautorin des Diskussionspapiers »Wie könnte eine Wende in der Gewerkschaftsarbeit aussehen?«, resümiert resigniert: »In der Wendezeit hat die Gewerkschaft überhaupt keine Rolle gespielt, die hat weder für die politische Entwicklung eine Rolle gespielt noch als Vorreiter für eine eigene Reform, noch hat sie die Leute unterwiesen, wie man es hätte machen können.« (Interview der Autorin mit Frau Z. am 9.9.1994)

## Betriebliche und gewerkschaftliche Basisbewegungen 1989/90 in der DDR

Doch wenn diese Proteste nicht in die Betriebe getragen worden wären, hätte die Demokratiebewegung den Sturz der diktatorischen Machtverhältnisse nie erreicht. Der Betrieb war in der DDR nicht nur das ökonomisch-soziale Lebensumfeld für Millionen Beschäftigte, sondern auch entscheidender Erfahrungsort jener Herrschaftsverhältnisse, die sie nun nicht mehr ertragen wollten. Die Erinnerung an die Demokratiebewegung von 1989 als Straßenprotest und das Bild vom oppositionellen Künstler und vom Pfarrer als den prägenden Gestalten der Revolution haben den Blick auf den Betrieb als relevanten Ort für den Sturz der alten Machtverhältnisse und auf die Belegschaften als wichtigen Akteur verstellt. Richtet man seinen Blick einmal weg von den medialen Highlights und hin zu den betrieblichen Akteuren, wird deren besondere Rolle erkennbar.

Mit einiger Verzögerung, nachdem die ersten Erfolge der Massenproteste sichtbar wurden, setzte im November 1989 eine regelrechte Protestwelle in den Betrieben ein. Inzwischen waren die politischen Machtzentren, nicht zuletzt durch den Mauerfall am 9. November, mehr als geschwächt; doch die alten Institutionen der Partei und des Staatsapparates bestanden weiterhin. Auch die Machtstrukturen im Betrieb waren unverändert; die SED, die Freie Deutsche Jugend (FDJ) und die Gesellschaft für Deutsch-Sowjetische Freundschaft (DSF), der Sicherheitsapparat und die paramilitärische Einheit der Kampfgruppen[9] organisierten sich immer noch in den Betrieben. Die Kombinatsdirektoren schienen fest im Sattel zu sitzen. Auf den Demonstrationen wurde »SED ade!« skandiert und gefordert: »SED, gib deine Führung ab, sonst werden hier die Leute knapp!« sowie »Stasi in die Produktion!« (Lindner 2011: 79, 87). Aber wie kamen diese Forderungen in die Betriebe?

An dieser Stelle muss erwähnt werden, dass oppositionelles Verhalten in DDR-Betrieben unter anderen Voraussetzungen stattfand als auf den Straßendemos. Ewald S., einer derjenigen, die im Geräte- und Reglerwerk Teltow bereits im Oktober 1989 einen Aufruf zur Gründung der unabhängigen Gewerkschaft »Reform« (Gehrke/Hürtgen 2001: 341, 356) unterzeichnet hatten, erinnert sich:

---

9 | Die sogenannten Betriebskampfgruppen der Arbeiterklasse waren als paramilitärische Einheiten infolge des Aufstandes vom 17. Juni 1953 errichtet worden. Ihre Mitglieder rekrutierten sich überwiegend aus den Reihen der SED.

»Es war 'ne Zeit, die eigentlich auch voller Angst steckte bei den Leuten. Auch bei mir, das war ganz normal. Alle hatten se Angst vor der Partei, der Kampfgruppe und was es da alles so gab. Und keiner wollte so richtig was machen. Ich persönlich war damals Witwer [...]. Ich hatte drei große Kinder, die waren, Gott sei Dank, aus dem Haus. Und ich habe mir immer gesagt, wenn die anderen etwas zu verlieren haben – ich nicht! Ja, und deswegen war ich gleich von Anfang an einer von denen, die gesagt haben: Jetzt müssen wir irgendwas machen.« (Ebd.: 33)

Abgesehen davon, dass kollektive widerständige Aktionen in DDR-Betrieben schon seit Jahrzehnten unterdrückt wurden und dass es dort 1989 – anders als in der DDR-Opposition – überhaupt keine Strukturen oppositioneller Organisation gab, auf die nun hätte zurückgegriffen werden können, war das Risiko im Oktober/November 1989 in den Betrieben besonders hoch (Hürtgen 2005: 255–270). Im Gegensatz zu den Straßendemonstranten war der einzelne Beschäftigte hier nach einem Aufruf oder einer öffentlichen Rede sofort namentlich bekannt. Im Betrieb war er nicht durch die Anonymität einer Massendemo geschützt.

Hatten sich aber außerhalb des Betriebes mit den Bürgerbewegungen bereits alternative Strukturen gebildet, so boten sie nicht nur Schutz für alle Beteiligten, sondern waren auch ein Garant dafür, dass etwas durchgesetzt werden konnte. Wie der schon zitierte Ewald S. hatte auch Gerd S. zusammen mit anderen Beschäftigten aus dem Rationalisierungsbau in Karl-Marx-Stadt (Chemnitz) sehr früh einen Belegschaftsrat gegründet. Zu ihrer Legitimierung hatten dessen Mitglieder zunächst Unterschriften fast des gesamten Betriebsteils »Wälzlager und Normteile« gesammelt und sich wenige Tage später zur Wahl gestellt. Eine ihrer ersten Aktivitäten bestand darin, die Abschaffung der hauptamtlichen Parteiarbeit sowie die Auflösung der Kampfgruppen zu fordern (Gehrke/Hürtgen 2001: 44).

Auf einem Treffen betrieblicher Aktivisten schilderte Gerd S. 1999, wie sich das konkret abgespielt hat:

»Also, der Parteinik hat in seinem Büro gesessen und hat sich hinter dem ND[10] versteckt. Und wir haben gesagt: Bis dann und dann muss der weg! Und dann haben unsere Kollegen wirklich den Hebel ausgeschaltet. Dann standen alle Maschinen still und wir sind als Belegschaftsrat mit der Belegschaft zusammen drei Runden um die große Werkhalle gelaufen, bis wir gesehen haben, dass er mit seinem Aktenkoffer das Betriebsgelände verlassen hat.« (Gehrke/Hürtgen 2001: 44)

---

10 | ND: *Neues Deutschland* (publizistisches Zentralorgan der SED).

Das Beispiel des »Rausschmisses« des Parteisekretärs aus dem Werk in Karl-Marx-Stadt klingt unglaublich, hat sich aber im Herbst 1989 so oder ähnlich nicht nur in den Betrieben abgespielt. Im ganzen Land erlebten protestierende Bürgerinnen und Bürger, dass sie die Macht hatten, etwas durchzusetzen. Oft reagierten die Funktionäre und staatlichen Leiter ganz unmittelbar, so wie in Halberstadt, wo der Kreisvorsitzende der SED und der Bürgermeister am Tag nach einer Massendemonstration zurücktraten (Hürtgen 2015: 32–49). Das Gleiche geschah mit einiger zeitlicher Verzögerung in zahlreichen Betrieben der DDR. Durch Aufrufe, Protestschreiben und Unterschriftensammlungen, oft unter Ausnutzung der vorhandenen Gewerkschafts- oder Parteistrukturen oder durch Inbesitznahme der Wandzeitung der Betriebsparteiorganisation, schufen Belegschaften eine Gegenöffentlichkeit, ein eigenes Forum der Kommunikation. Oft waren es nur kleine Gruppen von drei oder vier Beschäftigten, die den ersten Anstoß dazu gaben.

Was in der zeithistorischen Forschung unter den Begriffen »Bürgerbewegung/Straßenproteste« und »betriebliche Wende« getrennt diskutiert wird, waren tatsächlich nur verschiedene sich gegenseitig vorantreibende Seiten desselben basisdemokratischen Aufbruchs. Die Massendemos mit ihren ersten Erfolgen und die Gründung verschiedener Bürgerrechtsgruppen waren die Voraussetzung für den betrieblichen Widerstand, der seinerseits das politische Kräfteverhältnis zugunsten der Opposition voranzutreiben half.[11]

Der Zusammenhang zwischen betrieblichem Aufbruch und Opposition respektive Bürgerbewegung zeigt sich nicht zuletzt daran, dass viele dieser frühen betrieblichen Akteure entweder bereits Mitglied einer der neu gegründeten Bürgerbewegungen waren oder im Zusammenhang mit ihren betrieblichen Aktivitäten sehr rasch den Kontakt zu diesen Gruppen suchten.[12] Gerd S. aus Karl-Marx-Stadt (Chemnitz) war Gründungsmit-

---

11 | Zwischen August 1989 und April 1990 streikten Belegschaften in 206 Betrieben, zwölfmal besetzten sie Betriebe. Die Streikanlässe verschoben sich dabei von politischen hin zu ökonomischen. Vgl. die Beschreibung dieser Dynamik in Gehrke/Hürtgen 2012: 247–252.
12 | »Der Aufbruch in den Betrieben und die Betriebsaktivitäten der Bürgerrechtsgruppen, das hat sich bei uns ziemlich vermischt.« (Gehrke/Hürtgen 2001: 41)

glied und im Bezirkssprecherrat des Neuen Forums[13]. Frank G., der ebenfalls im Neuen Forum und wenige Wochen später im Jenaer Bürgerforum aktiv war, gründete in seinem eher kleinen Betrieb mit 1.200 Beschäftigten einen Runden Tisch. Jürgen S., ebenfalls aus Jena, trat in die neue Sozialdemokratische Partei in der DDR (SDP) ein. In diesen neuen Gruppen gab es Gleichgesinnte, Kommunikation, Vernetzung und bald auch die dringend benötigten Kommunikationsmittel, um solche Strukturen auch in den Betrieben aufbauen zu können. Im Neuen Forum hatten sich »Arbeitnehmergruppen« gegründet, in der Vereinigten Linken[14] eine Arbeitsgruppe »Betriebe und Gewerkschaften«.

## 3. Opposition und »betriebliche Wende«

Das Verhältnis der Bürgerbewegungen zum demokratischen Aufbruch in den Betrieben wie das zu ihren »Arbeitnehmergruppen« in den eigenen Reihen war allerdings problematisch. Ihrem Charakter nach handelte es sich bei der DDR-Opposition und damit auch bei den wichtigsten Köpfen des demokratischen Aufbruchs nicht nur in sozialer Hinsicht, sondern auch hinsichtlich ihrer politischen Aktions- und Kommunikationskultur um eine Opposition vom Typ der westlichen Neuen Sozialen Bewegungen (Gehrke/Hürtgen 2001: 242). Es gab zwar in allen Gruppen einen »Wirtschaftsflügel«, aber die Frage einer neuen, basisdemokratischen Interessenvertretung wurde zum Gegenstand eines eher kleinen Personenkreises. Zeitzeugen berichten, dass sie in den neuen Gruppen nicht nur wenig Unterstützung für ihr betriebliches Engagement fanden, sondern dass auch Ignoranz und Unverständnis gegenüber betrieblichen Themen

---

**13** | Das Neue Forum wurde am 9./10.9.1989 gegründet. Es verstand sich als Plattform für den demokratischen Dialog, Ziel war die demokratische Erneuerung der DDR.

**14** | Die Vereinigte Linke formierte sich im September/Oktober 1989; sie verstand sich als linke sozialistische Opposition. Sie trat für einen rätedemokratischen, selbstverwalteten Sozialismus mit einem realen gesellschaftlichen Eigentum an Produktionsmitteln ein. Nach eigenen Schätzungen hatten sich bis Dezember 1989 etwa 2.000 Mitglieder angeschlossen. Bei den Volkskammerwahlen am 18.3.1990 erhielt das »Aktionsbündnis Vereinigte Linke« 0,18 Prozent der Stimmen.

herrschten. Statistiken haben ergeben, was jeder aufmerksame Beobachter längst bemerkt hatte: In den neuen Gruppen waren mehrheitlich Künstler, Akademiker, Pfarrer und Angestellte aktiv. Die klassischen Industriearbeiter waren minoritär vertreten.[15] Sie fühlten sich und ihre Anliegen häufig nicht ernst genommen.

Die Gründe für ein derartig gestörtes Verhältnis sind vielfältig; eine historisch umfassende Darstellung steht noch aus. Neben der sozialen Zusammensetzung der Opposition respektive der Bürgerbewegungen von 1989 und einer deutlich unterschiedlichen Interessenlage im revolutionären Umbruch muss das Verhältnis von Intelligenz und Arbeitern in der DDR bedacht werden – quasi ein »Nichtverhältnis«, sodass, anders als etwa in Polen, kein solidarisches Miteinander entstehen konnte. Wie auch hätte sich eine Intelligenz, deren kritische Geister in den Westen abgeschoben wurden, mit einer Arbeiterschaft solidarisieren können, die längst individuelle Strategien einem kollektiven Klassenkampf vorgezogen hatte?[16] Als der Dramatiker und Schriftsteller Heiner Müller am 4. November 1989 auf dem Alexanderplatz seinen Vortragstext kurz entschlossen zurückzog und stattdessen einen Aufruf der »Initiative für unabhängige Gewerkschaften« verlas, war dies der Versuch, dem geschilderten Zustand eine Wendung zu geben. Müller stellte dem Aufruf die Worte voran: »Ein Ergebnis bisheriger DDR-Politik ist die Trennung der Künstler von der Bevölkerung durch Privilegien. Wir brauchen Solidarität statt Privilegien.« (Hürtgen 2001: 166)

Bernd Gehrke hat der Frage nach dem Verhältnis zwischen Bürgerbewegung und Betrieben in seiner Skizze der Streiks von 1989/90 einen weiteren Aspekt hinzugefügt. Demnach lasse sich die Tatsache, dass das Neue Forum dem Ansinnen, einen Generalstreik zu organisieren, eine Absage erteilte, obwohl es den Einfluss und die strukturellen Voraussetzungen dazu gehabt hätte, maßgeblich mit dem politischen Verständnis der DDR-Bürgerbewegungen erklären. Dieses sei auf den Dialog am Runden Tisch und nicht auf eine Übernahme der Macht orientiert gewesen (Gehrke 2001: 259f.).

---

**15** | Im Neuen Forum Berlin waren die Arbeiterinnen und Arbeiter mit 12,3 Prozent vertreten (Wilkens-Friedrich 1994:19).
**16** | Zum Verhältnis betrieblicher Leiter und nichtleitender Angestellter vgl. Hürtgen 2009.

Dennoch und trotz alledem trugen die betrieblichen und die Bürgerbewegungen denselben Geist in sich; sie traten mit basisdemokratischem Impetus auf und formulierten ihre jeweiligen Forderungen gleichermaßen radikaldemokratisch und unnachgiebig, wenn es darum ging, die Parteienherrschaft zu stürzen.

## 4. Die Initiative für unabhängige Gewerkschaften (IUG)

Die einzige Bürgerbewegungsgruppe, die sich exklusiv dem Thema Gewerkschaften zugewandt hatte, war die »Initiative für unabhängige Gewerkschaften«. Ihre zwölf Gründer/innen kannten sich aus Oppositionskreisen, hatten in den 1980er-Jahren in sogenannten Hauskreisen diskutiert oder waren sich im Oktober bei den ersten offenen Versammlungen im Künstlerverband begegnet. Weder die kleine Anzahl der Aktiven noch deren fast familiärer Zusammenhang unterschied die IUG von anderen Gruppen, die sich im Sommer und Frühherbst 1989 gegründet hatten. Stets waren es kleine Kreise, in denen man sich vertrauen konnte. In ihrer Mobilisierungsfähigkeit von etwa 2.000 Aktiven war sie ebenfalls den anderen Bürgerbewegungen gleichgestellt. Dennoch nimmt die IUG keinen ebenbürtigen Platz in der »Wendegeschichte« ein. Daran hatten nicht nur die Bürgerbewegungen, sondern auch die einige Monate später auftretenden Westgewerkschaften maßgeblichen Anteil, wie wir noch sehen werden.

Mit dem Aufruf, den Heiner Müller am 4. November auf dem Alexanderplatz verlas, hatte die IUG Inhalte und Ziele ihrer Arbeit formuliert (Hürtgen 2001: 165f.). Sie forderte zur Gründung unabhängiger Basisgewerkschaftsgruppen in den Betrieben der DDR auf und begründete dies damit, dass vom FDGB, der sich 40 Jahre lang nicht gegen Staat und Unternehmer positioniert hat, keine wirkliche Interessenvertretung zu erwarten sei. Ganz im Ton vom Herbst 1989 heißt es weiter: »Wir dürfen uns nicht mehr organisieren lassen, auch nicht von ›neuen Männern‹ – wir müssen uns selbst organisieren.« (Gehrke/Hürtgen 2001: 487f.)

Eine Woche später trafen sich die Initiatoren zum ersten Mal in einem ertrotzten Büro in der Conrad-Blenkle-Straße in Berlin-Prenzlauer Berg; von da an fanden zweimal wöchentlich Treffen mit 30 bis 40 Personen aus den verschiedensten Berliner Betrieben statt. Diese Treffen hatten zwei Funktionen: Zum einen war der Informationsbedarf groß;

man wollte erfahren, was in den Betrieben los war, wie sich die Betriebsleitung verhielt, ob die SED noch agierte, was die BGL machte und ob sich schon eine Belegschaftsgruppe gegründet hatte. Zu dieser Zeit gab es nämlich noch kein parteien- und staatsunabhängiges Medium, das diesen Bedarf hätte decken können. Zum anderen wurde spätestens ab Dezember 1989 heftig über eine neue basisdemokratische Gewerkschaft debattiert. Für die Teilnehmenden einer IUG-Veranstaltung am 12. Dezember 1989 wurde die Gründung einer von FDGB und Partei unabhängigen Basisgewerkschaft immer dringlicher, und sie beschlossen, Sinn, Zweck und Struktur einer solchen neuen Interessenvertretung zu formulieren.[17] An diesem Tag wurde ebenfalls vereinbart, eine republikweite Vernetzung anzustreben, um im Januar 1990 die Entscheidung fällen zu können, ob die Größe der Bewegung ausreiche, eine neue »Gewerkschaft von unten« zu gründen.

Bereits im Aufruf der IUG vom 4. November, der im Oktober 1989 verfasst worden war, heißt es, dass den Betriebsleitungen mit ihrem zu erwartenden Verhalten eine starke Interessenvertretung entgegengesetzt werden müsse. Gemeint waren nicht westdeutsche Betriebsleitungen, sondern die Kombinatsdirektoren der DDR, die tatsächlich kurze Zeit später Entlassungen vorbereiteten und in erste Verhandlungen mit westlichen Partnern eintraten. In einem Aufruf zur »Schaffung eines provisorischen Betriebsrates als Kontrollorgan der Werktätigen« im VEB Bergmann-Borsig heißt es unter anderem:

»Am 17. und 18. Januar 1990 finden Verhandlungen mit westlichen Partnern über ein Joint Venture, Kapitalbeteiligung oder andere Formen der Kooperation statt. Generaldirektor D. und sein Stellvertreter A. schweigen sich bisher hartnäckig über ihre Pläne und Absichten aus. Wir müssen sofort handeln!« (Gehrke/Hürtgen 2001: 420)

Die Sorge, dass die unter der am 18. November 1989 gebildeten Modrow-Regierung gestärkten Kombinatsdirektoren eine arbeitnehmerfeindliche Politik betreiben würden, findet sich in zahlreichen Aufrufen zur Gründung unabhängiger Interessenvertretungen.

---

17 | Eine Arbeitsgruppe erarbeitete einen Satzungsentwurf für eine unabhängige Gewerkschaftsbewegung (in: Ansorg/Hürtgen 1992: 79–83, 15. Dokument).

## 5. »Gründungsfieber« in den DDR-Betrieben

Das geschilderte Vakuum, das der FDGB in den Betrieben hinterließ, die fehlenden Kommunikationsstrukturen, die Haltung, dass sich jetzt die Basis selbst organisieren müsse, und die heraufziehende Gefahr einer marktwirtschaftlich agierenden Betriebs- und Staatsführung waren die Motive dafür, dass im Herbst 1989 nicht nur im Umfeld der IUG zahlreiche unabhängige Interessenvertretungen in den Betrieben entstanden. Bereits am 27. Oktober 1989 informierte der Leiter der »Abteilung Organisation beim Bundesvorstand des FDGB« den FDGB-Vorsitzenden Harry Tisch über »Versuche zur Bildung ›unabhängiger und freier‹ Gewerkschaften im Bezirk Erfurt« (Gehrke/Hürtgen 2001: 351 f.). Zu diesem frühen Zeitpunkt konnte der Abteilungsleiter seinen Vorsitzenden noch damit beruhigen, dass dies dank des Eingriffs von BGL, Partei und staatlichem Leiter verhindert worden war.

Oft ohne dass man voneinander wusste und fast im selben Wortlaut wurden Gründungsaufrufe in zahlreichen Betrieben formuliert.

»In der Gewissheit, dass der Freie Deutsche Gewerkschaftsbund nicht die Interessen der Mehrheit der Werktätigen in der DDR wahrnimmt, nicht ihr Vertrauen genießt und sich stattdessen als Bündnispartner der SED begreift, haben wir, die Mitarbeiter im VEB Geräte- und Reglerwerk ›Wilhelm Pieck‹ Teltow, beschlossen, aus dem FDGB auszutreten und die Unabhängige Betriebsgewerkschaft ›Reform‹ zu gründen.« (Gehrke/Hürtgen 2001: 342)

Weitgehend unabhängig von den Vorgängen in Berlin riefen Initiatoren aus verschiedenen Bürgerbewegungsgruppen als Ergebnis einer Konferenz für unabhängige Gewerkschaften in Jena am 13. Januar 1990 zur Bildung basisdemokratischer Interessenvertretungen auf (Schnerr 2015: 27).

Die Gründerinnen und Gründer solcher Belegschaftsvertretungen nannten sich »unabhängiger« oder »provisorischer Betriebsrat«, »Interessenvertretung der nichtgewerkschaftlich organisierten Kollegen«, »Basisforum«, »Betriebsgruppe« oder »unabhängige Gewerkschaftsgruppe«. Im Zentrum für Wissenschaftlichen Gerätebau in Berlin wurde beispielsweise ein »Institutsrat« gegründet, im VEB Hochvakuum Dresden ein »Betrieblicher Rat«, im Werk für Fernsehelektronik Berlin ein »Gesellschaftlicher Aufsichtsrat« und in Karl-Marx-Stadt (Chemnitz) ein »Rat der Werktätigen«.[18] Sie alle verband das Ziel, eine vom FDGB unabhängige Vertretung der Belegschaft zu installieren, die ihre Interessen gegenüber der Betriebsleitung tatsächlich durchzusetzen willens war. Die Vorstellungen, wofür eine Interessenvertretung zuständig sei und welche Kompetenzen sie habe, waren sehr weitreichend. Sie trugen den Charakter des demokratischen Aufbruchs, wenn sie vollständige Offenlegung aller Betriebsdaten, Transparenz, Absetzung der Betriebsleitung und Mitsprache bei allen wichtigen betrieblichen Entscheidungen forderten. Ebenso revolutionär waren die Vorstellungen, die Struktur und Arbeitsweise einer neuen basisdemokratischen Gewerkschaft betrafen: flache Hierarchien, wenige bis gar keine hauptamtlichen Funktionsträger und selbstverständlich der Austausch aller alten Gewerkschaftsfunktionäre durch demokratisch neugewählte Vertreter.[19]

Für den Typ von betrieblichem Aktivisten, der aus der Bürgerbewegung kam, galt in der Regel, dass er die Nase voll von Gewerkschaften hatte und etwas Eigenständiges machen wollte (Gehrke/Hürtgen 2001: 53).

Der demokratische Aufbruch in den DDR-Betrieben wurde jedoch noch von einer anderen Akteursgruppe maßgeblich vorangetrieben, nämlich von den gewerkschaftlichen Vertrauensleuten. Diese spielten bei der Zerschlagung der Machtstrukturen und beim Kampf um eine neue Interessenvertretung eine wichtige Rolle.[20] Vor allem bei den frühen Aktionen gab es personelle und inhaltliche Überschneidungen zwischen den Vertrauensleuten und den Bürgerbewegten, die häufig den Anstoß gaben, die Gewerkschaftsgruppe oder die Vertrauensleutevollversammlung (VVV) einzuberufen. So wurde die vorhandene Struktur der Gewerkschaft im Betrieb quasi umfunktioniert und für den Sturz der alten Machtverhältnisse

---

**18** | Nachweise in der genannten Reihenfolge in Gehrke/Hürtgen 2001: 367, 358, 384, 389, 397.
**19** | Diese basisdemokratischen Initiativen vom Herbst 1989 einschließlich der IUG wurden später als »sozialistische Experimente« kritisiert und damit als utopisch-unrealistisch abgetan (vgl. Scharrer 2011: 47-50). Dies entsprach und entspricht nicht dem Verständnis der damaligen Akteurinnen und Akteure.
**20** | Eine Auseinandersetzung mit dem Phänomen, dass der Vertrauensmann nach 40 Jahren »Funktionslosigkeit« in der DDR im Herbst 1989 eine derartige Aufwertung erhielt, findet sich im letzten Kapitel meines Buches zu den Vertrauensleuten des FDGB in DDR-Betrieben (Hürtgen 2005).

genutzt. Die Gewerkschaftsgruppe »Künstlerisches Personal« und Vertrauensleute des Deutschen Theaters waren auch die Initiatoren der großen Demonstration auf dem Berliner Alexanderplatz; andere Gewerkschaftsgruppen oder Vertrauensleute verfassten Protestschreiben und initiierten Belegschaftsversammlungen.

Vielerorts waren die VVV jenes Forum, auf dem sich die betrieblichen Auseinandersetzungen zwischen den Initiativgruppen für neue demokratische Interessenvertretungen und den demokratisch »gewendeten« BGL abspielten, so z. b. im Schwermaschinenbau »Ernst Thälmann« Magdeburg, im Eisenhüttenkombinat Eisenhüttenstadt oder in den meisten Betrieben der Chemieindustrie (Gehrke/Hürtgen 2012: 259). Für die ostdeutsche Energiewirtschaft hat Jörg Roesler beschrieben, wie Vertrauensleute, einzelne Gewerkschaftsgruppen, Brigaden und neu gegründete Vertretungsinitiativen gemeinsam den Machtverlust der Zentralen Betriebsgewerkschaftsleitung (ZBGL) erreichten. Die ZBGL reagierte mit der Aufforderung an die verschiedensten Initiativen, an einem gewerkschaftlichen Reformprozess mitzuwirken. Der Druck der Basis nach Auflösung der Strukturen und Rücktritt der Funktionäre wurde jedoch stärker, BGL und ZBGL gerieten in einen paralysierten Zustand (Roesler/Semmelmann 2005: 119–130).

Im Nachhinein lassen sich die Konfliktlinien zwischen diesen verschiedenen betrieblichen Basisbewegungen benennen. Hatten sie zunächst gemeinsam Druck auf die alten BGL ausgeübt, deren Absetzung gefordert und die Vertrauensfrage gestellt, gingen ihre Wege in der Frage nach einer neuen Belegschaftsvertretung auseinander. In Betrieben, in denen die unterschiedlichsten Formen nebeneinander bestanden, wie im Kabelwerk Oberspree (KWO), im Werk für Fernsehelektronik Berlin oder in einigen Kombinatsbetrieben der Energiewirtschaft, wurden die Gegensätze nun besonders deutlich. Vertrauensleute präferierten – in einigen Fällen zusammen mit reformwilligen alten BGLern – die demokratische Neuwahl. Anderen Gruppen erschien dies nicht als hinreichende Alternative zum alten Zustand, insbesondere dann, wenn wieder alte Funktionäre zum Zuge kamen. Die Erneuerungsversuche des schon erwähnten BGL-Vorsitzenden und FDGB-Reformers Peter Pischner wurden in seinem Betrieb, dem KWO, von Vertretern einer im selben Betrieb bestehenden unabhängigen Gewerkschaftsgruppe kritisiert: »Bevor die noch schweigende Mehrheit der FDGB-Mitglieder erwacht, versucht man, an ihnen vorbei eine neue zentralistische ›Apparatemacht‹ zu installieren. […] Wir fordern die Kollegen

Pischner und Richter auf, ihre hauptamtlichen Funktionen niederzulegen und in die Reihe der Gewerkschaftsbasis zurückzutreten.« (IUG-Gruppe im KWO 1990) Andere prangerten die wieder entstehenden Hierarchien mit einem riesigen hauptamtlichen Apparat an (Roesler/Semmelmann 2005: 119). Die Befürchtung, dass sich im Zuge von Neuwahlen die alten Zustände wieder herstellen würden, war nicht nur in den genannten Betrieben groß.

## 6. Das Jahr 1990: Gewerkschaftseinheit und Betriebsratswahlen

Im Februar 1990, als sich die geschilderten Auseinandersetzungen abspielten, waren entscheidende Weichen bereits gestellt. Eine unabhängige Gewerkschaftsbewegung hatte sich nicht etablieren können. Als sich die IUG Anfang Februar zu ihrer ersten DDR-weiten Konferenz in Berlin traf, kam es zwar nach einer heftigen Debatte zur Wahl eines Gründungsausschusses für Unabhängige Gewerkschaften, doch viele Anwesende beschlich das bedrückende Gefühl, hier beginne das Ende einer kaum erwachten Bewegung (Ansorg/Hürtgen 1992: 160–192). Tatsächlich lösten sich die bestehenden Arbeitszusammenhänge bald auf. Zwei Tage zuvor hatte der FDGB auf einem außerordentlichen Kongress die Weichen für eine Auflösung gestellt. Die Chancen für eine Reform der alten wie für eine neue unabhängige Gewerkschaftsbewegung auf dem Boden der DDR waren vertan, und zwar noch bevor mit den Wahlen am 18. März 1990 die mehrheitliche Entscheidung für den Anschluss an den Westen getroffen war.

Der Westen hatte jedoch längst seine Finger im Spiel, und das nicht nur im gewerkschaftlichen Bereich. DGB-Einzelgewerkschaften eröffneten im Januar Informations- und Beratungsbüros und schlossen Kooperationsverträge mit der jeweiligen »Partnergewerkschaft« in der DDR. Nach dem gescheiterten FDGB-Kongress ließ der DGB seine bisherigen Bedenken fallen und bereitete wie die Einzelgewerkschaften die »Übernahme« der Ostgewerkschaften bzw. ihrer Mitglieder vor (Fichter/Lutz 1991). Sieht man von der sehr unterschiedlichen Art ab, wie die Vereinigung der jeweiligen Gewerkschaften im Einzelnen verlaufen ist, lässt sich resümieren: Den Aufbau des Gewerkschaftsapparates nach westlichem Vorbild mit Kreisverbänden, Geschäftsstellen, Ortskartellen, Rechtsberatung und Berufsgruppengliederung übernahmen aus dem Westen entsandte Sekretäre, die im Osten auf einen lediglich an der Spitze »gereinigten« Funktionärsapparat trafen (Hürtgen 1996: 57–68). An diesem Prozess hatte die Mitgliederbasis in der DDR keinen Anteil, er entsprach nicht einmal den demokratischen Gepflogenheiten der Westgewerkschaften, was, soweit ich sehe, im Eifer des Gefechts nie problematisiert wurde.

Auch in den Betrieben der DDR lassen sich die Auseinandersetzungen um eine neue Interessenvertretung nun nicht mehr ohne den Einfluss der Westgewerkschaften beschreiben. Hier allerdings trafen die West-Funktionäre, anders als in den Gewerkschaftsapparaten, auf unterschiedlichste Initiativen und basisdemokratisch gewählte Gremien einer neuen betrieblichen Interessenvertretung, an die sich anknüpfen ließ. Die Aufgabe, vor der sie standen, bestand lediglich darin, diese in eine ordentliche Betriebsratswahl zu überführen und das westdeutsche Modell der betrieblichen Interessenvertretung in den neuen Bundesländern zu etablieren. Das gelang außerordentlich gut, bis zum Ende des Jahres 1990 waren in den meisten Großbetrieben der ehemaligen DDR ordnungsgemäße Wahlen durchgeführt worden (Hürtgen 1997).

Dass dies so reibungslos über die Bühne ging, hing nicht zuletzt damit zusammen, dass der demokratische Umbruch in den DDR-Betrieben von Anfang an von solchen Initiativen dominiert war, die eine betriebliche Interessenvertretung anstrebten. Jene Beschäftigten, die zu einer überbetrieblichen Gewerkschaftsgründung aufriefen, waren in der Minderzahl.[21] Der betriebliche Aufbruch in der DDR war auf das »Kampffeld« Betrieb orientiert, was wohl mit dem Charakter der Demokratiebewegung vom Herbst 1989 insgesamt zusammenhängt. Die Westgewerkschaften brauchten also wenig Überzeugungskraft, um eine Betriebsratswahl zum wichtigsten Garanten einer starken gewerkschaftlichen Interessenvertretung zu erklären. Eine kurzzeitig aufkommende Diskussion unter den betrieblichen Wendeakteuren, ob die Übernahme des westdeutschen Betriebsratsmodells tatsächlich angeraten sei, da dieses Gremium dem Betriebsfrieden verpflichtet

---

21 | Neben den Gründungen im Umfeld der IUG gab es z.B. bei der Post, bei Kraftfahrern, im Geräte- und Reglerwerk Teltow und im Handel Gründungen, die sich als Initiatoren einer neuen basisbewegten Gewerkschaft verstanden. Die Freie Arbeiterunion (FAU), die heute in einigen kleineren Betrieben sehr aktiv ist, gehörte ebenfalls dazu.

ist und daher kein geeignetes Interessenvertretungsgremien darstellen könne, ging im Zuge der Ereignisse rasch unter.[22] Noch vor den ersten ordentlichen Wahlen hatten sich die meisten neuen Vertretungen auf ihre Rolle als Betriebsrat eingestellt.

## 7. Resümee und Ausblick

Wie in jeder Revolution setzte sich auch bei der Etablierung einer neuen Interessenvertretung am Ende nur eine der vielen historischen Möglichkeiten vom Herbst 1989 durch. Auf der Ostseite waren jene Vertreterinnen und Vertreter, die eine basisdemokratische Gewerkschaft anstrebten, von Anfang an in der Minderheit. Im Westen waren die Kräfte, die diese einmalige Situation für eine Erneuerung von DGB und Einzelgewerkschaften nutzen wollten, viel zu schwach. Aber nicht nur die Gewerkschaftseinheit, der ganze deutsche Einheitsprozess war kein gemeinsamer Neuanfang – die Gunst der Stunde wurde weder für eine neue Hymne noch für eine neue Verfassung genutzt. Wie lässt sich nun das Ergebnis von »Einheit und Transformation« der Gewerkschaften aus Sicht der Basisaktivisten vom Herbst 1989 resümieren?

Viele Akteure der ersten Stunde gerieten – ein bekannter Vorgang in der Geschichte von Revolutionen – ins Hintertreffen und wurden von anderen abgelöst; einige von ihnen stellten sich rasch auf die neuen Herausforderungen ein. 1990 fand ein solcher Akteurswechsel in vielen Betrieben und Gewerkschaften statt. Bisher nicht in Erscheinung getretene Funktionäre und Beschäftigte beteiligten sich nun aktiv an der Gewerkschaftseinheit und den Betriebsratswahlen, die mithilfe der DGB-Gewerkschaften nach westlichem Vorbild abliefen; nur noch ein kleiner Teil der Oppositionellen und Bürgerbewegten vom Anfang gehörte dazu (Hürtgen 1997).

Die IUG stellte ihre Arbeit ein und initiierte einen Diskussionszusammenhang, der sich »Initiative kritische Gewerkschaftsarbeit« nannte. Hier

---

**22 |** Vor allem Akteure, die der neuen SPD beigetreten waren, die Gruppen der IUG sowie einige kritische Westgewerkschafter warnten vor der Übernahme der Interessenstrukturen. Auch neugewählte Gewerkschaftsfunktionäre lehnten es zunächst ab, die Betriebsräte ins Zentrum der gewerkschaftlichen Erneuerung zu stellen (Hertle 1990b: 14; Hertle 1990a).

trafen sich seit Juni 1990 ostdeutsche Bürgerbewegte mit Kolleginnen und Kollegen aus Westberliner Betrieben, um sich angesichts der stattfindenden Gewerkschaftseinheit mit den neuen Bedingungen auseinanderzusetzen. Es gab Kontakte zu Kolleginnen des gerade beendeten Kitastreiks und zu Mitgliedern der IG Metall aus Berlin und Bochum. Man diskutierte kritisch Satzung und Praxis von IG Metall, ÖTV und IG Chemie und verfasste einen Aufruf, der folgende Forderungen enthielt: »Weg mit den Unvereinbarkeitsbeschlüssen und der Ausschlusspraxis«, »Streichung von Satzungspunkten, die Machtkompetenzen in oberen Leitungsebenen konzentrieren« und »Tarifliche und gesetzliche Absicherung der Vertrauensleute« (Ansorg/Hürtgen 1992: 140–159).

Zeitgleich wurde in den Westgewerkschaften lebhaft diskutiert, wie ein gesamtdeutsches Mitbestimmungsmodell aussehen könnte, »in dem die bei uns gemachten Fehler und die bei uns vorhandenen Defizite vermieden werden« (Däubler/Klebe 1990). Zu den Verbesserungsvorschlägen gehörte auch hier die Forderung nach rechtlicher Absicherung der Vertrauensleutearbeit. Es schien Konsens zu sein, dass die anstehenden Aufgaben nicht ohne eine Stärkung der ehrenamtlichen gewerkschaftlichen Basis bewältigt werden können (ebd.).

Im Dezember 1990 gründeten ehemalige IUG-Mitglieder und Vertreter der Betriebsgruppe der Vereinigten Linken mit Teilen der Alternativen Liste Westberlin, Bereich Arbeit, das »Bündnis Kritischer Gewerkschafter/innen Ost/West« (BKG). Teilnehmer/innen aus den verschiedensten politischen, gewerkschaftlichen und sozialen Zusammenhängen trafen sich einige Jahre lang im alten »Haus der Demokratie« in der Friedrichstraße.[23] Am Anfang ging es vor allem um die Vorgänge in den Ostbetrieben, um die Stilllegungen und Treuhandverkäufe, die in den neuen Bundesländern zu einer beispiellos rasanten Deindustrialisierung führen sollten.

Nur wenige Monate später begannen Massenentlassungen und Sozialabbau auch im Westen, und die Gewerkschaften gerieten in den Spagat zwischen Konkurrenz und Solidarität. Das BKG begleitete diese Entwicklung kritisch, vermittelte Begegnungen zwischen Ost und West, nahm an Belegschaftskämpfen teil und organisierte auf diese Weise eine notwendige

---

23 | In das Gebäude der SED-Kreisleitung Berlin-Mitte in der Friedrichstraße 165 zogen im Januar 1990 die DDR-Bürgerbewegungen ein. 1999 zogen sie in das neue Haus in die Greifswalder Straße 4 um.

## Betriebliche und gewerkschaftliche Basisbewegungen 1989/90 in der DDR

»Gegenöffentlichkeit«, auch gegenüber den zum Teil überfordert und hilflos wirkenden Gewerkschaften.

Im Sommer 1990 erfasste die neuen Bundesländer eine regelrechte Protest- und Streikwelle, die bis 1993 anhielt.[24] Belegschaften ganzer Industriebetriebe, Kraftfahrer, Ärzte, Lehrer, Schüler, Strafgefangene, Bauern, Studenten, Müllfahrer, Kulturschaffende und Angestellte im Öffentlichen Dienst demonstrierten, streikten, gingen in den Warnstreik oder Hungerstreik.[25] Es ging stets darum, die zu erwartenden negativen Folgen der deutschen Einheit, Sozialabbau, Massenentlassungen, Nichtanerkennung von Qualifikationen oder eine existenzbedrohende Agrarpolitik abzuwenden. Im Dezember 1990 wurde der Betrieb Simson Suhl besetzt, um den Konkurs zu verhindern. Im April 1992 begannen Beschäftigte bei Belfa, einer Tochterfirma der Berliner Akkumulatoren Elemente, einen mehrstufigen Hungerstreik gegen die Stilllegung ihres Werkes. Im selben Jahr besetzten Beschäftigte des Kaliwerkes »Thomas Müntzer« Bischofferode ihren Betrieb und versuchten, dessen Schließung mittels Hungerstreik und Protestmärschen zu verhindern (Garms 2009). 1990/91 erlebten Eisenbahner, Postler, Bergleute, Metaller und Beschäftigte in der Papier- und Textilindustrie der neuen Bundesländer im Rahmen von gewerkschaftlichen Tarifkämpfen ihre wahrscheinlich ersten Streiks. Gekämpft wurde um die Angleichung – oder besser Annäherung – der Lohn-, Arbeits- und Lebensbedingungen sowie Mitbestimmungsstandards an den Westen.

Zweifellos standen alle Beteiligten in einer historisch einmaligen Situation, die Gewerkschaften wie Belegschaften dazu zwang, ihr bisheriges Politikverständnis zu überprüfen. Mit der Treuhandanstalt, die dem bundesdeutschen Finanzministerium unterstellt war, bekam jede Gegenwehr von abhängig Beschäftigten, die sich gegen deren Entscheidung richtete, eine politische Dimension. Adressat des Zorns der Ostdeutschen, deren Betriebe stillgelegt oder verkauft werden sollten, wurde auf diese Weise auch die Bundesregierung. Ostdeutsche Belegschaften demonstrierten vor der

---

**24** | Vgl. Dathe o.J. In diesen Jahren verging fast keine Woche, in der es in Ostdeutschland nicht zu Protesten kam.

**25** | Die Tarifverhandlungen der Deutschen Postgewerkschaft, der Textilindustrie, der IG Metall und der ÖTV im Osten, die nicht immer zur Zufriedenheit der Ostbeschäftigten ausgingen, waren ebenfalls von massiven Warnstreiks und Streiks begleitet.

Treuhandanstalt und dem Finanzministerium, es gab Märsche nach Bonn, und 1991 wurden in einigen Städten die Montagsdemos wiederbelebt. Gewerkschaftsvorstände warnten vor einem Flächenbrand im Osten, lehnten aber die Montagsdemos als geeignetes Mittel des Protestes ab, hatte doch diese Politisierung wenig mit einem gewerkschaftlich organisierten Tarif- und Arbeitskampf gemein.[26]

Das Dilemma war, dass die Treuhand über die Zukunft eines jeden Betriebes separat entschied und die Betriebsräte und Vertrauensleute ihre Aktionen deshalb jeweils nur für den eigenen Betrieb organisieren konnten. Betriebsübergreifende Solidarität wurde von den Gewerkschaften in Tarifkämpfen organisiert, aber nicht gegen die Politik der Bundesregierung via Treuhand. Hier blieben die ostdeutschen Belegschaften weitgehend allein und auf sich gestellt; es gab keine gesellschaftliche Kraft, die einen betriebs- und branchenübergreifenden Zusammenschluss organisierte.

1992 kam es zu einer in der jüngsten deutschen Geschichte von Arbeitskämpfen bisher einmaligen Situation: In Berlin, Rostock und im sogenannten Chemiedreieck Halle (Saale), Merseburg und Bitterfeld bildeten Betriebsräte und Vertrauensleute verschiedener Betriebe Arbeitskreise, die sich zu einer ostdeutschen »Betriebs-, Personalrats- und Vertrauensleuteinitiative« zusammenschlossen. Sie protestierten, demonstrierten, hielten Konferenzen ab und vernetzten ihre Aktionen im Kampf gegen die Abwicklung ihrer Betriebe. Auf diese Weise versuchten sie, das Defizit, das einerseits durch ihre auf den eigenen Betrieb beschränkte Rolle, andererseits durch fehlende betriebs- und branchenübergreifende gewerkschaftliche Gegenwehr entstanden war, auszugleichen (Plener 2011; Gehrke 1997). Anhand solcher Prozesse wird deutlich, dass die historisch einmalige Situation der Abwicklung einer ganzen Volkswirtschaft neue Arbeitskampfmethoden und andere Strukturen von Interessenvertretung erforderlich gemacht hätte.

Die Abwehrkämpfe von ostdeutschen Belegschaften der beginnenden 1990er-Jahre sind jedoch ebenso wie der geschilderte betriebliche Aufbruch von 1989 aus dem kollektiven Gedächtnis verschwunden. Über 25 Jahre später steht nun die historische Aufarbeitung dieser Basisbewegungen an, die genau wie die gewerkschaftliche Bewegung zur Geschichte der deutschen Arbeiterbewegung gehören.

---

**26** | *Neue Zeit* vom 4.4.1991, S. 1; *Berliner Zeitung* vom 16.4.1991, S. 4; *Berliner Zeitung* vom 11.4.1991, S. 4.

## Literatur und Quellen

Ansorg, Leonore/Hürtgen, Renate (1992): »Aber jetzt gibt es initiative Leute und die müsste man eigentlich alle an einen Tisch bringen«. Die Initiative für unabhängige Gewerkschaften (IUG) 1989 bis 1990. Darstellung und Dokument, Berliner Arbeitshefte und Berichte zur sozialwissenschaftlichen Forschung Nr. 73, FU Berlin 1992

Dathe, Dietmar (o.J.): Auswertung der *Berliner Zeitung*, des *Neuen Deutschland* und der *Neuen Zeit*, 1990, 1991, 1992, 1993, Rechercheergebnis (unveröffentlicht)

Däubler, Wolfgang/Klebe, Thomas (1990): Wie viel Mitbestimmung wird in Zukunft in der DDR bestehen? In: *Frankfurter Rundschau*, 26. April 1990, S. 24

Fichter, Michael/Lutz, Stefan (1991): Gewerkschaftsaufbau in den neuen Bundesländern. Eine Chronik der Ereignisse 1989–1991, Arbeitshefte und Berichte zur sozialwissenschaftlichen Forschung Nr. 64, FU Berlin 1991

Garms, Hinrich (2009): »Mitgefangen – Mitgehangen«? Ostdeutsche Betriebsräte und Co-Management. Theoretische Einordnung, Konzeption und Auswertung einer Untersuchung in der Metallindustrie in Berlin, Brandenburg und Sachsen, Berlin 2009

Gehrke, Bernd (1997): Arbeitskämpfe und eigenständige Interessenvertretungen in Ostdeutschland seit 1989. Über die Spaltung der Ostdeutschen Betriebsräteinitiative, in: Sklaven, Heft 32/33, Berlin 1997, S. 4–11.

Gehrke, Bernd (2001): Die »Wende«-Streiks. Eine erste Skizze, in: Gehrke/Hürtgen 2001, S. 247–270.

Gehrke, Bernd/Hürtgen, Renate (2001): Der betriebliche Aufbruch im Herbst 1989: Die unbekannte Seite der DDR-Revolution. Diskussion – Analysen – Dokumente, Bildungswerk Berlin der Heinrich-Böll-Stiftung e.V., 2001

Gehrke, Bernd/Hürtgen, Renate (2012): Die demokratische Revolution in der DDR und die Rolle der Betriebsbelegschaften, in: Anne Seeck (Hg.): Das Begehren, anders zu sein. Politische und kulturelle Dissidenz von 68 bis zum Scheitern der DDR, Münster 2012, S. 234–267

Hertle, Hans-Hermann (1990a): »Die Gewerkschaft hat in der Verharrung gelegen«. Interview mit Werner Peplowski über den Wandlungsprozess des FDGB, Berliner Arbeitshefte und Berichte zur sozialwissenschaftlichen Forschung Nr. 26, FU Berlin 1990

Hertle, Hans-Hermann (1990b): »Wir müssen jetzt von der Basis aus handeln!«. Interview mit Peter Pischner, Vorsitzender des Betriebsgewerkschaftsrates der IG Metall im VEB Kabelwerk Oberspree »Wilhelm Pieck« (KWO), Berliner Arbeitshefte und Berichte zur sozialwissenschaftlichen Forschung Nr. 46, FU Berlin 1990

Hertle, Hans-Hermann (1990c): Transmissionsriemen ohne Mission. Der FDGB im Umwälzungsprozeß der DDR. Chronologie und Dokumentation (Oktober 1989 bis Anfang Februar 1990), unter Mitarbeit von Thomas Dornieden, Berliner Arbeitshefte und Berichte zur sozialwissenschaftlichen Forschung Nr. 21, FU Berlin 1990

Hürtgen, Renate (1996): Der Aufbau von Gewerkschaften im Stadtraum Frankfurt (Oder), in: Umbruch, Heft 9, Beiträge zur sozialen Transformation, hg. vom SFZ Berlin-Brandenburg, S. 57–68

Hürtgen, Renate (1997): FrauenWende – WendeFrauen. Frauen in den ersten betrieblichen Interessenvertretungen der neuen Bundesländer, Münster 1997

Hürtgen, Renate (2001) Wie Heiner Müller am 4. November 1989 zu seiner Rede auf dem Alexanderplatz kam, in: Gehrke/Hürtgen 2001, S. 165 f.

Hürtgen, Renate (2005): Zwischen Disziplinierung und Partizipation. Vertrauensleute des FDGB im DDR-Betrieb, Köln/Weimar/Wien 2005

Hürtgen, Renate (2009): Angestellt im VEB. Loyalitäten, Machtressourcen und soziale Lagen der Industrieangestellten in der DDR, Münster 2009

Hürtgen, Renate (2014): Ausreise per Antrag: Der lange Weg nach drüben. Eine Studie über Herrschaft und Alltag in der DDR-Provinz, Göttingen 2014

Hürtgen, Renate (2015): Das Wunder von Halberstadt. Die demokratische Revolution in der Provinz, in: Herbst 1989 in der DDR-Provinz. Fallbeispiele: Pritzwalk, Halberstadt und Gotha, hefte zur ddr-geschichte, hg. von der Rosa-Luxemburg-Stiftung, Berlin 2015, S. 32–49

IUG-Gruppe im KWO (1990): *Das Kabel* 6/90 vom 8.2.1990, Dokument 15, in: Hertle 1990b: XXIII

Lindner, Bernd (2011): Die demokratische Revolution in der DDR 1989/90, Bonn: Bundeszentrale für politische Bildung 2011

Müller, Heiner (1989): Plädoyer für den Widerspruch, in: Gehrke/Hürtgen 2001, S. 167–169.

Plener, Ulla (Hg., 2011): Die Treuhand, der Widerstand in Betrieben der DDR, die Gewerkschaften (1990–1994), Berlin 2011

Roesler, Jörg/Semmelmann, Dagmar (2005): Vom Kombinat zur Aktiengesellschaft. Ostdeutsche Energiewirtschaft im Umbruch in den 1980er und 1990er Jahren, Bonn 2005

Scharrer, Manfred (2011): Der Aufbau einer freien Gewerkschaft in der DDR 1989/90. ÖTV und FDGB-Gewerkschaften im deutschen Einigungsprozess, Berlin/New York 2011

Schnerr, Jürgen (2015): Wendeerinnerungen (unveröffentlicht).

Wilkens-Friedrich, Wilfried (1994): Die Beziehung zwischen Neuem Forum und Gewerkschaften. Am Beispiel Berlin. Eine Fallstudie zum Spannungsverhältnis von neuen zu alten sozialen Bewegungen, Berliner Arbeitshefte und Berichte zur sozialwissenschaftlichen Forschung Nr. 87, FU Berlin 1994

# Gewerkschaftspolitik in der Transformation
Anmerkungen zum Forschungsstand

*Detlev Brunner*

Die Rolle der Gewerkschaften im Prozess der deutschen Vereinigung und in der sich anschließenden Transformationsphase der ostdeutschen Wirtschaft und Gesellschaft hat in der zeitgeschichtlichen Wissenschaft bislang wenig Aufmerksamkeit erfahren. Historische Forschung benötigt zwar einen zeitlichen Abstand zu ihren Untersuchungsgegenständen; sie ist nicht auf aktuelle Bestandsaufnahmen orientiert, sondern will Prozesse darstellen und analysieren. 25 Jahre sind jedoch ein Zeitraum, in der erste Bilanzen nicht nur möglich, sondern auch nötig sind.

Welche Bedeutung kam den Gewerkschaften beim angestrebten Ziel der »inneren Einheit« zu, welchen Einfluss konnten sie geltend machen? Welche integrierende Wirkung entfalteten sie beim Transfer des westdeutschen Systems industrieller Beziehungen und wie groß war (und ist) ihre Bindungskraft bei der Errichtung zivilgesellschaftlicher Strukturen in den neuen Bundesländern? Dies könnten Leitfragen für zeitgeschichtliche Projekte sein, die sich der Geschichte der deutschen Einheit und ihrer Folgen über die bislang erforschten politischen, wirtschaftlichen und kulturellen Aspekte hinaus widmen.

Der folgende Beitrag wird einige allgemeine Forschungslinien zur gewerkschaftlichen Geschichte ab 1989/90 skizzieren, sich aber den Schwerpunkten der diesem Band zugrunde liegenden Tagung entsprechend auf zwei Themen konzentrieren, die für die Transformationsphase von grundlegender Bedeutung waren: die gewerkschaftliche Tarifpolitik und die Position der Gewerkschaften zur Tätigkeit der für die Transformation der ostdeutschen Wirtschaft zuständigen Treuhandanstalt.

Detlev Brunner

## 1. Transformationsphase

Der DGB und die in ihm vereinten Gewerkschaften haben auf die umwälzenden Ereignisse in der DDR seit Herbst 1989 zunächst zurückhaltend, teils auch verunsichert reagiert.[1] Der FDGB der DDR war in Agonie verfallen und in Auflösung begriffen. Bei den Belegschaften der Betriebe hatte er jegliches Vertrauen verloren. Die basisdemokratischen betrieblichen Initiativen und die sich in unterschiedlichem Grade reformierenden Gewerkschaften der DDR waren oftmals nur begrenzt handlungsfähig.[2] Doch die Realitäten der schnellläufigen Entwicklung in den Jahren 1989/90 können nicht darüber hinwegtäuschen, dass die Gewerkschaften in der Übergangsphase vom Herbst 1989 bis zur staatlichen Einheit im Oktober 1990 ein wichtiger Bestandteil des demokratischen Prozesses und – bei allen Provisorien und ungeklärten Kompetenzen – das Fundament sozialer Interessenvertretung waren.

Die Geschichte dieser Übergangsphase und des anschließenden gewerkschaftlichen Einigungsprozesses ist erst in Ansätzen geschrieben.[3] Neben der frühen Pionierstudie von Michael Fichter und Maria Kurbjuhn (1993) liegen Studien zu einzelnen Gewerkschaften vor, darunter Manfred Scharrers Monografie zum Aufbau der ÖTV in der DDR (Scharrer 2011).[4]

---

1 | Vgl. den Beitrag von Wolfgang Uellenberg-van Dawen in diesem Band (S. 45 ff.).
2 | Zu den betrieblichen Basisbewegungen vgl. den Beitrag von Renate Hürtgen in diesem Band (S. 69 ff.).
3 | Mit dem Band von Brunner/Hall 2014 wurde der Tagung »Einheit und Transformation« ein erinnerungsgeschichtlicher Ansatz präsentiert. Noch aus zeitaktueller Perspektive der frühen 1990er-Jahre liegt eine Reihe politik- und sozialwissenschaftlicher Arbeiten vor: Tiemann 1991; Schmitz/Tiemann/Löhrlein 1991; Müller/Wilke 1991. Der gewerkschaftliche Einigungsprozess ist dokumentiert in: Gewerkschaftliche Monatshefte 1990a, insbesondere S. 376 ff.; Gewerkschaftliche Monatshefte 1990b, S. 785–807. Zum Aufbau des DGB in den neuen Bundesländern siehe DGB 1996; als zeitgenössische Wortmeldung eines Beteiligten aus dem Bereich des DGB siehe Seideneck 1991.
4 | Zu erwähnen sind ferner Arbeiten zur IG Bergbau und Energie (Müller 1998) und zur Geschichte der DAG, die die Phase des Einheitsprozesses mit umfasst (Müller 2011). Ein Überblick zum Gewerkschaftsaufbau ab 1990 findet sich auch in Artus 2001, S. 161–168. Eine regionale Perspektive nimmt Stamp (2007) ein, der

## Gewerkschaftspolitik in der Transformation

Die ab Herbst 1990 vollzogene organisatorische Einheit der deutschen Gewerkschaften war eine Grundvoraussetzung für die gewerkschafts- und tarifpolitischen Herausforderungen, vor die die Gewerkschaften im vereinten Deutschland gestellt waren. Insofern liefern die genannten Arbeiten zur Organisationsgeschichte wesentliche Grundlagen einer gewerkschaftlichen Geschichte von Einheit und Transformation. Allerdings werden zentrale Bereiche der Gewerkschaftspolitik, insbesondere die Tarifpolitik und die Frage der Mitbestimmung beim wirtschaftlichen Umbau, in diesen Studien wenn überhaupt nur marginal behandelt (Scharrer 2011: 127–131).

Wie erfolgreich, und das heißt besonders, wie sozial »verträglich« die Transformation gestaltet wurde, spielte eine zentrale Rolle in der Wahrnehmung nicht nur der gewerkschaftlich organisierten Erwerbstätigen, sondern der Gesellschaft ganz allgemein. Erfolg oder Misserfolg der Transformation entschied über die Akzeptanz des Einheitsprozesses. Dies gilt auch für die Gewerkschaften selbst – wie effizient sie als Interessenvertretung aus der Sicht ihrer Mitglieder und der Beschäftigten insgesamt agierten, war für das Vertrauen in die Gewerkschaften und damit wiederum für ihre Handlungsmacht von grundlegender Bedeutung.

Die Erwartungen an die Gewerkschaften waren dabei hoch. Konkret ging es um die möglichst schnelle Angleichung der Lebensverhältnisse an das Niveau in den alten Bundesländern, ein Versprechen, das Bundeskanzler Helmut Kohl wiederholt gegeben hatte.[5] Es ging insbesondere um die Frage der Löhne und Gehälter sowie um den Strukturwandel der ostdeutschen Wirtschaft, der in Kontrast zu den optimistischen Prognosen stand und, wie sich bald zeigen sollte, mit dem Problem der Massenarbeitslosigkeit verbunden war.

---

im letzten Kapitel seiner Monografie ausführlich auf die Geschichte der IG Metall in Mecklenburg-Vorpommern seit der »Wende« eingeht.
**5 |** »Wir wollen die wirtschaftliche Einheit, das heißt angeglichene Lebensverhältnisse in möglichst kurzer Zeit. Und ich bleibe bei meiner Prognose. Dieses Ziel können wir in drei, vier, fünf Jahren erreichen.« (Helmut Kohl in einer Rede vor Belegschaftsmitgliedern der Buna-Werke in Schkopau am 10. Mai 1991; Kohl 1991)

## 2. Tarifpolitik

Die (sozial-)historische Wissenschaft hat sich diesem Thema bislang so gut wie gar nicht gewidmet. Zur Tarifgeschichte im vereinten Deutschland der 1990er-Jahre und zur Tarifpolitik der Gewerkschaften liegen jedoch aus dem Bereich der sozialwissenschaftlichen Forschung einige wegweisende Studien vor. Neben den umfassenden Dokumentationen und Forschungen des Wirtschafts- und Sozialwissenschaftlichen Instituts der Hans-Böckler-Stiftung, insbesondere von Reinhard Bispinck[6], sind die Projekte hervorzuheben, die seit 1993 am Institut für Soziologie der Universität Jena zur Tarifpolitik in Ostdeutschland durchgeführt wurden und aus denen mehrere Publikationen hervorgegangen sind (darunter Artus/Schmidt/Sterkel 2000; Artus 2001).

Auffallend ist, dass nach einem ersten sozialwissenschaftlichen Boom in den 1990er-Jahren das Interesse an gewerkschaftlicher Tarifpolitik stark abgenommen hat. Eine Zäsur bildet der verlorene Streik der IG Metall um die Einführung der 35-Stunden-Woche in den neuen Bundesländern im Jahr 2003. Danach, so Stephan Meise, war das Thema Gewerkschaften im Osten Deutschlands aus den Medien wie auch aus der Wissenschaft weitgehend verschwunden (Meise 2010: 215).

Die Konzentration der Forschung in den 1990er- und frühen 2000er-Jahren ist allerdings nachvollziehbar. In diesen Jahren nach dem Vollzug der staatlichen Einheit fand der institutionelle Transfer des westdeutschen Tarifsystems in die neuen Bundesländer statt, und in dieser Zeit wurden auch die Konflikte um die Angleichung der Löhne und Gehälter ausgetragen. Damit sind zwei Grundfragen genannt, die in den erwähnten Forschungen untersucht wurden:

- Zum einen: Wie erfolgreich konnte das westdeutsche Tarifsystem auf das Gebiet der ehemaligen DDR übertragen werden? War eine solche Übertragung überhaupt sinnvoll?
- Zum zweiten: Wie weit war die Tarifpolitik durch »westliche« Funktionäre dominiert, sowohl was die Gewerkschafts- als auch was die Arbeit-

---

6 | Vgl. Bispinck 1995; Bispinck 1998 sowie die jeweiligen Kapitel zu »Tarifpolitik und Arbeitskämpfen« in den Gewerkschaftsjahrbüchern (u. a. Kittner 1991; Kittner 1993; Kittner 1994).

geberseite betrifft? Und damit zusammenhängend: Welche Gestalt nahm das Tarifsystem unter ostdeutschen Bedingungen an?

Ein übereinstimmender Befund lautet: Der Transfer »des westdeutschen Institutionensystems im Bereich industrieller Beziehungen« in die neuen Bundesländer sei schnell, formal erfolgreich und effektiv erfolgt (Artus 2001: 179 u. a.). Dieser mit großem Ressourcenaufwand betriebene Transfer habe jedoch nur in den größeren ostdeutschen Betrieben dem Westen vergleichbare Strukturen geschaffen. Anders sei die Situation in dem vorwiegend kleinbetrieblichen Wirtschaftsgefüge der neuen Bundesländer. Man kann daher von einer Spaltung in »einen Gewerkschafts- und einen gewerkschaftsfreien Sektor in Ostdeutschland« sprechen (Schroeder/Weßels 2003: 23–25, Schroeder 2014: 36).

Die kleinbetriebliche Struktur war eine Folge des Umbaus der ostdeutschen Wirtschaft im Zuge der Transformation und eine der ostdeutschen Rahmenbedingungen, die von jenen der alten Bundesrepublik abwichen. Bei der Ausgestaltung des Tarifsystems kamen jedoch noch weitere Faktoren zum Tragen, die mit dem »realsozialistischen Erbe« der DDR (Artus 2001: 143) zusammenhingen – der Betrieb als Aushandlungsort unterhalb der »offiziellen« Ebene und der Planvorgaben, ein weniger auf Konfrontation denn auf Harmonie angelegtes Verhältnis zwischen Betriebsleitung und Belegschaftsvertretung (Artus 2001: 142 ff.) waren Prägungen, die in die Zeit nach der »Wende« nachwirkten und dazu führten, dass das »deutsche Modell«, beruhend auf dem Dualismus betrieblicher Mitbestimmung einerseits und der Tarifparteien in Form von Gewerkschaften und Arbeitgeberverbänden andererseits, im Osten Deutschlands eine andere Gestalt annahm. Das Stichwort lautet »Verbetrieblichung«, also die Verlagerung der Aushandlung der Arbeitsbedingungen auf die Ebene des Betriebes und damit einhergehend eine nur lose Verbindung der Tarifverbände mit dieser Ebene (Artus 2001: 17).

Diese im Osten Deutschlands beobachtete Tendenz wurde im Hinblick auf das deutsche Tarifsystem insgesamt kritisch betrachtet und als Bedrohung für Tarifbindung und Flächentarif angesehen. Reinhard Bispinck bilanzierte 1995 ein Tarifsystem »im Umbruch«: Zwar sei es im Osten Deutschlands erstaunlich schnell gelungen, »ein funktionierendes Tarifsystem zu etablieren«, doch der Weg zur Tarifunion zwischen West- und Ostdeutschland sei steiniger als erwartet. Vor allem stehe der in Jahrzehnten in der alten Bundesrepublik gewachsene Grundkonsens über Sinn und Zweck des Tarifsystems zunehmend zur Disposition. Angesichts beständiger Kritik an »Überregulierung«, mangelnder Flexibilität und unzureichender Differenziertheit gewännen bei Unternehmern Alternativen zum Flächentarifvertrag an Attraktivität (Bispinck 1995: 25 f.).

Einen möglichen Beleg für die befürchtete Aufkündigung des tarifpolitischen Grundkonsenses bot die Geschichte des Metalltarifvertrages von 1991. Dieser von westdeutschen Gewerkschafts- und Arbeitgebervertretern geschlossene Tarifvertrag sah eine stufenweise Angleichung der Ostlöhne an das Niveau des bayerischen Tarifvertrages bis 1994 vor – eine Vereinbarung, die von beiden Tarifparteien als Erfolg angesehen wurde, galt es doch, die weitere Binnenmigration von Ost nach West einzudämmen und, auch aus Arbeitgebersicht, eine Billiglohnkonkurrenz in Form eines Niedriglohnsektors im Osten Deutschlands zu vermeiden. Nachdem die Arbeitgeberseite diesen Tarifvertrag 1992 vor dem Hintergrund der sich bereits in der zweiten Hälfte des Jahres 1991 abzeichnenden Transformationskrise einseitig gekündigt hatte, mündete die Tarifauseinandersetzung in den Metallarbeiterstreik im Frühjahr 1993.[7]

In der Tat zerbrach der anfängliche Konsens über das Ziel der möglichst zügigen Lohnangleichung im Zeichen der Krise. Ingrid Artus konstatiert als weitere Phasen eine tarifpolitische Wende und partielle Neubestimmung, die zu einer Verlangsamung der Angleichung und zu neuen Instrumenten im Hinblick auf betriebliche Abweichungen vom Flächentarifvertrag führten (Artus 2001: 168). Dienten die neuen Länder also als »Laboratorium des Neuen«, wie es Bundespräsident Roman Herzog 1994 formulierte (Herzog 1994), als Experimentierfeld für die »Flexibilisierung« von Arbeitsbeziehungen, für die Auflockerung oder gar Auflösung eines Grundelements der tarifpolitischen Beziehungen in der Bundesrepublik? Wolfgang Schroeder wies diese These 2000 zurück: Ostdeutschland sei »trotz vieler Abweichungen, die vor allem mit der klein- und mittelständischen Industriestruktur zusammenhängen, kein Laboratorium, in dem ein neues Muster industrieller Beziehungen entsteht, das den historisch gewachsenen Pfad des westdeutschen Modells verlässt« (Schroeder 2000).

---

7 | Ausführlich zu diesem Streik und seinen Hintergründen siehe den Beitrag von Lothar Wentzel in diesem Band (S. 169 ff.).

Die in der ersten Phase stark westdeutsch dominierte Tarifpolitik der Gewerkschaften (und Arbeitgeberverbände) hat sich, so der Befund, unter den ostdeutschen Bedingungen gewandelt; dabei werden gewerkschaftliche Anpassungsprozesse konstatiert (Artus 2001: 179 u.a.), die jedoch keineswegs als negativ eingeschätzt werden (Meise 2010: 216 u.a.). Im Gegenteil böten derartige Anpassungen an die ostdeutschen Strukturen die Möglichkeit erneuter gewerkschaftlicher Handlungsoptionen, von einer »völligen Erosion« der gewerkschaftlichen Organisationsmacht könne nicht die Rede sein – allerdings bestehen grundlegende Probleme wie die starke Fragmentierung der Tariflandschaft im Osten und die Existenz weitgehend gewerkschaftsfreier Zonen weiterhin (Meise 2010: 216, 219 u.a.).[8]

Die Ambivalenz dieser Befunde lässt sich wie folgt zusammenfassen: Die formale Übertragung des westdeutschen Tarifsystems auf die ostdeutschen Länder traf auf Bedingungen, die im Zuge der Transformation, aber auch angesichts weiterwirkender realsozialistischer Prägungen Gestalt und Charakter des Tarifwesens veränderten. Seitens der in den höheren Funktionärsebenen zunächst westdeutsch dominierten Gewerkschaften waren offenkundig ebenfalls Transformationsleistungen gefordert, die in Anpassungsprozessen (»regulierte Flexibilisierung«; Artus 2001: 176) mündeten. Damit war zwar die Aufgabe anfänglicher Ziele verbunden (schnelle Angleichung der Löhne), aber auch die Möglichkeit erneuter Handlungsmacht.

Begleitet waren diese Anpassungsprozesse allerdings von massivem öffentlichen Druck und Forderungen nach »Flexibilisierung«, von Kritik an gewerkschaftlicher »Hochlohnpolitik« bis hin zu Diskursen, die die Notwendigkeit von Gewerkschaften zur Disposition stellten. Der sich in den 1990er-Jahren und nach der Jahrtausendwende in Wirtschaft und Politik als Mainstream durchsetzende Neoliberalismus mit seinen Forderungen nach »Flexibilisierung« traf sich mit ostdeutschen Strukturen, die aufgrund einer völlig entgegengesetzten Prägung ebenfalls eine »Verbetrieblichung« und damit tendenzielle Abkehr von Flächen- bzw. Branchentarifverträgen favorisierten – waren die ostdeutschen Länder also doch ein »Laboratorium des Neuen«?

---

8 | Wobei sich der prozentuale Anteil der Beschäftigten mit Flächentarifbindung im Osten nach deutlichen Rückgängen in den 1990er- und 2000er-Jahren im laufenden Jahrzehnt auf niedrigem Niveau konsolidiert hat, vgl. Ellguth/Kohaut 2016: 286.

## 3. Treuhandanstalt

Ein solches Laboratorium waren sie in jedem Fall bei der Transformation des Wirtschaftssystems und den dabei angewandten Instrumenten. Eine derartige Umwandlung einer sozialistischen Zentralplanwirtschaft in eine kapitalistische Marktwirtschaft war in der Geschichte ohne Beispiel – zwar transformierten auch die übrigen mittel- und osteuropäischen Staaten des ehemaligen Ostblocks ihre Wirtschaft, aber in deutlich langsameren Tempo und vor allem unter gänzlich anderen Bedingungen. Nur die DDR vereinigte sich mit einem kapitalistischen Staat, der zudem eine der stärksten Volkswirtschaften der Welt aufwies.

Für die Transformation der DDR-Planwirtschaft war die 1990 in der noch bestehenden DDR gegründete Treuhandanstalt zuständig. Ihr Wirken wurde und wird kritisch eingeschätzt, Deindustrialisierung und Massenarbeitslosigkeit werden als Folgen genannt. Dies kann hier nicht ausführlicher problematisiert werden. Ein Aspekt soll für die Einschätzung der Treuhandpolitik jedoch hervorgehoben werden, nämlich die Frage nach Mitbestimmung und Demokratie und damit auch die Frage nach den Handlungsspielräumen der Gewerkschaften. Es ging um nichts weniger als den Umbau eines kompletten Wirtschaftssystems, um mehr als 8.500 Betriebe mit etwa 4 Millionen Beschäftigten. Dem 23-köpfigen Verwaltungsrat der Treuhand – eine Art Aufsichtsrat des Vorstandes – gehörten auch vier Vertreter der Gewerkschaften an. Eine kritisch-sachliche Gesamtbewertung der Treuhandpolitik steht ebenso aus wie eine differenzierte Untersuchung des Verhältnisses zwischen Gewerkschaften und Treuhandanstalt.[9]

Im April 2011 fand eine Tagung zum Thema »Die Treuhand – der Widerstand in Betrieben der DDR – die Gewerkschaften« statt (Plener 2011). Der Tenor dieser Veranstaltung lag auf einer kritischen Bestandsaufnahme; die Versäumnisse der DGB-Gewerkschaften bei der Demokratisierung der Wirtschaft in den neuen Ländern, vor allem ihre Abkehr von einstigen wirtschaftsdemokratischen Forderungen, wurden betont. Der Erfolg einer »wirtschaftsdemokratischen« Strategie muss angesichts der politischen und ökonomischen Realitäten und Machtverhältnisse in den frühen 1990er-Jahren aber kritisch beurteilt werden. Wer hätte eine solche wirt-

---

9 | Umso mehr sind die Beiträge von Marcus Böick (S. 109 ff.) und Roland Issen (S. 131 ff.) zu begrüßen.

schaftsdemokratische Bewegung tragen sollen? Die angesichts des Tempos der Ereignisse kaum vorbereiteten DGB-Gewerkschaften, die in Reformprozessen befindlichen Gewerkschaften in der DDR oder schließlich die selbst einen Transformationsprozess durchlaufenden vereinten deutschen Gewerkschaften ab Ende 1990?[10]

Die Frage nach der defizitären demokratischen Partizipation bei den Entscheidungen der Treuhand und deren mangelhafter Transparenz bleibt dennoch virulent. Welche Positionen die Gewerkschaften jenseits ihrer sozialpolitisch wahrgenommenen Verantwortung (Erhalt von Arbeitsplätzen, sozialverträgliche Absicherung von Arbeitslosigkeit) zum Problem der Mitbestimmung einnahmen, muss untersucht werden.

Zu prüfen wäre unter anderem die Aussage von Dieter Scholz, ab 1991 Leiter des Treuhand-Verbindungsbüros der IG Metall, auf der erwähnten Tagung im April 2011, dass weder die Gewerkschaften der noch existierenden DDR noch die Gewerkschaften der Bundesrepublik in der Phase des Aufbaus der Treuhand im Frühjahr/Sommer 1990, in der die Weichen für Privatisierung anstelle Erhalt des »Volksvermögens« gestellt worden seien, Einfluss auf diesen Prozess gehabt hätten. Auch in der folgenden Phase vom Oktober 1990 bis Frühjahr 1991 sei die Politik der schnellen Privatisierung »angesichts eines gewerkschaftsfreien Raumes« erfolgt. »Viele, viele Privatisierungen« seien »absolut mitbestimmungsfrei über die Bühne gegangen« (Plener 2011: 123).

Erinnerungen Beteiligter[11] zeigen noch eine weitere Dimension: Nach der Erfahrung der friedlichen Revolution, dass Engagement und basisdemokratische Initiative Erfolge zeitigen können, erzeugte die Exklusivität, mit der die Treuhandanstalt Entscheidungen von gesamtgesellschaftlicher Relevanz traf, Frustration – ein möglicher Hintergrund für die geringere Verankerung demokratischer Haltungen in den östlichen Bundesländern? Auch dies wäre ein zukünftiges Forschungsthema.

Wolfgang Schroeder bilanzierte in beiden Auflagen des von ihm herausgegebenen »Handbuchs Gewerkschaften in Deutschland«, dass die Ge-

---

10 | Zu »Wirtschaftsdemokratie« und Kritik an den DGB-Gewerkschaften siehe auch Roesler 2005.
11 | Vgl. u. a. die Beschreibungen von Peter Schulze, 1992 Geschäftsführer der IG Bau-Steine-Erden in Magdeburg, in Brunner/Hall 2014: 122–125.

werkschaften von der Gleichzeitigkeit der Prozesse der Transformation, der Globalisierung und der Europäisierung »überfordert« gewesen seien (Schroeder 2014: 36; Schroeder/Weßels 2003: 24). Auch dies gilt es, in die Bewertung der Gewerkschaftspolitik in der Phase der Transformation ab 1990/91 mit einzubeziehen.

Aktuelle Studien aus der Otto-Brenner-Stiftung zeichnen eine bei aller Vorsicht positive Perspektive. Es scheint wieder aufwärts zu gehen mit der gewerkschaftlichen Organisationsmacht in Ostdeutschland (Goes et al. 2015). Mitgliederzuwachs, neue Impulse der Mitbestimmung in den Betrieben – die Gewerkschaften werden gerade für jüngere Beschäftigte wieder attraktiv. Wie nachhaltig diese Entwicklung ist, steht dahin. Dass mit den zu beobachtenden Neuformierungen der industriellen Beziehungen und damit auch der Gewerkschaftsarbeit in den neuen Bundesländern keine Erosion der Gewerkschaftsorganisationen einhergehen musste, scheint sich jedoch zu bestätigen.

Die Politik der Gewerkschaften in der Transformationsphase und ihre Folgen sind ein Forschungsfeld mit vielen Lücken, dessen sich die Geschichtswissenschaft im Sinne interdisziplinärer Forschung zusammen mit den Sozialwissenschaften verstärkt und nicht nur zu Jubiläumszeiten annehmen sollte.

## Literatur und Quellen

Artus, Ingrid (2001): Krise des deutschen Tarifsystems. Die Erosion des Flächentarifvertrages in Ost und West, Wiesbaden 2001

Artus, Ingrid/Schmidt, Rudi/Sterkel, Gabriele (2000): Brüchige Tarifrealität. Der schleichende Bedeutungsverlust tariflicher Normen in der ostdeutschen Industrie, Berlin 2000

Bispinck, Reinhard (1995): Tarifpolitik in der ersten Hälfte der 90er Jahre. Eine zwiespältige Bilanz, in: Reinhard Bispinck (Hg.): Tarifpolitik der Zukunft. Was wird aus dem Flächentarifvertrag? Hamburg 1995

Bispinck, Reinhard (1998): Der schleichende Umbau des Tarifsystems. Eine empirische Bestandsaufnahme, in: Berndt Keller/Hartmut Seifert (Hg.): Deregulierung am Arbeitsmarkt. Eine empirische Zwischenbilanz, Hamburg 1998

Brunner, Detlev/Hall, Christian (2014): Revolution, Umbruch, Neuaufbau. Erinnerungen gewerkschaftlicher Zeitzeugen der DDR, Schriftenreihe der Johannes-Sassenbach-Gesellschaft 4, Berlin 2014

DGB (1996): Deutschland – einig Gewerkschaftsland. Der Aufbau des DGB im Osten, Redaktion und Reportagen: Dieter Schmidt und Astrid Brand, Düsseldorf 1996

Ellguth, Peter/Kohaut, Susanne (2016): Tarifbindung und betriebliche Interessenvertretung: Ergebnisse aus dem IAB-Betriebspanel 2015, in: WSI Mitteilungen 69, H. 4, S. 283–291

Fichter, Michael/Kurbjuhn, Maria (1993): Spurensicherung. Der DGB und seine Gewerkschaften in den neuen Bundesländern 1989–1991, HBS-Manuskripte 120, Düsseldorf 1993

Gewerkschaftliche Monatshefte (1990a): Auf dem Weg zur deutschen Einheit, Themenheft, Gewerkschaftliche Monatshefte 41, H. 5/6

Gewerkschaftliche Monatshefte (1990b): Der Prozeß der gewerkschaftlichen Einheit, Dokumentation, in: Gewerkschaftliche Monatshefte 41, H. 12, S. 785–807

Goes, Thomas/Schmalz, Stefan/Thiel, Marcel/Dörre, Klaus (2015): Gewerkschaften im Aufwind? Stärkung gewerkschaftlicher Organisationsmacht in Ostdeutschland. Eine Studie der Otto Brenner Stiftung, OBS-Arbeitsheft 83, Frankfurt am Main 2015

Herzog, Roman (1994): Ansprache von Bundespräsident Roman Herzog bei einem Festakt aus Anlaß des Tages der Deutschen Einheit im Congress-Centrum Bremen, 3. Oktober 1994, www.bundespraesident.de/SharedDocs/Reden/DE/Roman-Herzog/Reden/1994/10/19941003_Rede.html (Abruf am 18.2.2017)

Kittner, Michael (Hg.) (1991): Gewerkschaftsjahrbuch 1991. Daten – Fakten – Analysen, Köln 1991

Kittner, Michael (Hg.) (1993): Gewerkschaftsjahrbuch 1993. Daten – Fakten – Analysen, Köln 1993

Kittner, Michael (Hg.) (1994): Gewerkschaften heute. Jahrbuch für Arbeitnehmerfragen 1994, Köln 1994

Kohl, Helmut (1991): Rede vor den Mitarbeitern der Buna-Werke in Schkopau, 10. Mai 1991, www.helmut-kohl-kas.de/index.php?menu_sel=17&menu_sel2=&menu_sel3=&menu_sel4=&msg=1393 (Abruf am 18.2.2017)

Meise, Stephan (2010): Regionale Gewerkschaftspraxis in Ostdeutschland 20 Jahre nach der »Wende«: eine Fallstudie, in: Industrielle Beziehungen. Zeitschrift für Arbeit, Organisation und Management 17, H. 2, S. 214–231

Müller, Hans-Peter (1998): Gewerkschaftsvereinigung – Die Industriegewerkschaft Bergbau und Energie im deutschen Vereinigungsprozeß, in: Karl Eckart/Jens Hacker/Siegfried Hampel: Wiedervereinigung Deutschlands. Festschrift zum 20jährigen Bestehen der Gesellschaft für Deutschlandforschung, Berlin 1998, S. 537–559

Müller, Hans-Peter (2011): Die Deutsche Angestellten-Gewerkschaft im Wettbewerb mit dem DGB. Geschichte der DAG 1947–2001, Baden-Baden 2011

Müller, Hans-Peter/Wilke, Manfred (1991): Zwischen Solidarität und Eigennutz. Die Gewerkschaften des DGB im deutschen Vereinigungsprozeß, Melle 1991

Plener, Ulla (Hg.) (2011): Die Treuhand – der Widerstand in Betrieben der DDR – die Gewerkschaften (1990 –1994), Tagung vom 2. April 2011 in Berlin, Beiträge und Dokumente, Berlin 2011

Roesler, Jörg (2005): Die kurze Zeit der Wirtschaftsdemokratie. Zur »Revolution von unten« in Kombinaten und Betrieben der DDR während des 1. Halbjahres 1990, Berlin 2005

Scharrer, Manfred (2011): Der Aufbau einer freien Gewerkschaft in der DDR 1989/90. ÖTV und FDGB-Gewerkschaften im deutschen Einigungsprozess, Berlin 2011

Schmitz, Kurt Thomas/Tiemann, Heinrich/Löhrlein, Klaus (1991): Mitgliederentwicklung: Gewerkschaftseinheit und Gewerkschaftsaufbau in Deutschland, in: Michael Kittner (Hg.): Gewerkschaftsjahrbuch 1991. Daten – Fakten – Analysen, Köln 1991, S. 70–89

Schroeder, Wolfgang (2000): Industrielle Beziehungen in Ostdeutschland. Zwischen Eigensinn und Paternalismus, Veröffentlichungsreihe der Abteilung Institutionen und sozialer Wandel des Forschungsschwerpunktes Sozialer Wandel, Institutionen und Vermittlungsprozesse des Wissenschaftszentrums Berlin für Sozialforschung, Berlin 2000

Schroeder, Wolfgang (2014): Gewerkschaften im Transformationsprozess. Herausforderungen, Strategien und Machtressourcen, in: Wolfgang Schroeder (Hg.): Handbuch Gewerkschaften in Deutschland, Wiesbaden 2014, S. 13–45

Schroeder, Wolfgang/Weßels, Bernhard (2003): Das deutsche Gewerkschaftsmodell im Transformationsprozess. Die neue deutsche Gewerkschaftslandschaft, in: Wolfgang Schroeder/Bernhard Weßels (Hg.): Die Gewerkschaften in Politik und Gesellschaft der Bundesrepublik Deutschland. Ein Handbuch, Wiesbaden 2003, S. 11-37

Seideneck, Peter (1991): Die soziale Einheit gestalten. Über die Schwierigkeiten des Aufbaus gesamtdeutscher Gewerkschaften, in: Aus Politik und Zeitgeschichte 41, H. 13, S. 3-11

Stamp, Friedrich (2007): Im Wandel solidarisch bleiben. Geschichte der Metallarbeiter und ihrer Gewerkschaften in Mecklenburg und Pommern, Hamburg 2007

Tiemann, Heinrich (1991): Gewerkschaftseinheit in Deutschland. Wege und Strategien, in: Frank Löbler/Josef Schmid/Heinrich Tiemann (Hg.): Wiedervereinigung als Organisationsproblem. Gesamtdeutsche Zusammenschlüsse von Parteien und Verbänden, Bochum 1991, S. 111-124

# Beziehungsgeschichten von Treuhandanstalt und Gewerkschaften in der ostdeutschen Transformationslandschaft
Konflikte, Kooperationen, Alltagspraxis

*Marcus Böick*

## 1. Einleitung: Annäherungen an ein schwieriges Verhältnis

Die Treuhandanstalt und die Gewerkschaften – auf den ersten Blick scheint in dieser Konstellation ein ganz grundlegendes Spannungs- und Konfliktverhältnis angelegt zu sein: Auf der einen Seite der »Frontlinie« stand dabei diejenige Organisation, die binnen kürzester Zeit einen radikalen, von millionenfachen Entlassungen und weitreichenden Betriebsschließungen begleiteten Übergang von der Plan- zur Marktwirtschaft im Modus der Privatisierung durchgesetzt hatte. Und dies gerade auch, zumindest in der Selbstwahrnehmung vieler Mitarbeiterinnen und Mitarbeiter, gegen den erbitterten Widerstand zahlreicher »Bremser« in den Reihen von staatlicher Verwaltung, oppositioneller Sozialdemokratie und organisierter Arbeitnehmervertretung (vgl. Böick 2016).[1] Auf der anderen Seite des »Grabenfeldes« der Transformation hingegen war die traditions- und selbstbewusste Interessenvertretung der Arbeiterschaft und der Angestellten positioniert, die ihre Aufgabe vornehmlich darin sah, den nach 1990 von der christliberalen Bundesregierung forcierten und als »neoliberal« bekämpften Privatisierungs- und Schließungskurs sowie seine gesellschaftlichen Konsequenzen, allen voran die regelrecht explodierende Arbeitslosigkeit, energisch zu verhindern bzw. zumindest abzumildern (vgl. Scharrer 2011). Im Grunde

---

1 | Für wertvolle Hinweise zu diesem Text danke ich Marcel Schmeer, Christopher Kirchberg, Julia Reus und Felix Vonstein.

erscheinen Treuhand-Manager und Gewerkschaftssekretäre somit als ein nahezu »natürliches« Gegnerpaar in der ohnehin ausgesprochen konfliktbeladenen ostdeutschen Transformations-, Übergangs- und Umbruchgesellschaft der frühen 1990er-Jahre.[2]

Eine derart gestaltete Storyline erscheint letztlich so eingängig wie erwartbar; sie übernimmt dabei im Wesentlichen und relativ bruchlos zentrale Grundmuster der zeitgenössischen und vor allem auch medial intensiv geformten und verstärkten Selbst- und Fremdwahrnehmungen der jeweiligen Akteure und Beobachter (vgl. Breuel/Burda 2005). Allerdings mutet dieses kompetitive Erzählmuster als nur ein – obschon sehr naheliegendes – narratives Muster an, die komplizierte, dynamische Beziehungsgeschichte von Treuhandanstalt und Gewerkschaften zu erzählen. Der vorliegende Beitrag möchte demgegenüber dafür werben, den zeithistorischen Rückblick stärker zu differenzieren und erzählerisch wie perspektivisch aufzufächern: In welchen Varianten ließe sich die Beziehungsgeschichte *auch* erzählen? Inwiefern kann ein multiperspektivischer Zugriff für die soeben beginnende (Zeit-)Historisierung der umkämpften Transformationen und Umbrüche nach dem abrupten Ende des Realsozialismus in Europa in den Jahren nach 1989/91 fruchtbar gemacht werden?

Da das hier thematisierte Verhältnis von Treuhand und Gewerkschaften bislang noch kein Gegenstand intensiver zeitgenössischer oder zeithistorischer Forschungen gewesen ist,[3] sollen in diesem Beitrag drei mögliche (und sicher nicht erschöpfende) Beziehungsgeschichten skizzenhaft wie exemplarisch erkundet werden:

- Erstens werden die bereits angedeuteten Konfliktkonstellationen umrissen, in denen Treuhandanstalt und Gewerkschaften einander als scharfe Gegenspieler betrachteten (Kapitel 2).

---

**2** | Die begriffliche Debatte um diesen Zeitschnitt wurde in der Zeitgeschichte noch kaum intensiv geführt, sodass zeitgenössische Begriffe aus den Sozialwissenschaften wie die »Transformation« meist relativ unkritisch übernommen werden (vgl. Böick/Siebold 2011).

**3** | Die einzige Ausnahme bildet der Sammelband von Ulla Plener, der zahlreiche überaus kritische Zeitzeugenstimmen enthält, jedoch insgesamt eher den Charakter einer retrospektiven Abrechnung vornehmlich aus ostdeutscher Perspektive trägt (vgl. Plener 2011).

- Zweitens sollen demgegenüber zumeist institutionell gestützte Kooperationsverhältnisse beschrieben werden, in denen beide Seiten – oft unter entsprechendem politischem Außendruck – in verschiedenen Konstellationen zusammenarbeiteten (Kapitel 3).
- Drittens soll schließlich der Blick auf die konkrete Ebene des praktischen Alltags in den Betrieben gelenkt werden, wo konfliktreiche wie auch kooperative Beziehungsmuster im jeweiligen Einzelfall aufs Engste miteinander verknüpft sein konnten (Kapitel 4). Die dabei herausgearbeiteten Facetten dieser schwierigen Beziehungskonstellation sollen erste Impulse für eine zeithistorische Neuvermessung der vielgestaltigen Übergänge und Umbrüche im Spannungsfeld von Ost und West in der jüngsten deutschen Vergangenheit liefern (vgl. Bösch 2015a; Bösch 2015b; Koch/Sabrow 2015; Ther 2014).

## 2. Konfliktgeschichten: Gegner im »Schlachthaus Ost«

Die Geschichte von Treuhandanstalt und Gewerkschaften mutet in einer ersten Annäherung tatsächlich wie eine Geschichte von Klassenkämpfen an. Die Ursprünge dieser Konfliktkonstellation sind dabei insbesondere in der zweiten Hälfte des Jahres 1990 zu suchen, als sowohl Treuhandanstalt wie auch (westdeutsche) Gewerkschaften das wirtschafts- und gesellschaftspolitische Vakuum zu füllen suchten, dass der rapide Zusammenbruch des SED-Regimes, seiner zentralen Planwirtschaftsapparate und auch seiner Einheitsgewerkschaft FDGB in Wirtschaft und Gesellschaft der ihrem baldigen Ende entgegensehenden DDR hinterlassen hatte (vgl. Scharrer 2011; Henke 2009).

Treuhandanstalt und Gewerkschaften kämpften gerade in dieser spätbzw. postrevolutionären Zeit um ihre rasche Etablierung in Ostdeutschland und schlugen hierfür einen scharfen personellen wie organisatorischen Expansionskurs an: Bei der im Frühjahr 1990 gegründeten Treuhandanstalt wurden vor allem ab Juli 1990 die Weichen für einen radikalen Aus- und Umbau gestellt, als erfahrene bundesdeutsche Industriemanager wie Detlev Karsten Rohwedder, der Vorstandsvorsitzende der Dortmunder Hoesch-Stahlwerke, die Führung übernahmen (vgl. Kemmler 1994). Zur gleichen Zeit entsandten auch die bundesdeutschen Gewerkschaften und der DGB eilig erfahrenes wie »kampferprobtes« Personal als Aufbauhelfer nach Ostdeutschland, wo sich die Einzelgewerkschaften bis Mai 1990 vom FDGB gelöst hatten und nun umfassende Kooperationen mit ihren westdeutschen Pendants anstrebten.

In beiden Konstellationen stand damit eine möglichst zügige Übertragung der bundesdeutschen Institutionen, Strukturen und Werteordnungen ganz oben auf der unmittelbaren Agenda im Vorfeld der nun angestrebten »Wiedervereinigung«. Doch gleichermaßen offenbarte sich auch relativ zügig, dass ein solches Unterfangen unter den unübersichtlichen wie chaotischen Bedingungen des ostdeutschen Postsozialismus bzw. der sich auflösenden Planwirtschaft in der Praxis deutlich schwerer umzusetzen war, als viele Zeitgenossen in Ost und West in der kurzlebigen Einheitseuphorie des Jahres 1990 ursprünglich noch gehofft hatten (vgl. Seibel 2012; Steiner 2009).

Die nunmehr westdeutschen Spitzenmanager der Treuhandanstalt um ihren Präsidenten Rohwedder waren dabei unvermittelt ins Zentrum der wirtschaftlichen Umbrüche in der ostdeutschen Industrie geraten. Nach der am 1. Juli 1990 in Kraft getretenen Währungs-, Wirtschafts- und Sozialunion war zunächst ununterbrochenes Krisenmanagement in den knapp 8.000 Treuhand-Betrieben mit ihren noch rund 4 Millionen Beschäftigten gefragt, da die einstigen DDR-Kombinate und Großbetriebe die massiven finanziellen Konsequenzen der sofortigen Währungsumstellung auf allen Ebenen nur mit größter Not und vor allem kurzfristigen Kreditbürgschaften stemmen konnten. An eine systematische »Entstaatlichung« der Industrielandschaft durch zügige Privatisierungen, wie sie das im Juni von der Volkskammer beschlossene Treuhandgesetz forderte, war in den bewegten Spätsommerwochen des Jahres 1990 indes kaum zu denken (vgl. Seibel 2005).

Demgegenüber wuchsen in weiten Teilen der ostdeutschen Wirtschaft, ihren Betrieben, Geschäftsführungen und Belegschaften Desorientierung und Verunsicherung in erheblicher Weise: Was würde die Zukunft in der Marktwirtschaft bringen? War der eigene Betrieb überhaupt noch zu retten? Drohte die baldige Arbeitslosigkeit? Sehr frühzeitig schlugen in der Arbeitswelt ursprüngliche Euphorie und Aufbruchsstimmung in endemische Angst, Lethargie und Aggression um. Genau in dieses angespannte Szenario hinein gerieten die zahlreichen westdeutschen Gewerkschaftsfunktionäre, die nun begannen, die vorgefundene Klientel nach ihren eigenen Vorstellungen zu organisieren und zu mobilisieren (vgl. Jarausch 1995).

Sehr schnell trat der schroffe Gegensatz zwischen wirtschaftspolitischem Treuhandauftrag und gewerkschaftlichen Vorstellungen offen zutage: Als erste Auseinandersetzungen um Privatisierungen (wie der lukrativen Interhotel-Kette) oder Schließungen (wie des Dresdner Kamera-Produzenten Pentacon) aufbrachen, waren es gerade auch die Gewerkschaften, die die Belegschaftsproteste gegen die jeweiligen Treuhand-Entscheidungen maßgeblich mittrugen. Vor allem in der Zeit nach der staatlichen Vereinigung am 3. Oktober 1990 schienen Treuhand und Gewerkschaften in einer Art antagonistischem Expansionsverhältnis zueinander zu stehen: Je intensiver sich die personell wie strukturell rasch wachsende Treuhand um beschleunigte Privatisierungs- und Schließungsentscheidungen bemühte, desto schärfer und vehementer versuchten die ostwärts expandierenden Gewerkschaften, diese Entscheidungen im Sinne ihrer neuen ostdeutschen Klientel durch Proteste oder Kundgebungen zu beeinflussen bzw. zu verhindern. Nicht einer forcierten Privatisierung an westliche Investoren, sondern einer langfristigen Sanierung und Bewahrung der ostdeutschen Industriesubstanz sollte demnach aus gewerkschaftlicher Sicht das operative Hauptaugenmerk der Treuhandanstalt gelten (vgl. Fischer/Hax/Schneider 1993; Issen in diesem Band, S. 131 ff.).

Nach der ersten gesamtdeutschen Bundestagswahl am 2. Dezember 1990 und dem Jahreswechsel 1990/91 schaukelten sich diese Gegensätze immer weiter auf, als die Treuhand-Spitze nunmehr in kurzer Folge millionenfache Entlassungen, Frühverrentungen und »Kurzarbeit null« in den traditionellen Industriebranchen des Ostens ankündigte. Betroffen waren vor allem die Chemie, die Metallurgie, der Maschinenbau sowie die Textil- und die Werftindustrie. Hiergegen mobilisierte die ohnehin kampflustige IG Metall, die sich gleichzeitig in einen massiven Tarifkonflikt mit der Treuhand und ihren Betrieben in der ostdeutschen Metallindustrie begeben hatte und dabei mit Erfolg eine forcierte Lohnangleichung in Ostdeutschland anstrebte. Der streitbare IG-Metall-Vorsitzende Franz Steinkühler trat auf zahlreichen Protestkundgebungen und Demonstrationen in Ostdeutschland auf, bei denen er eindringlich das drastische Bild eines »Schlachthauses« wählte, um das Vorgehen der Treuhandanstalt in der Industrielandschaft scharf zu attackieren. Im März 1991 erreichte diese aufbrandende Protestwelle in ganz Ostdeutschland ihren vorläufigen Höhepunkt, als insbesondere die IG Metall, gemeinsam mit Gruppen ehemaliger Dissidenten und kirchlichen Initiativen, erneut zu großen »Montagsdemonstrationen« gegen Bundesregierung und Treuhand aufrief. So strömten Mitte März über 70.000 Demonstranten zu einer entsprechenden Großkundgebung in Leipzig (vgl. Böick 2011).

Das nunmehr westdeutsch dominierte Treuhand-Management um Rohwedder zeigte sich über die Härte und Unversöhnlichkeit des von den Gewerkschaftern mitgetragenen Widerstands gegen ihre intensivierten ökonomischen Umbauaktivitäten erheblich irritiert. Bei einem Spitzentreffen mit Hunderten Gewerkschaftsvertretern und Betriebsräten schlug dem Treuhand-Vorstand ein regelrechter »Tornado« an scharfer Kritik[4] und massiven Vorwürfen entgegen, der selbst dem im umkämpften Strukturwandel an der Ruhr abgehärteten Stahlmanager Rohwedder für einen Moment aus der Fassung brachte (vgl. Junge Welt 1991; Handelsblatt 1991; Die Welt 1991a; Tagesspiegel 1991; SZ 1991).

Die allgemeine Stimmung in Ostdeutschland drohte gerade im Frühjahr 1991 vollends zu kippen, massive Frustrationen und Enttäuschungen brachen sich nunmehr offen Bahn. An diesem kritischen Wendepunkt waren es zwei spektakuläre Gewaltausbrüche, die der rapide anschwellenden Protestbewegung vorerst den Schwung nahmen: Neben einem nächtlichen Brandanschlag auf die Berliner Treuhand-Niederlassung war es insbesondere das tödliche RAF-Attentat auf den Treuhand-Präsidenten am 1. April, welches die Massenproteste zunächst für einige Zeit merklich abflauen ließ. Der Tod des zuvor heftig angefeindeten Detlev Rohwedder sollte die streitenden Kontrahenten in der Folge wieder an einen Tisch bringen.

Doch auch langfristig blieb der strukturelle Interessengegensatz zwischen Treuhand und Gewerkschaften ein konstitutives Merkmal des ostdeutschen Wirtschaftsumbaus. Immer wieder brachen dabei entlang der wirtschaftspolitischen Grundachse »Privatisierung oder Sanierung« heftige Streitigkeiten im medienöffentlichen wie politischen Raum auf: So forderten Gewerkschafter (und mit ihnen auch viele Sozialdemokraten und Grünen-Politiker) vehement die strategische Bewahrung bedrohter Branchen und Betriebe durch eine langfristige Sanierung in der Obhut staatlicher »Industrieholdings« – ein Gedanke, dem sich die auf zügige Massenprivatisierungen setzende Berliner Treuhandanstalt und mit ihr auch die christ-liberale Bundesregierung in Bonn gerade in der Hochphase des operativen

---

4 | Vgl. »Tornado an Kritik« (Junge Welt 1991); »Ein ›Tornado der Kritik‹ fegt über die Treuhand« (SZ 1991).

Geschäfts in den Jahren 1991/92 hartnäckig verweigerten: Der Staat und damit die Treuhandanstalt sollten sich bei der Auflösung der gescheiterten Planwirtschaft mit ihrem Staatseigentum so schnell wie möglich selbst »überflüssig« machen – und diesen (Schwebe-)Zustand zwischen Staat und Markt nicht noch weiter verlängern. Nur eine schnelle wie rigorose Rückkehr zu Privateigentum und Wettbewerb konnten in dieser Lesart einen dynamischen wirtschaftlichen Aufschwung im Osten bewirken (vgl. Kemmler 1994; Seibel 2005).

In der ab 1993 einsetzenden Spätphase des ostdeutschen Wirtschaftsumbaus waren es schließlich zwei Problemkomplexe, bei denen Treuhand und Gewerkschaften aneinandergerieten: der Umgang mit »Restfällen« an traditionsreichen Großbetrieben sowie nunmehr vermehrt medial aufbrechende Skandalfälle.

Als Ende 1992 der überwältigende Teil des ostdeutschen Industriebestandes tatsächlich »entstaatlicht« war, blieben im Portfolio der Treuhand eine Reihe von strukturbestimmenden Großbetrieben wie EKO (Eisenhüttenstadt) oder die Mansfeld AG (Hettstedt/Eisleben) zurück, für die sich bislang keine Investoren gefunden hatten, deren vollständige Schließung jedoch aus strukturpolitischen Erwägungen heraus unmöglich schien. Das ab 1992/93 von Treuhand und Bundesregierung verfolgte Konzept zur Sicherung »industrieller Kerne« in Ostdeutschland kann auch als eine Folge fortwährender gewerkschaftlicher Interventionen zur Sanierung angeschlagener, nicht-privatisierbarer Betriebe gelten (siehe exemplarisch ND 1991; Die Welt 1991b; FAZ 1991). Neben dieser auch (wahl-)taktisch motivierten Abmilderung des Privatisierungskurses waren es nach 1993 eine Reihe von spektakulären Skandal- und Korruptionsfällen, die die Treuhand unter erheblichen Druck geraten ließen – und an deren Offenlegung auch Gewerkschafter vor Ort maßgeblich beteiligt waren (vgl. Suhr 1991; Kampe 1994; Christ/Neubauer 1991; Köhler 1994; Jürgs 1997). Der spektakuläre Großskandal um die Treuhand-Niederlassung in Halle wurde vom örtlichen IG-Metall-Chef Günter Lorenz öffentlich ins Rollen gebracht, der zuvor aus Süddeutschland an die Saale gewechselt war (vgl. Laabs 2012; zeitgenössisch auch taz 1993).

Ansatzpunkte für hitzige Konfliktgeschichten, so ließe sich vorläufig festhalten, finden sich in den wechselhaften Beziehungen zwischen Treuhandanstalt und Gewerkschaften damit überreichlich. Beide Seiten standen einander oftmals unversöhnlich gegenüber, stritten über wirtschaftspolitische Grundlinien oder auch über eine Vielzahl an Einzelfallentscheidungen. In diesem geradezu »natürlichen« Antagonismus zwischen beschleunigenden Privatisierungsexperten und bewahrenden Arbeitnehmervertretern scheint jedoch eine grundlegende Gemeinsamkeit auf: Die zumeist aus den alten Bundesländern in den Osten entsandten Führungskräfte auf beiden Seiten der Frontlinie erschienen im unübersichtlichen Umbruchszenario als Treibende und Getriebene zugleich.

Mit dem Versuch, die ihnen vertrauten Denk-, Struktur- und Ordnungsmuster auf den Osten zu übertragen, erzeugten sie eine sich wechselseitig verstärkende Konfliktdynamik, die in der Rückschau an ein System kommunizierender Röhren erinnert: Die westdeutschen Treuhand-Manager forcierten die radikale Umgestaltung der Planwirtschaft in eine funktionstüchtige Marktwirtschaft und hatten massiv mit den ökonomischen, gesellschaftlichen wie politischen Folgekosten dieses Kurses zu kämpfen. Die westdeutschen Gewerkschaftsvertreter waren demgegenüber energisch bemüht, die massiv schwindende Zahl an ostdeutschen Arbeitern und Angestellten in ihren Reihen zu organisieren und zu mobilisieren, ohne dabei zugleich, etwa durch allzu große Zugeständnisse in Lohnfragen, die Kerninteressen ihrer westdeutschen Stammklientel aus den Augen zu verlieren. Als erbitterte Gegner im »Schlachthaus« des Ostens erschienen Treuhand und Gewerkschaften daher fast wie ein widerwillig zum Tanz gezwungenes Paar, das die Kontrolle über Rhythmus und Geschwindigkeit seines gemeinsamen Tanzes (bzw. der gesellschaftlichen Eruptionen) zumindest in den frühen 1990er-Jahren zu verlieren drohte. Es war diese prekäre, schwer zu kontrollierende spät- bzw. postrevolutionäre Eigendynamik, die schließlich auch die schroffen Interessengegensätze allmählich abmilderte und die zerstrittenen Akteure nach und nach zu Kooperationspartnern werden ließ.

## 3. Kooperationsgeschichten: Partner beim »Aufschwung Ost«

Ein zweiter Strang der hier skizzierten Beziehungsgeschichte erscheint zunächst weniger offensichtlich und naheliegend, da insbesondere auch die Beteiligten wenig Interesse hatten, diesen in der Öffentlichkeit umfassend zu thematisieren. Wer sich einerseits in der politischen Arena oder auf öffentlichen Podien hitzig bekämpfte, tat sich andererseits offenkundig schwer damit, eine pragmatische bis konstruktive Zusammenarbeit in anderem Rahmen erläutern zu können; hier ergab sich ein deutlicher Rollenkonflikt zwischen öffentlicher Konkurrenz und interner Zusammenarbeit. Doch tatsächlich waren Treuhand-Spitzenmanager und Gewerkschaftsvertreter auf der Führungsebene nicht nur erbitterte Gegner, sondern arbeiteten fast von Beginn an auch in verschiedenen institutionellen Arrangements relativ reibungs- und auch geräuschlos beim ostdeutschen Wirtschaftsumbau zusammen.

Die klassisch deutsche Traditionslinie eines intensiven industriellen Korporatismus zwischen Arbeit, Kapital und Staat manifestierte sich unmittelbar nach der staatlichen Vereinigung auch bei der personellen Umgestaltung der Treuhandanstalt, insbesondere in ihrem zentralen Aufsichtsgremium, dem Verwaltungsrat (vgl. Thumfart 2005), und zwar dergestalt, dass ab Herbst 1990 auch eine Reihe von hochrangigen Gewerkschaftsvertretern in dieses Gremium einzogen, das die operative Tätigkeit des Treuhand-Vorstandes unter Detlev Rohwedder begleiten und beaufsichtigen sollte. Neben Roland Issen (DAG) und Hermann Rappe (IG Chemie-Papier-Keramik) waren dies Horst Klaus bzw. Joachim Töppel (IG Metall) sowie Heinz-Werner Meyer bzw. Dieter Schulte vom DGB.

Die Einbeziehung dieser führenden bundesdeutschen Gewerkschafter in den Verwaltungsrat, der mehrheitlich mit Industrievertretern und christliberalen Regierungspolitikern sowie den ostdeutschen Ministerpräsidenten besetzt war, kann damit als ein früher Versuch der strategischen »Einhegung« der Arbeitnehmervertreter durch institutionelle Einbindung beschrieben werden (vgl. Seibel 2005). In diesem Spitzengremium wurden retrospektiven Zeitzeugenberichten zufolge sämtliche großen und auch öffentlich umstrittenen Privatisierungsentscheidungen in einer zumeist sachlich-konstruktiven Atmosphäre diskutiert und dann in aller Regel auch einmütig gebilligt (vgl. Breuel/Burda 2005; Depenheuer/Paqué 2012). Es verwundert daher weniger, dass es insbesondere Gewerkschaftsvertreter waren, die im Herbst 1993 gegen eine Weitergabe der vertraulichen Diskussionsprotokolle an den Treuhand-Untersuchungsausschuss des Bundestages vehement und letztlich erfolgreich opponierten, denn es war gerade die Vertraulichkeit dieser Diskussionsrunden, die den sachlichen Austausch im Verwaltungsrat abseits der oft zerstrittenen Öffentlichkeit ermöglicht hatte.[5]

---

5 | Vgl. dazu die zeitgenössische Berichterstattung in Neue Zeit 1993 und Thüringer Landeszeitung 1993.

Einen regelrechten Schub an weiterer Zusammenarbeit brachte ironischerweise das protestreiche und von Gewalt geprägte Frühjahr 1991 mit sich. Unter dem Eindruck immer weiter anschwellender Demonstrationszüge, wilder Streiks und spontaner Betriebsbesetzungen im gesamten »Beitrittsgebiet« war es nun vor allem die christliberale Bundesregierung unter Helmut Kohl, die die Treuhand, die Regierungen der neuen Länder und die Gewerkschaften verstärkt zur institutionalisierten Zusammenarbeit drängte. Der überraschende RAF-Mordanschlag auf Detlev Karsten Rohwedder entfaltete dabei eine katalysierende Wirkung, insbesondere im politischen Bonn. Neben den ostdeutschen Landesregierungen, die mit der Treuhand eine grundsätzliche Zusammenarbeit bzw. Aufgabenteilung beim »Aufschwung Ost« vereinbarten, sollten nun auch die Gewerkschaften strategische Partner der Treuhand werden: Am 13. April 1991 unterzeichneten DGB, DAG und Treuhand eine »Gemeinsame Erklärung«, in der sich beide Seiten merklich aufeinander zubewegten und auch semantisch spürbar abrüsteten: So akzeptierten die Gewerkschaften einerseits, dass einschneidende Umbauten in vielen Ost-Betrieben, also Massenentlassungen und Schließungen, prinzipiell nicht zu vermeiden waren; andererseits erkannte aber auch die Treuhand an, dass »angesichts der Komplexität der sozialen Probleme differenzierte und ausgewogene Lösungen« gerade für die sich aus dem Wirtschaftsumbau ergebenden sozialpolitischen Konsequenzen gefunden werden müssten (Gemeinsame Erklärung 1991).

Auf dieser Linie lag auch eine weitere, im Juni 1991 zwischen Treuhandanstalt, Arbeitgebern und Gewerkschaften geschlossene Rahmenvereinbarung zur Einrichtung und Finanzierung von »Gesellschaften zur Arbeitsförderung, Beschäftigung und Strukturentwicklung« (ABS), die einen Teil der entlassenen Beschäftigten für eine bestimmte Frist aufnehmen und weiterqualifizieren sollten. Hatte sich die Treuhand, nun unter der neuen Präsidentin Birgit Breuel, einer profilierten CDU-Wirtschafts- und Finanzpolitikerin, zunächst aus einem ausgeprägten unternehmerisch-staatsfernen ordnungspolitischen Selbstverständnis heraus dem Ansinnen entschieden verweigert, selbst sozialpolitische Aufgaben zu übernehmen bzw. diese zu finanzieren, so stimmte die Treuhand-Spitze einer finanziellen Beteiligung an diesen ABS-Gesellschaften letztlich zu (Treuhandanstalt Informationen 1991).

Treuhand und Gewerkschaften waren somit, obwohl sie medienöffentlich und politisch in aller Regel als ausgewiesene Antagonisten und erbit-

Beziehungsgeschichten von Treuhandanstalt und Gewerkschaften

terte Gegenspieler auftraten, zugleich auch und häufig im Verborgenen institutionalisierte Kooperationspartner beim ostdeutschen Wirtschaftsumbau. Es war gerade die von Helmut Kohl geführte Bundesregierung, die die beiden Seiten unter dem unmittelbaren Eindruck der ausgreifenden gesellschaftlichen Proteste und gewaltsamen Eskalationen im Ostdeutschland des Frühjahrs 1991 in eine Reihe von (neo-)korporatistischen Arrangements drängte und so gewissermaßen in das nach 1991 unter dem Eindruck der »Vereinigungskrise« rasch entstehende Institutionen- und Projektensemble des »Aufschwung Ost« einzuweben versuchte (vgl. Kocka 1995). Diese offizielle Zusammenarbeit auf Spitzenebene blieb allerdings einerseits überschaubar und bezog sich andererseits vorwiegend auf die Sphäre einer nachsorgenden Sozial- und Arbeitsmarktpolitik (vgl. Ritter 2007). Letztlich ging es hierbei insbesondere um eine (materielle) Abfederung der millionenfachen Umbrüche in den ostdeutschen Erwerbsbiografien, die mit dem radikalen Umbau der Plan- in eine Marktwirtschaft einhergingen. Im sozialpolitischen Krisenmanagement nach 1990 waren Treuhandanstalt und Gewerkschaften damit in der Tat strategische Partner (vgl. Rödder 2009).

## 4. Praxis- und Alltagsgeschichten: »Gespaltene Erfahrungen«

In der beschriebenen Janusköpfigkeit aus Konflikten und Kooperationen auf den Führungsebenen erschöpft sich die hier veranschlagte Beziehungsgeschichte allerdings noch nicht. Diese antithetische Gegenüberstellung lässt sich vielmehr durch einen gezielten Blick auf die vielschichtigen Interaktionen und gegenseitigen Wahrnehmungen jenseits der Spitzenebenen zu einer Synthese im praktischen Alltag des Wirtschafts- bzw. Betriebsumbaus verbinden. Gerade unterhalb der beschriebenen Ebene der Großkonflikte und Spitzengremien waren zahlreiche Treuhand-Manager und Gewerkschaftsvertreter in den frühen 1990er-Jahren in umfassende Interaktionen eingebunden. Hier waren es vor allem die einzelnen Branchen bzw. Betriebe, die zu konkreten Kristallisationskernen intensiver Aushandlungen und Auseinandersetzungen wurden. Dabei rangen beide Seiten, bisweilen auch öffentlich, um einzelne Privatisierungs- und Schließungsentscheidungen, stritten über die Anzahl der garantierten Arbeitsplätze sowie mögliche Sozialplanregelungen oder diskutierten miteinander über die vorgelegten Konzepte und die unternehmerischen Strategien möglicher Investoren. Das festgestellte Wechselspiel aus interner Kooperation und öffentlicher Konfrontation zog sich damit auch durch den wesentlich unübersichtlicheren Alltag bzw. die facettenreiche Praxis des postsozialistischen Wirtschafts- und Gesellschaftsumbaus.

Gerade dieses Feld an vielfältigen Alltagsgeschichten lässt sich gut mit Blick auf individuelle Wahrnehmungen und Deutungen qualitativ einfangen. Im Jahr 1993 berichtete ein Treuhand-Direktor in einem Experteninterview, dass »die Gewerkschaftler hier am Tisch [...] ALLE prima und vernünftig« seien; mit ihnen könne man quasi »Pferde stehlen gehen«, da sie getrieben seien von der »Vernunft und der Einsicht, wir müssen zusammenhalten«. Ja, viel mehr noch erschienen sie ihm sogar als umworbene »Verbündete der Treuhandanstalt«. Die alltägliche Praxis gestalte sich dennoch oft »sehr schwierig«, wie der Direktor erläuterte: »Die Gewerkschaft hat offensichtlich auch das Problem, daß das Fußvolk ihnen [sic] aus dem Ruder läuft. Sie versuchen, Führerschaft zu übernehmen.« Man habe mit den Gewerkschaftsvertretern letztlich »eine ausgesprochen gespaltene Erfahrung« gemacht: Es gebe »diejenigen, die meinen, mit Kampfesparolen auf der Straße ihre Anhänger gewinnen zu müssen« – er erinnere sich an Gewerkschafter, »die dann also mit meinem Namen auf irgendeinem Schild auf der Straße rumlaufen, als demjenigen, der hier die Industrie plattmacht«, obwohl gerade diese Kollegen eigentlich aus der vertraulichen Zusammenarbeit genau wüssten, dass er »hinter den Kulissen unglaublich viel« versuche, um die schwierige Situation zu retten.[6]

Treuhand-Manager der mittleren Führungsebenen beschrieben ausführlich ihre »gespaltene Erfahrung« mit den jeweiligen Gewerkschaftsvertretern vor Ort, die gleichermaßen als interne »Verbündete«, aber auch als öffentliche »Gegenspieler« aufgetreten seien. Diese individuellen zeitgenössischen Einzelstimmen sensibilisieren daher vor allem für die bislang noch fast gänzlich unerzählten wie unerforschten Einzelfallgeschichten des ostdeutschen Wirtschaftsumbaus insbesondere auf Unternehmensebene (Ausnahmen bilden Schulz 2013; Roesler/Semmelmann 2005).

Die konkreten Beziehungsmuster und Wahrnehmungsweisen im Verhältnis von Treuhand und Gewerkschaften konnten situativ ganz erheblich differieren. Sie hingen in hohem Maße von der spezifischen Situation des

---

6 | Experten-Interview von D. R. mit Treuhand-Direktor vom 1.10.1992.

Betriebes bzw. der gesamten Branche, den beteiligten Treuhand-Mitarbeitern, den jeweiligen Geschäftsführungen und ihren gewerkschaftlichen Verhandlungspartnern sowie der allgemeinen Stimmungslage in der Belegschaft bzw. der gesamten Region ab. Auch potenzielle Investoren, engagierte Lokalpolitiker und investigative Journalisten beeinflussten diese komplexen Konstellationen in erheblichem Maße. In eben dieser Praxis konnten sich Industriemanager und Unternehmer in Treuhand-Diensten und Gewerkschaftssekretäre aus Westdeutschland bisweilen besser untereinander verständigen als mit ihren ostdeutschen Gesprächspartnern, da sie habituell wie kulturell aus früheren Begegnungen in der westdeutschen Wirtschaft miteinander vertraut waren.

Dieses reichhaltige Panorama vielschichtiger Ost-West-Interaktionen bei der Alltagspraxis des postsozialistischen Wirtschaftsumbaus systematisch, differenziert und quellennah zu erschließen, könnte ein aussichtsreiches Betätigungsfeld für Unternehmens- und Zeithistoriker/innen darstellen (vgl. Schwärzel 1998; Verch 2011).[7] Grundsätzlich dürfte durch derartige Forschungen deutlich werden, dass die jeweiligen »Blöcke« Treuhandanstalt bzw. Gewerkschaften mitnichten so homogen und gegeneinander abgeschlossen waren, wie sie in den oft stark moralisch gefärbten zeitgenössischen Selbst- und Fremdzuschreibungen erscheinen: So stritt beispielsweise das (sehr heterogen zusammengesetzte) Treuhand-Personal auch intern energisch über den 1991/92 eingeschlagenen Privatisierungskurs; nicht wenige Manager artikulierten dabei erhebliche Zweifel an der reibungsintensiven Geschäftspolitik und befürworteten demgegenüber aktivere Sanierungsanstrengungen, die die Führungsebene jedoch offiziell noch bis ins Jahr 1993 rundweg ablehnte (vgl. ausführlicher Böick 2016).

Auch ein Blick auf die gewerkschaftlichen Binnenverhältnisse deutet erhebliche interne Spannungslinien und Konfliktfelder an, insbesondere zwischen westdeutschem Führungspersonal und ostdeutschen Betriebsräten: So waren etwa die von den westdeutschen Gewerkschaftssekretären angestrebten, hohen Tarifabschlüsse und Sozialstandards zur präventiven

---

7 | Im Gegensatz zu den umfassenden Aktenbeständen der Treuhandanstalt, die erst seit 2016 systematisch vom Bundesarchiv gesichtet werden können, werden bzw. wurden die Aktenbestände der von der Treuhandanstalt abgewickelten Unternehmen bereits von den entsprechenden Landes- bzw. Wirtschaftsarchiven übernommen.

Verhinderung eines ostdeutschen »Niedriglohngebiets« mitnichten im originären Interesse ihrer ostdeutschen Kollegen vor Ort, denen es vor allem ab 1991/92 in allererster Linie um den bloßen Erhalt ihres Betriebes bzw. der dortigen Arbeitsplätze ging. Es verwundert angesichts dieser aufbrechenden Ost-West-Spannungslinien innerhalb der Gewerkschaften weniger, dass sich im Jahr 1992 eine im Umfeld der PDS agierende »Konferenz ostdeutscher und Berliner Betriebs- und Personalräte« zusammenfand, die sich bewusst von den »West-Gewerkschaften« abzugrenzen versuchte (Kädtler/Kottwitz/Weinert 1997).

Auch der spektakuläre, medial intensiv rezipierte Hungerstreik in der Kali-Grube von Bischofferode im Sommer 1993 erweist sich bei näherer Betrachtung als ein energischer Aufstand des örtlichen Betriebsrates gegen das vorherige Votum der eigenen Gewerkschaftsführung, deren (westdeutsche) Vertreter der Grubenschließung im Rahmen einer großen deutschdeutschen Fusionslösung zugestimmt hatten (vgl. Böick 2011). Der Blick in die jeweiligen Binnenräume kann damit gerade auch für die vielschichtigen Ambivalenzen, Widersprüche und Ungleichzeitigkeiten im Transformationsprozess sensibilisieren.

## 5. Fazit: Treuhandanstalt und Gewerkschaften in der Geschichte der Transformationszeit

Das wechselhafte Beziehungsverhältnis von Treuhandanstalt und Gewerkschaften erweist sich insgesamt als hochinteressante wie aufschlussreiche Sonde in die allerjüngste deutsche Vergangenheit, deren Historisierung zunehmend einsetzt.[8] Wie stets lenken dabei insbesondere gegenwärtige Problemlagen die Rückblicke vor allem auch jüngerer Zeithistoriker/innen; zu nennen wären schlagwortartig fortbestehende kulturelle Ost-West-Differenzen und deren generationelle Überblendungen, langfristige wirtschaftliche wie soziale Ungleichheiten sowie insbesondere nationalistische bzw.

---

8 | So hat am Potsdamer Zentrum für Zeithistorische Forschung (ZZF) ein Forschungsbereich zum Thema »Die lange Geschichte der ›Wende‹. Lebenswelt und Systemwechsel in Ostdeutschland vor, während und nach 1989« seine Tätigkeit aufgenommen; vgl. dazu auch die vom ZZF und dem Deutschen Historischen Museum durchgeführte Ausstellung zum »Alltag Einheit« in Berlin (Danyel 2015) und die programmatischen Überlegungen hierzu von Ulrich Mählert (2016).

fremdenfeindliche Eruptionen in der Gesellschaft der neuen Bundesländer (vgl. Lorke 2015). Zur historischen Reflexion dieser aktuellen (Krisen-)Phänomene richtet sich der Blick ein Vierteljahrhundert nach »Revolution und Einheit« nicht mehr, wie noch in den moralisierenden und vergangenheitspolitischen Debatten bzw. in der sozialwissenschaftlichen Forschung der 1990er-Jahre, exklusiv auf die SED-Diktatur (bzw. den »Realsozialismus«) und deren politische, wirtschaftliche, gesellschaftliche wie mentale »Folgelasten« (vgl. Weingarz 2003).

Forschung und Öffentlichkeit beziehen zunehmend auch die von erheblichen Dynamiken und massiven Ost-West-Konflikten geprägte Transformationsphase der frühen 1990er-Jahre systematisch in ihre Diskussionen mit ein. Erst ein solches perspektivisches und nicht vorab in moralischen Kategorien fixiertes Zusammendenken von verfallendem Sozialismus, desorientierendem Postsozialismus, konfliktreicher Verwestlichung sowie prekärer Ost-Identitätsbildung in den Jahren nach 1989/90 ermöglicht eine differenzierte Retrospektive auf die unmittelbare Vorgeschichte gegenwärtiger Problemlagen (vgl. Hockerts 2001).

Dabei bildet die Geschichte der Gewerkschaften in diesen hochdynamischen Übergangs- und Umbruchprozessen zu Beginn der »Berliner Republik« immer eine beträchtliche Leerstelle in den gegenwärtigen zeithistorischen Forschungsanstrengungen (vgl. Görtemaker 2009). Doch gerade an dieser Akteursgruppe zeigt sich, wie im vorliegenden beziehungsgeschichtlichen Beitrag skizziert, wie ambivalent und facettenreich letztlich das umfassende Engagement der Gewerkschaften und ihrer Vertreter im postsozialistischen Ostdeutschland ausfiel:

- Erstens versuchten sich gerade westdeutsche Gewerkschafter, die in den Osten gekommen waren, in der Auseinandersetzung mit der Treuhandanstalt und den von ihr verantworteten Privatisierungen und Schließungen als legitime Arbeitnehmervertreter in der prekären Nachfolge des diskreditierten FDGB zu etablieren – und dies vor allem auch in scharfer Konkurrenz zur PDS, die sich als einzig legitime Sachwalterin ostdeutscher Interessen gegenüber westdeutscher Dominanz inszenierte. Proteste, Kundgebungen, Besetzungen, Demonstrationen und Tarifauseinandersetzungen im »Schlachthaus« waren hierbei die klassisch-gewerkschaftlichen Mobilisierungsinstrumente.

- Doch dieser konfliktreiche Expansionskurs stieß zweitens insofern bald an Grenzen, als die volatile Stimmung im »Beitrittsgebiet« im Frühjahr 1991 vollends in massive Frustration und offene Gewalt umzuschlagen drohte. Nun waren es die Mechanismen eines eingespielten bundesdeutschen Neokorporatismus, die die Gewerkschaftsvertreter meist hinter den Kulissen an die Verhandlungstische führten und so letztlich zu widerwilligen »Partnern« von Treuhandanstalt und Bundesregierung avancieren ließen, wobei nun vor allem die sozialpolitische Abfederung insbesondere der grassierenden Massenarbeitslosigkeit im Fokus stand.
- Ein bislang noch weitgehend unerforschtes Terrain bildet drittens schließlich der komplizierte wie facettenreiche Alltag des postsozialistischen Wirtschafts- und Gesellschaftsumbaus und die in diesem Kontext anzutreffenden Interaktionen und Wahrnehmungen zwischen Treuhand-Managern und Gewerkschaftsvertretern in den Tausenden Betrieben vor Ort. Gerade an dieser Stelle deutet sich die ambivalente gewerkschaftliche Doppelrolle zwischen Partner- und Gegnerschaft an, wobei die jeweiligen Befunde hochgradig fall- bzw. branchenabhängig zu differenzieren sind. Die ostwärts expandierenden West-Gewerkschaften balancierten in einer durchaus prekären Situation an einer brisanten Schnittstelle des sich nach 1990 abrupt verschärfenden Konflikts zwischen Ost und West: Einerseits waren sie engagierte Interessenwahrer der ostdeutschen Betriebsräte und Arbeitnehmer, zum anderen agierten sie aber auch als Vertreter ihrer angestammten westdeutschen Klientel. Es war nicht unbedingt der Konflikt um »Privatisierung oder Sanierung«, sondern eher die strategische Ausrichtung an der Hochlohnpolitik, die die westdeutschen Gewerkschaftsvertreter in der Auseinandersetzung mit ihren ostdeutschen Kollegen in den Betrieben bald in eine erhebliche Zwickmühle führte: Durften ostdeutscher Betriebe auch unter Inkaufnahme erheblicher Abstriche an lohn- oder arbeitspolitischen Standards gerettet werden? Letztlich war es dieser strategische Grundkonflikt, der die ostdeutsche Betriebslandschaft und die dortigen Belegschaften nachhaltig von den traditionellen Gewerkschaften des Westens entfremden sollte – und der bis in die Gegenwart in einem merklich geringeren Organisationsgrad bzw. einer äußerst lückenhaften (Flächen-)Tarifbindung zum Ausdruck kommt (vgl. Czada 2012; Furch 2011).

Insgesamt kann, so die abschließende Überlegung, die Geschichte der Gewerkschaften im Transformationsprozess auch einen entscheidenden Beitrag zu einer übergeordneten Historisierung der beschleunigten Umbrüche und Übergänge der Arbeitswelt leisten, indem sie ihr Agieren beim unvermittelten Sprung von der plansozialistischen Industriemoderne in eine globalisierte Dienstleistungsgesellschaft thematisiert. Dies würde ein ganzes Bündel an weiterführenden, gerade auch den deutsch-deutschen bzw. nationalen Rahmen überschreitenden Blickwinkeln eröffnen: Auch hier stellt sich die Frage nach den Dynamiken eines durch den Sozialismus verzögerten und nun von westlicher Seite forcierten »Strukturbruchs« bzw. der abrupten Entfaltung eines »digitalen Finanzmarktkapitalismus« (vgl. Doering-Manteuffel/Raphael 2008; Doering-Manteuffel/Raphael/Schlemmer 2016). Aber auch das Problem der mittel- bzw. langfristigen Rückwirkungen, »Verflechtungen« bzw. »Ko-Transformationen« in westlicher Richtung wäre am konkreten empirischen Gegenstand weiter zu eruieren (vgl. Kleßmann 2009; Bösch 2015a). Schließlich stünde zudem ein umfassender Vergleich der jeweiligen Rollen-, Deutungs- und Problembearbeitungsmuster gerade der Gewerkschaften in den ostmitteleuropäischen Transformationsgesellschaften insgesamt zur Disposition (vgl. Ther 2009).

## Literatur und Quellen

Böick, Marcus (2011): »Aufstand im Osten«? Sozialer und betrieblicher Protest gegen die Treuhandanstalt und Wirtschaftsumbau in den frühen 1990er-Jahren, in: Dieter Bingen/Maria Jarosz/Peter Loew (Hg.): Legitimation und Protest. Gesellschaftliche Unruhe in Polen, Ostdeutschland und anderen Transformationsländern nach 1989, Wiesbaden 2011, S. 167–185

Böick, Marcus (2016): Manager, Beamte und Kader in einer Arena des Übergangs. Eine Ideen-, Organisations- und Erfahrungsgeschichte der Treuhandanstalt und ihres Personals, 1990–1994. Unveröffentlichte Dissertation, Bochum

Böick, Marcus/Siebold, Angela (2011): Die Jüngste als Sorgenkind? Plädoyer für eine jüngste Zeitgeschichte als Varianz- und Kontextgeschichte von Übergängen, in: Deutschland Archiv 1, S. 105–113

Bösch, Frank (Hg.) (2015a): Geteilte Geschichte. Ost- und Westdeutschland 1970–2000, Göttingen 2015
Bösch, Frank (2015b): Geteilte Geschichte. Plädoyer für eine deutsch-deutsche Perspektive auf die jüngere Zeitgeschichte, in: Zeithistorische Forschungen 12, S. 98–114
Breuel, Birgit/Burda, Michael C. (Hg.) (2005): Ohne historisches Vorbild. Die Treuhandanstalt 1990 bis 1994. Eine kritische Würdigung, Berlin 2005
Christ, Peter/Neubauer, Ralf (1991): Kolonie im eigenen Land. Die Treuhand, Bonn und die Wirtschaftskatastrophe der fünf neuen Länder, Berlin 1991
Czada, Roland (2012): Das Erbe der Treuhandanstalt, in: Otto Depenheuer/Karl-Heinz Paqué: Einheit – Eigentum – Effizienz. Bilanz der Treuhandanstalt. Gedächtnisschrift zum 20. Todestag von Dr. Detlev Karsten Rohwedder, Berlin 2012, S. 125–146
Danyel, Jürgen (2015): Alltag Einheit: Ein Fall fürs Museum!, in: Aus Politik und Zeitgeschichte 65, 33–34, S. 26–35
Depenheuer, Otto/Paqué, Karl-Heinz (Hg.) (2012): Einheit – Eigentum – Effizienz. Bilanz der Treuhandanstalt. Gedächtnisschrift zum 20. Todestag von Dr. Detlev Karsten Rohwedder, Berlin 2012
Die Welt (1991a): Harsche Kritik an Treuhand, in: *Die Welt* vom 1.3.1991
Die Welt (1991b): IG Metall fordert Treuhand-Fonds, in: *Die Welt* vom 23.10.1991
Doering-Manteuffel, Anselm/Raphael, Lutz (2008): Nach dem Boom. Perspektiven auf die Zeitgeschichte seit 1970, Göttingen 2008
Doering-Manteuffel, Anselm/Raphael, Lutz/Schlemmer, Thomas (Hg.) (2016): Vorgeschichte der Gegenwart. Dimensionen des Strukturbruchs nach dem Boom, Göttingen 2016
FAZ (1991): Kein neues Großkombinat, in: *Frankfurter Allgemeine Zeitung* vom 23.10.1991
Fischer, Wolfram/Hax, Herbert/Schneider, Hans K. (Hg.) (1993): Treuhandanstalt. Das Unmögliche wagen. Forschungsberichte, Berlin 1993
Furch, David (2011): Strukturbruch im deutschen Corporate Governance-System? Ursprung, Wandel und Bedeutung der Deutschland AG für die soziale Marktwirtschaft, in: Knut Andresen/Ursula Bitzegeio/Jürgen Mittag (Hg.): Nach dem Strukturbruch? Kontinuität und Wandel von Arbeitsbeziehungen und Arbeitswelt(en) seit den 1970er-Jahren, Bonn 2011, S. 43–64

Gemeinsame Erklärung (1991): Gemeinsame Erklärung von Deutschem Gewerkschaftsbund, Deutscher Angestellten-Gewerkschaft und Treuhandanstalt, 13.4.1991, in: Treuhandanstalt (Hg.): Dokumentation, Band 2, Berlin 1994, S. 389–392

Görtemaker, Manfred (2009): Die Berliner Republik. Wiedervereinigung und Neuorientierung, Bonn 2009

Handelsblatt (1991): Betriebsräte konfrontieren Rohwedder mit heftiger Kritik, in: *Handelsblatt* vom 1.3.1991

Henke, Klaus-Dietmar (Hg.) (2009): Revolution und Vereinigung 1989/90. Als in Deutschland die Realität die Phantasie überholte, München 2009

Hockerts, Hans Günter (2001): Zugänge zur Zeitgeschichte: Primärerfahrung, Erinnerungskultur, Geschichtswissenschaft, in: Aus Politik und Zeitgeschichte 28, S. 15–30

Jarausch, Konrad H. (1995): Die unverhoffte Einheit. 1989–1990, Frankfurt am Main 1995

Junge Welt (1991): Tornado an Kritik, in: *Junge Welt* vom 1.3.1991

Jürgs, Michael (1997): Die Treuhändler. Wie Helden und Halunken die DDR verkauften, München 1997

Kädtler, Jürgen/Kottwitz, Gisela/Weinert, Rainer (1997): Betriebsräte in Ostdeutschland. Institutionenbildung und Handlungskonstellationen 1989–1994, Opladen 1997

Kampe, Dieter (1994): Wer uns kennenlernt, gewinnt uns lieb. Nachruf auf die Treuhand, Berlin 1994

Kemmler, Marc (1994): Die Entstehung der Treuhandanstalt. Von der Wahrung zur Privatisierung des DDR-Volkseigentums, Frankfurt am Main 1994

Kleßmann, Christoph (2009): »Deutschland einig Vaterland«? Politische und gesellschaftliche Verwerfungen im Prozess der deutschen Einigung, in: Zeithistorische Forschungen 8, S. 85–104

Koch, Alexander/Sabrow, Martin (Hg.) (2015): Experiment Einheit. Zeithistorische Essays. Göttingen 2015

Kocka, Jürgen (1995): Vereinigungskrise. Zur Geschichte der Gegenwart, Göttingen 1995

Köhler, Otto (1994): Die große Enteignung. Wie die Treuhand eine Volkswirtschaft liquidierte, München 1994

Laabs, Dirk (2012): Der deutsche Goldrausch. Die wahre Geschichte der Treuhand, München 2012

Lorke, Christoph (2015): Armut im geteilten Deutschland. Die Wahrnehmung sozialer Randlagen in der Bundesrepublik und der DDR, Frankfurt am Main 2015

Mählert, Ulrich (Hg.) (2016): Die DDR als Chance. Stand und Perspektiven zeithistorischer Forschung zur SED-Diktatur und zum geteilten Deutschland, Berlin 2016

ND (1991): Treuhand auflösen, Industrieholding gründen, in: *Neues Deutschland* vom 18.10.1991

Neue Zeit (1993): Plötzlich stand Schily auf und ging, in: *Neue Zeit* vom 6.12.1993

Plener, Ulla (Hg.) (2001): Die Treuhand – der Widerstand in Betrieben der DDR – die Gewerkschaften (1990–1994), Berlin 2001

Ritter, Gerhard A. (2007): Der Preis der deutschen Einheit. Die Wiedervereinigung und die Krise des Sozialstaats, München 2007

Rödder, Andreas (2009): Deutschland einig Vaterland. Die Geschichte der Wiedervereinigung, München 2009

Roesler, Jörg/Semmelmann, Dagmar (2005): Vom Kombinat zur Aktiengesellschaft. Ostdeutsche Energiewirtschaft im Umbruch in den 1980er und 1990er Jahren, Bonn 2005

Scharrer, Manfred (2011): Der Aufbau einer freien Gewerkschaft in der DDR 1989/90. ÖTV und FDGB-Gewerkschaften im deutschen Einigungsprozess, Berlin 2011

Schulz, Ulrike (2013): Simson. Vom unwahrscheinlichen Überleben eines Unternehmens 1856–1993, Göttingen 2013

Schwärzel, Renate (1998): Die Überlieferung der von der Treuhand abgewickelten Betriebe, in: Diether Degreif (Hg.): Vom Findbuch zum Internet. Erschließung von Archivgut vor neuen Herausforderungen, Siegburg 1998, S. 231–238

Seibel, Wolfgang (2005): Verwaltete Illusionen. Die Privatisierung der DDR-Wirtschaft durch die Treuhandanstalt und ihre Nachfolger 1990–2000, Frankfurt am Main 2005

Seibel, Wolfgang (2012): Wenn ein Staat zusammenbricht. Über die Frühgeschichte und Funktion der Treuhandanstalt, in: Norbert Frei/Dietmar Süß (Hg.): Privatisierung. Idee und Praxis seit den 1970er Jahren. Göttingen 2012, S. 184–207

Steiner, André (2009): Die DDR-Volkswirtschaft am Ende, in: Klaus-Dietmar Henke (Hg.): Revolution und Vereinigung, München 2009, S. 113–129

Suhr, Heinz (1991): Der Treuhandskandal. Wie Ostdeutschland geschlachtet wurde, Frankfurt am Main 1991

SZ (1991): Ein »Tornado der Kritik« fegt über die Treuhand, in: *Süddeutsche Zeitung* vom 1.3.1991

Tagesspiegel (1991): Heftige Kritik an der Treuhand, in: *Tagesspiegel* vom 1.3.1991

taz (1993): Die Paten von Halle, in: *Die Tageszeitung* vom 18.10.1993.

Ther, Philipp (2009): Das »neue Europa« seit 1989. Überlegungen zu einer Geschichte der Transformationszeit, in: Zeithistorische Forschungen 6, S. 105–114

Ther, Philipp (2014): Die neue Ordnung auf dem alten Kontinent. Eine Geschichte des neoliberalen Europa, Berlin 2014

Thumfart, Alexander (2005): Gewerkschaften, Tarifverträge und Betriebe. Die versuchte Übernahme bundesdeutscher Korporatismus-Modelle und ihre Folgen in der Arbeitswelt, in: Hannes Bahrmann/Christoph Links (Hg.): Am Ziel vorbei. Die deutsche Einheit – eine Zwischenbilanz, Berlin 2005, S. 160–178

Thüringer Landeszeitung (1993): Schily: Was will Treuhand vertuschen?, in: *Thüringer Landeszeitung* vom 20.12.1993

Treuhandanstalt Informationen (1991): Konsens über Arbeitsförderungsgesellschaften, in: Treuhandanstalt Informationen vom 1.8.1991

Verch, Katrin (2011): Sicherung, Bewertung und Übernahme des Schriftgutes der Volkseigenen Betriebe der DDR ab 1990, in: Archiv und Wirtschaft 44, S. 177–186

Weingarz, Stephan (2003): Laboratorium Deutschland? Der ostdeutsche Transformationsprozeß als Herausforderung für die deutschen Sozialwissenschaften, Münster/Hamburg 2003

# Möglichkeiten und Grenzen für Gewerkschaften im Verwaltungsrat der Treuhandanstalt

*Roland Issen*

Die Öffnung der Grenzen zwischen der DDR und der BRD im November 1989 kam für die westdeutschen Gewerkschaften sowie für viele andere Organisationen und große Teile der Bevölkerung völlig überraschend.

Im August 1988 hatte ich in meiner Funktion als Vorsitzender der Deutschen Angestellten-Gewerkschaft (DAG) meinen Antrittsbesuch beim Freien Deutschen Gewerkschaftsbund (FDGB) in Ostberlin unternommen. In einem intensiven Gespräch mit dem Vorstandsmitglied des FDGB für Auslandsbeziehungen wurde vereinbart, dass im Mai 1989 die offizielle Aufnahme von Kontakten zwischen der DAG und dem FDGB beschlossen werden sollte. Im Mai 1989 trafen sich dann die Vorstände von FDGB und DAG in der Zentrale des FDGB in Ostberlin. Unter Leitung der beiden Vorsitzenden, von Harry Tisch vom FDGB und mir, wurde ein Zehn-Punkte-Programm für die künftige Zusammenarbeit der beiden Organisationen beschlossen.

Im Rahmen dieses Besuchs erhielt ich Einblick in einige Betriebe, bei denen mir auffiel, dass dort im Vergleich zu westdeutschen Betrieben deutlich mehr Personal beschäftigt war, wie z. B. in einer Fabrik des VEB Werkzeugmaschinenkombinats »7. Oktober« in Berlin-Marzahn. Auf meine Frage, wie es um die Arbeitsproduktivität in diesem Betrieb bestellt sei, antwortete der Betriebsleiter: »Wenn wir hier wirklich produktiv arbeiten wollten, müsste ich die Hälfte der Mannschaft nach Hause schicken.«

In einem langen abendlichen Gespräch hatte Harry Tisch mir erklärt, dass die DDR wirtschaftlich und gesellschaftlich weiter sei als die anderen

Comecon-Staaten[1] und deshalb für die DDR kein Anlass bestehe, Entwicklungen in diesen Bruderstaaten wie Perestroika und Glasnost[2] nachzuvollziehen. Auch bei einem Besuch der Hochschule des FDGB in Bernau bei Berlin hatte ich nach einer Diskussion mit den dortigen Studenten und einem Teil ihrer Dozenten nicht den Eindruck, dass eine Bereitschaft zur Veränderung der politischen und gesellschaftlichen Verhältnisse in der DDR bestand. Wenn im Mai 1989 jemand gesagt hätte, dass es gegen Ende des Jahres zu gravierenden Veränderungen in der DDR kommen würde, hätte nicht nur ich ihn für einen Fantasten gehalten. Umso mehr überraschte dann die Maueröffnung am 9. November 1989.

Wenn auch vielen Einsichtigen in der damaligen DDR bewusst war, dass sich die wirtschaftliche Entwicklung spätestens seit Mitte der 1980er-Jahre ständig verschlechtert hatte, kam trotz Perestroika und Glasnost vor dem Mauerfall keine nennenswerte öffentliche Diskussion über grundlegende Reformen des Wirtschaftssystems in Gang. Erst nach der Ablösung des Staatsratsvorsitzenden Erich Honecker und des Politbüro-Mitglieds Günter Mittag, der in der SED für Wirtschaftsfragen zuständig war, sorgte Hans Modrow, der neu gewählte Ministerpräsident der DDR, Mitte November 1989 mit seinem Regierungsprogramm dafür, dass eine umfassende Wirtschaftsreform zur zentralen Aufgabe erklärt wurde.

Mit der Umwandlung der zentral geleiteten Planwirtschaft in eine Marktwirtschaft sollte die wirtschaftliche Effizienz deutlich gesteigert werden. Dies sollte durch die Privatisierung der volkseigenen Betriebe – unter anderem durch die Bildung von Aktiengesellschaften – erreicht werden. Das für die Privatisierung vorhandene Volksvermögen wurde von Modrow und anderen auf mehr als 1.000 Milliarden DM geschätzt (Böick 2015: 8). Ein Teil dieses Volksvermögens sollte bei der Privatisierung ursprünglich der Bevölkerung in Form von Anteilscheinen zugutekommen. Damit wollte man sicherstellen, dass die Werte des über Jahrzehnte geschaffenen Vermögens nicht nur künftigen Investoren zufließen. Diese ursprüngliche

---

1 | »Comecon« war die gebräuchliche englische Abkürzung für die unter Führung der Sowjetunion im »Rat für gegenseitige Wirtschaftshilfe« zusammengeschlossenen sozialistischen Staaten.
2 | Unter dem Motto der beiden Begriffe »Perestroika« (Umgestaltung) und »Glasnost« (Offenheit) strebte der seit 1985 amtierende Generalsekretär der KPdSU, Michail Gorbatschow, Reformen in der Sowjetunion an.

## Möglichkeiten und Grenzen für Gewerkschaften im Verwaltungsrat der Treuhandanstalt

Absicht, Anteilscheine aus den Privatisierungserlösen auszugeben, wurde aber mit der Unterzeichnung des Staatsvertrags über die Währungs-, Wirtschafts- und Sozialunion am 18. Mai 1990 aufgegeben.

Mein späterer Versuch, im Verwaltungsrat der Treuhandanstalt für eine Beteiligung der Arbeitnehmerinnen und Arbeitnehmer am privatisierten Produktivkapital zu werben, fand schon im Kreis meiner Gewerkschaftskollegen keine Unterstützung, geschweige bei den Vertretern der Wirtschaft.

In der DDR existierten seit der letzten Enteignungswelle im Jahr 1972 keine Unternehmen mit mehr als zehn Beschäftigten in Privatbesitz. Die gesamte industrielle Produktion war in rund 220 Kombinaten konzentriert, von denen 130 Kombinate elf Industrieministerien direkt unterstanden. Allein für den Maschinenbau existierten drei Ministerien: Schwermaschinen- und Anlagenbau, Werkzeug- und Verarbeitungsmaschinenbau sowie Allgemeiner Maschinen-, Landmaschinen- und Fahrzeugbau. Die übrigen 90 Kombinate waren bezirksgeleitet.

Der Beschluss zur Gründung der »Anstalt zur treuhänderischen Verwaltung des Volkseigentums« wurde unter Hans Modrow am 1. März 1990 von der Volkskammer der DDR gefasst. Die Verordnung zur Umwandlung von volkseigenen Kombinaten, Betrieben und Einrichtungen in Kapitalgesellschaften wurde ebenfalls am 1. März 1990 beschlossen.

Schon bald drängte die Bundesregierung darauf, dass die Treuhandanstalt die schnelle Entstaatlichung der ostdeutschen Planwirtschaft durch Privatisierungen vorantreibt. Doch die Verantwortung hierfür lag zu diesem Zeitpunkt noch bei der DDR-Regierung, die nach der Volkskammerwahl am 18. März 1990 von Ministerpräsident Lothar de Maizière angeführt wurde. Sie erarbeitete hierfür ab Mitte Mai unter großem Zeitdruck und mithilfe westdeutscher Berater ein neues Gesetz. Dieses »Gesetz zur Privatisierung und Reorganisation des volkseigenen Vermögens« (Treuhandgesetz) wurde am 17. Juni 1990 von der Volkskammer der DDR beschlossen. Der Wortlaut des Gesetzes ging im Wesentlichen als Artikel 25 in den Einigungsvertrag zwischen der Bundesrepublik und der DDR vom 31. August 1990 ein. Die Aufgaben der Treuhandanstalt waren demnach

- die Privatisierung der Betriebe und Unternehmen, die ihr zugeordnet waren,

- die Sanierung von Betrieben und Unternehmen, soweit sie eine realistische Chance hatten, sich in einer Wettbewerbswirtschaft behaupten zu können,
- die Stilllegung von Betrieben und Unternehmen, denen keine Überlebenschancen eingeräumt wurden.

Gemäß §3 des Treuhandgesetzes wurde die Treuhandanstalt durch einen Vorstand geleitet und vertreten, der sich aus dem Präsidenten und mindestens vier weiteren Mitgliedern zusammensetzte. Neben dem Vorstand war der Verwaltungsrat das zweite Hauptorgan der Treuhandanstalt. Die Stellung des Verwaltungsrates in der Treuhandanstalt war derjenigen des Aufsichtsrates einer Aktiengesellschaft vergleichbar. Seine Hauptaufgaben waren die Bestellung und Abberufung des Vorstands sowie die Überwachung der Geschäftsführung. Dazu war ihm entsprechend §111, Abs. 2 des Aktiengesetzes (AktG) ein Einsichts- und Prüfungsrecht eingeräumt worden. Außerdem war der Vorstand entsprechend §90 AktG zu einer regelmäßigen Berichterstattung an den Verwaltungsrat verpflichtet. Dies geschah im Rahmen der monatlich stattfindenden Sitzungen des Verwaltungsrates durch die Vorlage eines schriftlich verfassten Monatsberichts, der umfängliches Datenmaterial enthielt. Über diese allgemeine Berichtspflicht hinaus hatte der Präsident der Treuhandanstalt den Vorsitzenden des Verwaltungsrates unverzüglich über alle wichtigen Geschäftsangelegenheiten zu unterrichten.

Entscheidungen des Vorstands von besonderer Bedeutung bedurften in Anlehnung an §111, Abs. 4, Satz 2 AktG der Zustimmung des Verwaltungsrates. Dazu zählten unter anderem die Aufstellung des Wirtschaftsplans, die Aufnahme von Mitteln am Kapitalmarkt, Unternehmensgründungen sowie Privatisierungen, Sanierungen oder Stilllegungen oberhalb definierter Größen. Nach der Geschäftsordnung der Treuhandanstalt bestand Zustimmungspflicht des Verwaltungsrates, wenn eines der folgenden Kriterien erfüllt war: ein Bilanzvolumen von mehr als 150 Millionen DM, ein Umsatz über 150 Millionen DM und eine Beschäftigtenzahl, die höher lag als 1.500.

Neben dieser Kontrolle oblag es dem Verwaltungsrat, den Vorstand durch Beratung und andere geeignete Formen der Mitwirkung in allen Grundfragen zu unterstützen. Als Ausfluss dieser Steuerungsaufgabe war der Erlass von Leitlinien der Geschäftspolitik anzusehen, mit denen der

## Möglichkeiten und Grenzen für Gewerkschaften im Verwaltungsrat der Treuhandanstalt

Verwaltungsrat die Treuhandanstalt bei der Erfüllung ihrer gesetzlichen Aufgaben steuerte.

Die Bundesregierung berief nach der Wiedervereinigung die Mitglieder des Treuhand-Verwaltungsrates. Er sollte gesellschaftlichen Pluralismus widerspiegeln sowie die neuen Bundesländer bzw. ihre Ministerpräsidenten einschließlich des Regierenden Bürgermeisters von Berlin an den Entscheidungen der Treuhand beteiligen. Der Verwaltungsrat setzte sich ab Herbst 1990 aus 23 Mitgliedern zusammen: dem Vorsitzenden, zwei Vertretern der Bundesregierung, sechs Vertretern der neuen Bundesländer (einschließlich Berlins), vier Gewerkschaftern und zehn Finanz- und Wirtschaftsmanagern (Böick 2015: 30 f.).

Für die Gewerkschaften waren als Mitglieder im Treuhand-Verwaltungsrat vertreten: die DGB-Vorsitzenden Heinz-Werner Meyer und später Dieter Schulte, für die IG Metall Horst Klaus und in der Nachfolge Joachim Töppel, für die IG Chemie-Papier-Keramik deren Vorsitzender Hermann Rappe und später Hubertus Schmoldt sowie ich für die DAG.

### Exkurs: Die Deutsche Angestellten-Gewerkschaft (DAG)

Die DAG wurde als bundesweit tätige Gewerkschaft im April 1949 durch einen Zusammenschluss der Angestellten-Verbände der damaligen drei Westzonen in Stuttgart-Bad Cannstatt gegründet. Sie etablierte sich als gewerkschaftliche Nachfolgeorganisation der Angestelltenverbände, die Ende des 19. Jahrhunderts entstanden waren und 1933 von den Nationalsozialisten zerschlagen worden waren. Der Streit über ihre Zuständigkeit für die Belange der Angestellten in der Industrie führte 1948 insbesondere durch den Konflikt mit den Industriegewerkschaften zur Trennung vom DGB, die erst 2001 mit der Gründung der Vereinten Dienstleistungsgewerkschaft (ver.di) aufgehoben wurde, in der die DAG aufging.

Die DAG erreichte als eine berufsorientierte, parteipolitisch unabhängige Einheitsgewerkschaft für Angestellte die Wiederherstellung der Selbstverwaltung für die Versicherten in der Sozialversicherung sowie eine weitgehend eigenständige Sozialversicherung für Angestellte und beeinflusste nachhaltig die Tarifpolitik für Angestellte. Das DAG-Bildungswerk entwickelte sich zu einem der größten Bildungsträger zur Qualifizierung von Angestellten in der Bundesrepublik Deutschland.

Neben dem DGB und dem Deutschen Beamtenbund (DBB) war die DAG Spitzenorganisation für die Belange der Arbeitnehmerinnen und Arbeitnehmer und entsprechend in allen wichtigen sozial- und berufspolitischen Gremien vertreten, z. B. der Bundesanstalt für Arbeit (BA), den Berufsbildungsausschüssen und der Rentenversicherung.

Als Bundesorganisation hatte die DAG Satzungs-, Finanz- und Personalhoheit. Ihre Mitgliederzahl betrug vor der deutschen Einheit rund 460.000 und erhöhte sich später auf über 500.000. Bei der Gründung der ver.di brachte sie gut 50 Prozent des Gesamtvermögens ein, über welches die neue Gewerkschaft verfügen konnte (Müller 2011).

Die DAG war in den neuen Bundesländern auch in den Beiräten der neuen Arbeitsämter sowie durch Mitglieder der regionalen DAG-Gliederungen in den regionalen Strukturräten vertreten. Ich selbst war von 1980 bis 2002 Mitglied des Vorstands der Bundesanstalt für Arbeit und habe an wesentlichen arbeitsmarkpolitischen Entscheidungen maßgeblich mitgewirkt. Es gab auch eine interne DAG-Abstimmung in den unterschiedlichen Gremien der Treuhandanstalt.

Spätestens mit der Einführung der D-Mark am 1. Juli 1990 brachen die Grundlagen der DDR-Wirtschaft zusammen. Es gab Warnungen davor, dass große Teile des ostdeutschen Warenangebots auf der Basis der D-Mark nicht mehr wettbewerbsfähig sein würden (unter anderem vom damaligen SPD-Kanzlerkandidaten Oskar Lafontaine). Hinzu kam, dass durch das Wegbrechen der osteuropäischen Märkte wichtige Abnehmer ostdeutscher Waren ausfielen, die nicht mehr bereit oder in der Lage waren, mit »harter Währung« zu bezahlen. Überdies erschwerte auch das Kaufverhalten der ostdeutschen Bevölkerung die Lage der ostdeutschen Produzenten, weil große Teile der ostdeutschen Konsumenten vorrangig westdeutsche Produkte kauften. Die Bundesregierung befürchtete jedoch, dass ein Verschieben der Währungsumstellung zu einer verstärkten Wanderungsbewegung von Ost nach West führen würde: »Entweder die D-Mark kommt zu uns, oder wir kommen zu ihr«, war damals ein geflügeltes Wort in Ostdeutschland.

Schon wenige Monate nach Einführung der Währungs-, Wirtschafts- und Sozialunion stellte sich heraus, dass die DDR-Wirtschaft ein Sanierungsfall war. Im November 1990 hatte die Treuhandanstalt den ersten groben

## Möglichkeiten und Grenzen für Gewerkschaften im Verwaltungsrat der Treuhandanstalt

Überblick über ihre Unternehmen, der sehr viel ungünstiger ausfiel als erwartet. Die Analyse des gesamten Unternehmensbestandes ergab nicht nur, dass die meisten Treuhand-Unternehmen keine Gewinne machten, besorgniserregend war auch die Erkenntnis, dass die Produktivität der Unternehmen nur bei 30 bis 40 Prozent der westdeutschen Werte lag und das Kostenniveau diese um 20 bis 100 und mehr Prozent überstieg. Unternehmen, deren Verluste genauso hoch waren wie ihr Umsatz, waren keine Seltenheit (Bundesanstalt für vereinigungsbedingte Sonderaufgaben 2003: 36).

Die Treuhandanstalt setzte eindeutig auf eine schnelle Privatisierung. Sie wollte westdeutsche Investoren gewinnen, die mit ihrem Geld und ihrem Wissen die alten ostdeutschen Produktionsbetriebe im Rahmen moderner, wettbewerbsfähiger Unternehmen schnell in die Gewinnzone führen sollten. Die Gewerkschaften standen dieser Strategie von Anfang an mit großer Skepsis gegenüber. Zum einen wussten sie um die Unterauslastung der westdeutschen Produktionskapazitäten und befürchteten daher, dass es ein Leichtes sein würde, die gesamte Produktion der ostdeutschen Betriebe durch Westprodukte zu ersetzen. Zum anderen kannten sie auch die Marktbereinigungsstrategien vieler westdeutscher Manager, deren Ziel es war, ostdeutsche Kapazitäten durch Aufkauf stillzulegen.

Für die Gewerkschaften galt von Anfang an, dass die neuen Bundesländer weder zu einer Region dauerhafter Subventionen werden noch zu einer gigantischen Arbeitsbeschaffungsmaßnahme verkommen sollten. Deshalb war das vorrangige Ziel der Gewerkschaftsvertreter im Treuhand-Verwaltungsrat, die Substanz der ostdeutschen Industrie zu sanieren, industrielle Kerne zu festigen und um diese Kerne herum ein Geflecht von Zulieferern, Dienstleistungen und regionalwirtschaftlichen Netzen zu entwickeln. Dabei waren sie sich dessen bewusst, dass dies eine außerordentlich schwierige Aufgabe sein würde, die zu erheblichen Arbeitsplatzverlusten führen würde.

Da die Rahmenbedingungen für das Handeln der Treuhandanstalt durch die politischen Entscheidungsträger bestimmt wurden, war es richtig und notwendig, die Entscheidungen im Einigungsprozess von Bundesregierung, Bundestag und den politischen Parteien nachdrücklich zu begleiten. DGB und DAG haben wiederholt erfolgreich auf die grundlegenden Positionen der Bundesregierung Einfluss genommen, so z. B. mit ihren Forderungen nach einer verbesserten Abfindungsregelung für die von Entlassung betroffenen Beschäftigten in den Treuhand-Unternehmen, einer Finanzierung von Umschulungs- und Weiterbildungsmaßnahmen u.a.m. Ebenso sind das »Gemeinschaftswerk Aufschwung Ost« der Bundesregierung[3] wie auch die für die Treuhand-Unternehmen gefundene Sozialplanregelung durch die Gewerkschaften mitgeprägt worden.

Die sehr optimistischen Erwartungen der Bundesregierung hinsichtlich der wirtschaftlichen und damit auch der beschäftigungspolitischen Entwicklung in den neuen Bundesländern hatten sich, wie die DAG bereits im Sommer und Herbst 1990 prognostiziert hatte, nicht erfüllt. Die DAG hatte sich schon frühzeitig dazu bekannt, finanzielle Opfer zugunsten der Entwicklung in den neuen Ländern durch die Arbeitnehmerschaft in der alten Bundesrepublik unter Wahrung des Grundsatzes der sozialen Symmetrie zu erbringen. Diese soziale Symmetrie sollte bewirken, dass alle Erwerbstätigen entsprechend ihrer finanziellen Leistungsfähigkeit an der Finanzierung der Folgekosten der deutschen Einheit beteiligt werden. Dies wurde von der Bundesregierung als nicht notwendig erachtet – eine Fehleinschätzung, wie sich später herausstellte.

Die Vertreter der Wirtschaft im Treuhand-Verwaltungsrat waren zuweilen die entschiedensten Gegner einer unternehmerisch aktiven Treuhandpolitik. Sie äußerten die Befürchtung, Staatshilfen im Osten könnten die Betriebe im Westen gefährden, insbesondere angesichts der prekären Konjunktursituation der Maschinenbauindustrie in Westdeutschland.

Dagegen setzten sich die Vertreter der Länder und Gewerkschaften vornehmlich aus regional- und sozialpolitischen Gründen für Modernisierungsstrategien ein. In vielen Fällen kam es zu einem zähen Ringen im Verwaltungsrat bzw. seinen Ausschüssen um die Privatisierungsbedingungen (wie z.B. die Zahl der zu erhaltenden Arbeitsplätze, die Zusagen über Investitionen und die Pönalisierung dieser Zusagen[4]), aber auch um Leistungen der Treuhandanstalt, der Banken, der Länder oder des Bundes.

---

3 | Mit dem »Gemeinschaftswerk Aufschwung-Ost« verabschiedete die Bundesregierung am 8.3.1991 ein Zweijahresprogramm über je 12 Milliarden DM in den Jahren 1991 und 1992 mit den Schwerpunkten kommunale Investitionen, Arbeitsbeschaffungsmaßnahmen, private Investitionsförderung, regionale Wirtschaftsförderung, Werfthilfen, Umweltschutz, Wohnungs- und Städtebau sowie Investitionen im Verkehr und im Hochschulwesen.

4 | Bei Nichteinhaltung ihrer Zusagen mussten die neuen Eigentümer sogenannte Pönale als Strafzahlungen leisten.

## Möglichkeiten und Grenzen für Gewerkschaften im Verwaltungsrat der Treuhandanstalt

Zudem standen alle Verhandlungen unter dem Damoklesschwert der Notifizierung der Beihilfen durch die EU-Kommission.[5]

Den Gewerkschaftern im Treuhand-Verwaltungsrat ging es bei der Umstrukturierung der Wirtschaft in den neuen Bundesländern vorrangig um den Erhalt möglichst vieler Arbeitsplätze. Gleichzeitig mussten auch Rahmenbedingungen für einen sozialverträglichen Abbau von Arbeitsplätzen geschaffen werden. So galt es, die neuen Eigentümer auf verbindliche Zusagen über Investitionen und garantierte Arbeitsplätze für die von ihnen übernommenen Betriebe und Unternehmen zu verpflichten. Allerdings musste der Verwaltungsrat in einer Reihe von Fällen darüber entscheiden, ob nicht eingehaltene Zusagen der neuen Eigentümer über Investitionen oder Arbeitsplätze zu Strafzahlungen führen sollten – mit der Gefahr, dass die Betriebe oder Unternehmen dadurch in Konkurs geraten würden. In manchen Fällen hat der Verwaltungsrat dann zugunsten der Erhaltung der vorhandenen Arbeitsplätze entschieden, nicht zuletzt wegen des Votums der Gewerkschaftsvertreter.

Es zeigte sich recht bald, dass es im Hinblick auf die Aufgaben der Treuhandanstalt beträchtliche Differenzen zwischen den Vorstellungen der Bundesregierung und der Gewerkschaften gab. Bundeskanzler und Regierung forderten eine schnelle Privatisierung.

Helmut Kohl erklärte mir gegenüber, dass er nicht nur Bundeskanzler sei, sondern auch Parteivorsitzender. Deshalb müsse er die nächste Bundestagswahl im Blick behalten. Er wolle erreichen, dass der Umstrukturierungsprozess in den neuen Bundesländern bis zu diesem Zeitpunkt so weit vorangekommen sei, dass die Menschen dort, aber auch in Westdeutschland erkennen könnten, dass es mit der ostdeutschen Wirtschaft wieder aufwärts gehe. Dies gelte nicht nur bezüglich der Arbeitsplätze, sondern auch für die Einkommensentwicklung und damit für den Lebensstandard.

Für die Gewerkschaften galt, dass die Betriebe und Unternehmen in den neuen Bundesländern genügend Zeit für eine Sanierung erhalten müssten. Sanierung bedeutete zuerst einmal, Zeit zu gewinnen, die qualifizierten Beschäftigten am Standort zu halten und größere Einbrüche in der betriebsnahen Infrastruktur zu vermeiden. Allerdings konnten auch die Gewerkschaftsvertreter im Treuhand-Verwaltungsrat nicht außer Acht las-

---

5 | Für die Maßnahmen bestand eine Anzeigepflicht gegenüber der EU-Kommission, die prüfen und Einwände erheben konnte.

sen, dass unvermeidbare Entscheidungen zügig getroffen werden mussten. Dies betraf die Stilllegung von Betrieben und Unternehmen, für die sich absehbar keine Investoren finden würden und die Tag für Tag große Verluste zulasten der öffentlichen Haushalte anhäuften, die letztendlich von den Arbeitnehmerinnen und Arbeitnehmern über Steuer- und Abgabenerhöhungen hätten bezahlt werden müssen.

Die Auswertung der DM-Eröffnungsbilanzen und Unternehmenskonzepte hatte im November 1991 ergeben, dass nur sieben von zehn Unternehmen in den neuen Bundesländern sanierungsfähig waren. Die Schwierigkeiten der einzelnen Unternehmen, den Transformationsprozess zu bewältigen, waren in erster Linie abhängig von der Branchenzugehörigkeit. Während beispielsweise Unternehmen des Dienstleistungs- und Handelssektors relativ geringe Probleme bei der Umstellung hatten, gerieten Unternehmen des produzierenden Gewerbes mit überregionalen Absatzgebieten direkt in eine bedrohliche Unternehmenskrise, auch durch den Zerfall des Comecon.

Versuchte die Bundesregierung in den Jahren 1991/92 zunächst durch einen offensiven Einsatz des arbeitsmarktpolitischen Instrumentariums, den Abbau von Arbeitsplätzen auf dem ersten Arbeitsmarkt entgegenzuwirken (unter anderem durch Arbeitsbeschaffungsmaßnahmen, Fortbildungs- und Umschulungsmaßnahmen und auch durch Kurzarbeit), so wurde dieses Engagement in den Folgejahren zurückgefahren. Im Zeitraum von 1990 bis 1996 wurden per Saldo mehr als 3 Millionen Arbeitsplätze abgebaut; von dieser Entwicklung waren Frauen besonders betroffen.

Da die Gewerkschaften wussten, dass die Umstrukturierung der ostdeutschen Wirtschaft zu Arbeitsplatzverlusten in beträchtlichem Umfang führen würde, setzten sie sich im Treuhand-Verwaltungsrat für sozialverträgliche Rahmenbedingungen für die Betroffenen ein. Nicht zuletzt auf Druck der Gewerkschaften sah sich der damalige Bundesfinanzminister Theo Waigel veranlasst, ein Gesamtvolumen von 10 Milliarden DM für die Finanzierung von Sozialplänen zur Verfügung zu stellen.

Am 13. April 1991 vereinbarten DGB, DAG und Treuhandanstalt in einer gemeinsamen Erklärung Sozialplanrichtlinien (Treuhandanstalt 1992). Kern der Vereinbarung war die an bestimmte Voraussetzungen gebundene Finanzierung der in Treuhand-Unternehmen aufgestellten Sozialpläne durch die Treuhandanstalt über das Instrument der sogenannten Zweckbindung. In Anwendung dieser Richtlinien wurden bis Ende April

## Möglichkeiten und Grenzen für Gewerkschaften im Verwaltungsrat der Treuhandanstalt

1992 in 5.668 Zweckzuwendungsverfahren mehr als 6 Milliarden DM zugesagt und ausgezahlt. Beginnend mit dem Jahr 1991 haben die DAG und die Gewerkschaften des DGB mit der Treuhandanstalt in zahlreichen Tarifverträgen und anderen Vereinbarungen sowohl die Arbeitsbedingungen in den noch nicht privatisierten Betrieben und Unternehmen als auch die Voraussetzungen für die Einrichtung von Qualifizierungs- und Beschäftigungsgesellschaften geregelt. Für viele Unternehmen wurden mit der Treuhandanstalt Sozialpläne ausgehandelt.

Grundsätzlich stellte die Treuhandanstalt die Finanzierung eines Sozialplans nur dann in Aussicht, wenn das Unternehmen dazu nicht selbst in der Lage war. Konnte das Unternehmen die anfallenden Sozialplankosten aus eigener Kraft bestreiten, war es nicht an die Zweckzuwendungsvoraussetzungen der Treuhandanstalt gebunden. Jedoch behielt sich die Treuhandanstalt auch in diesem Fall gesellschaftsrechtlich die Zustimmung zum Sozialplan vor. Nach der gemeinsamen Erklärung von Treuhandanstalt, DGB und DAG wurde es im Regelfall als angemessen angesehen, wenn sich das Volumen eines frei finanzierten Sozialplans aus jeweils vier Monatsbruttoeinkommen der betroffenen Beschäftigten errechnete. Überstieg das Volumen diesen Wert, stimmte die Treuhandanstalt dem Sozialplan im Regelfall nicht zu, prüfte jedoch sorgfältig, ob ein Ausnahmefall vorlag (Treuhandanstalt 1992: 8).

Ein frei finanzierter Sozialplan kam jedoch für den überwiegenden Teil der Treuhand-Unternehmen infolge finanzieller Schwierigkeiten nicht in Betracht. Die Aufstellung eines Sozialplans musste demnach unterbleiben, weil sein Abschluss unmittelbar in die Insolvenz geführt hätte. Um dies zu vermeiden, stellte die Treuhandanstalt den Unternehmen »Zweckzuwendungen« zur Verfügung, wenn die Betriebsräte »kooperativ das ›Gesamtpaket Sozialplan‹« mitgestalteten (Treuhandanstalt 1992: 6). Voraussetzung der Zweckzuwendungen war, dass ein bestimmtes Maximalvolumen der Sozialplanleistung nicht überschritten wurde. Dabei wurde als Grundbetrag 5.000 DM pro betroffenem Beschäftigten veranschlagt. Für Arbeitnehmerinnen und Arbeitnehmer, die für die Dauer von mindestens einem Jahr nach Beendigung des Arbeitsverhältnisses Leistungen der Arbeitsverwaltung im Rahmen von Qualifizierungs- oder Arbeitsbeschaffungsmaßnahmen bezogen, wurden 3.000 DM, für solche, die innerhalb eines Jahres nach Beendigung des Arbeitsverhältnisses rentenberechtigt waren, 2.000 DM angesetzt (Treuhandanstalt 1992: 5). Der so ermittelte Gesamtbetrag durfte durch das Unternehmen nicht überschritten werden, wollte es seine Zweckzuwendungen erhalten. Da bei der Berechnung des Maximalvolumens die Dauer der Betriebszugehörigkeit nicht maßgeblich war, änderte sich die zweckzuwendungsfähige Gesamtsumme auch dann nicht, wenn vermehrt langjährige Betriebsangehörige entlassen werden mussten, sodass die Einzelabfindungen geringer ausfielen. Durch erneute Verhandlungen zwischen der Treuhandanstalt, dem DGB und der DAG konnte 1992 allerdings erreicht werden, dass langjährige Betriebszugehörigkeit zu höheren Abfindungsleistungen führte. Aufgrund des neuen Berechnungsmodus wurde nunmehr sichergestellt, dass alle Beschäftigten, die nach dem 30. September 1992 entlassen wurden, eine Mindestabfindung von 6.200 DM aus dem Sozialplan erhielten. Die ursprünglich praktizierten festen Werte von 5.000, 3.000 und 2.000 DM entfielen.

Eine weitere wichtige Maßnahme für die Entlastung des Arbeitsmarktes in den neuen Ländern waren Kurzarbeitermodelle. Angesichts der dramatischen Entwicklung auf dem Arbeitsmarkt in den neuen Bundesländern wurde beginnend mit dem Jahr 1990 in immer stärkerem Maß von der Kurzarbeit Gebrauch gemacht. So konnte bei einer betrieblichen Restrukturierung (Betriebsänderung im Sinne des § 111 des Betriebsverfassungsgesetzes) auch dann Kurzarbeitergeld geleistet werden, wenn der Arbeitsausfall dauerhaft war (§ 111 Sozialgesetzbuch III). In diesen Fällen wurde zur Vermeidung von Entlassungen und zur Verbesserung der Vermittlungsaussichten der betroffenen Arbeitnehmerinnen und Arbeitnehmer für längstens zwölf Monate das sogenannte Transfer-Kurzarbeitergeld gezahlt. Die Arbeitnehmerinnen und Arbeitnehmer wurden dafür in einer betriebsorganisatorisch eigenständigen Einheit zusammengefasst. Dazu wechselten sie meist in eine sogenannte Transfergesellschaft, in der versucht wurde, sie zu qualifizieren und in neue Beschäftigungsverhältnisse zu vermitteln. Da in der Transfergesellschaft überhaupt nicht mehr gearbeitet wurde, sprach man von »Kurzarbeit Null«.

Die Gewerkschafter im Treuhand-Verwaltungsrat haben sich mit Beginn ihrer Aufgaben im Verwaltungsrat mit Nachdruck dafür eingesetzt, dass die in den Treuhand-Betrieben und -Unternehmen vorhandenen Ausbildungsplätze erhalten bleiben, insbesondere um sicherzustellen, dass die dort befindlichen Auszubildenden ihre Ausbildung auch tatsächlich beenden können. So wurde erreicht, dass 1991 90.000 Auszubildende, 1992

## Möglichkeiten und Grenzen für Gewerkschaften im Verwaltungsrat der Treuhandanstalt

52.000 Auszubildende und 1993 25.000 Auszubildende ihre Ausbildung fortsetzen konnten. Die finanziellen Mittel für diese Maßnahmen waren wie folgt gestaffelt: 1991 1,5 Milliarden DM, 1992 1 Milliarde DM und 1993 0,6 Milliarden DM. Sie wurden von der Treuhandanstalt zur Verfügung gestellt (Fischer/Hax/Schneider 1993: 471).

Mit dem Abschluss einer Rahmenvereinbarung über Gesellschaften zur Arbeitsförderung, Beschäftigung und Strukturentwicklung (ABS) zwischen den neuen Bundesländern, den Gewerkschaften und Arbeitgeberverbänden sowie der Treuhandanstalt wurde am 17. Juli 1991 die Grundlage für die Gründung von ABS-Gesellschaften nach dem Arbeitsmarktförderungsgesetz gelegt.

Eine neue Perspektive ergab sich 1991 zudem aus der Einfügung des § 249h in das Arbeitsförderungsgesetz (AFG). Die neue Bestimmung ermöglichte der Bundesanstalt für Arbeit eine auf fünf Jahre befristete Zahlung von Lohnkostenzuschüssen an Unternehmen in den neuen Bundesländern, die im Bereich des Umweltschutzes, der sozialen Dienste oder der Jugendhilfe tätig waren.

Auf dieser Grundlage verpflichtete sich die Treuhandanstalt in einer Rahmenvereinbarung am 31. März 1993 mit der IG Chemie-Papier-Keramik, ein »Qualifizierungswerk Chemie« mit 75 Millionen DM zu dotieren und in enger Abstimmung mit der Gewerkschaft zu verwalten (Treuhandanstalt 1994: 372 ff). Die Treuhandanstalt leistete Zweckzuwendungen, mit denen die Betriebe des Qualifizierungswerkes ausgestattet wurden. Zudem sollten Sozialpläne der Treuhand-Unternehmen im Organisationsbereich der IG Chemie vorsehen, dass Beschäftigte nach Zuweisung in eine nach § 249h AFG von der Arbeitsverwaltung geförderte Sanierungsgesellschaft Abfindungen in Form von Lohnzahlungen beziehen. Zusammen mit den Zuschüssen, die die Bundesanstalt für Arbeit an jeden zugewiesenen Arbeitnehmer zahlte, musste das Bruttoeinkommen allerdings niedriger sein als das, was in einem nicht nach § 249h AFG geförderten Unternehmen derselben Branche tariflich gezahlt wurde. Eine ähnliche Rahmenvereinbarung schloss die Treuhandanstalt mit der IG Bergbau und Energie. Hier sollten in einer Sanierungsgesellschaft Bergleute aus den Kali- und Braunkohlerevieren zu Landschaftsgärtnern qualifiziert und zur Großflächensanierung eingesetzt werden. In beiden Initiativen waren bis zu 40.000 Menschen beschäftigt (Czada 1998: 74).

Der Privatisierung in der Industrie folgten häufig Abriss und Neubau. Beim Neubau von Standorten wurde immer deutlicher, dass berufliche Qualifizierungsmaßnahmen für einen Teil der Arbeitskräfte in erheblichem Umfang erforderlich waren.

Dieser Prozess der beruflichen Neuausrichtung vieler Menschen in den neuen Bundesländern wurde von der DAG tatkräftig unterstützt. Das DAG-Bildungswerk, das zu den größten Fortbildungseinrichtungen in der alten Bundesrepublik gehörte, hat einer großen Zahl von Arbeitnehmerinnen und Arbeitnehmern durch berufliche Umschulung und Weiterbildung die Aufnahme in neue Beschäftigungsfelder ermöglicht.

In der sogenannten »Deutschlandrunde« ab Frühjahr 1991 bei Bundeskanzler Helmut Kohl, an der auch die Gewerkschaften beteiligt waren, setzte ich mich als DAG-Vorsitzender immer wieder für die Beibehaltung des beschäftigungspolitischen Kurses in den neuen Bundesländern ein, d. h. für eine Fortsetzung und Aufstockung der Arbeitsbeschaffungsmaßnahmen, der Unterstützung und Förderung von Qualifizierungs- und Beschäftigungsgesellschaften und eine uneingeschränkte finanzielle Förderung von beruflichen Qualifizierungsmaßnahmen.

Im Frühjahr/Sommer 1991 zeichnete sich immer deutlicher ab, dass das Versprechen, die deutsche Einheit sei ohne zusätzliche Belastungen des Steuerzahlers zu finanzieren, unrealistisch war. DGB und DAG forderten in diesem Zusammenhang eine Beteiligung aller Bevölkerungsgruppen an der Finanzierung der Einheit. Konkreter Anlass waren die 1991 vorgenommene Erhöhung des Arbeitslosenversicherungsbeitrags wie auch weitere Abgaben- und Steuererhöhungen, die einmal mehr nicht dem Grundsatz der Orientierung an der Belastbarkeit der Steuerzahler bei zusätzlichen Abgaben und Steuern Rechnung trugen. Die Gewerkschaften hatten in den Gesprächsrunden beim Bundeskanzler wiederholt die Vorlage eines Gesamtfinanzierungskonzeptes gefordert, das der Zielsetzung der sozialen Symmetrie bei der Mittelaufbringung Rechnung trägt.

Im Verlauf des Jahres 1992 bekundete die Bundesregierung, dass sie die Schwierigkeiten der Zusammenführung zweier unterschiedlicher Volkswirtschaften unterschätzt und die wirtschaftliche Kraft der Betriebe in Ostdeutschland überschätzt habe. Das Auslaufen des Solidaritätszuschlags zur Mitte dieses Jahres[6] hatte die Finanzierungsspielräume bei der Unterstützung des Umstrukturierungsprozesses der Wirtschaft in den neuen

---

6 | Der Solidaritätszuschlag war zunächst nur bis zum 30. Juni 1992 befristet und wurde ab 1995 wieder erhoben.

## Möglichkeiten und Grenzen für Gewerkschaften im Verwaltungsrat der Treuhandanstalt

Ländern deutlich eingeschränkt. Die sich verschlechternde Finanzlage der öffentlichen Haushalte veranlasste die Bundesregierung, soziale Leistungen infrage zu stellen bzw. abzubauen.

In der Kanzler-Gesprächsrunde im Oktober 1992 warb ich dafür, die Arbeitslosenversicherung künftig zu splitten, und zwar dergestalt, dass die Finanzierung des Arbeitslosengeldes über einen Arbeitslosenversicherungsbeitrag gewährleistet würde und die Finanzierung der von der Bundesanstalt für Arbeit betriebenen beschäftigungspolitischen Maßnahmen – einschließlich der beruflichen Qualifizierung – über eine allgemeine Arbeitsmarktabgabe, die von allen Erwerbstätigen zu entrichten wäre.

Die DAG hatte sich ferner für die Erhebung einer Ergänzungsabgabe für Besserverdienende ab einem steuerpflichtigen Einkommen von 80.000 DM für Ledige und 160.000 DM für Verheiratete in Höhe von 10 Prozent ihrer Steuerschuld als Ersatz für den ausgelaufenen Solidaritätszuschlag ausgesprochen.

In den Jahren 1993/94 forderten die DAG und der DGB wiederholt von der Bundesregierung eine verbesserte Struktur- und Regionalpolitik für die neuen Länder. Dadurch sollte unter anderem die Erhaltung der noch verbliebenen industriellen Kerne gewährleistet werden.

Eine weitere wichtige Aufgabe und Herausforderung für die Treuhandanstalt war die Regulierung der Arbeitsbedingungen in den Betrieben und Unternehmen, die sich noch in ihrer Obhut befanden. Darauf haben insbesondere die Gewerkschaften und ihre Vertreter im Treuhand-Verwaltungsrat hingewirkt. Nur so ist zu erklären, dass die Treuhandanstalt daran interessiert war, dass ihre Unternehmen in Arbeitgeberverbänden organisiert waren, die in der Lage waren, zusammen mit den Gewerkschaften einen wirksamen sozialen Konsens herzustellen. Die Mitgliedschaft in Arbeitgeberverbänden war für die Treuhand Unternehmen fast obligatorisch, zumal sich die Betriebsräte in einigen Unternehmen z. B. im Stahl- und Werftenbereich diese Mitgliedschaft auf Drängen ihrer Gewerkschaften vertraglich zusichern ließen. Die Treuhandanstalt wirkte im Einklang mit den Gewerkschaften auch darauf hin, dass ausländische Investoren die Verbandsmitgliedschaft privatisierter Unternehmen beibehielten und auf den Abschluss von Haustarifverträgen verzichteten.

Als Ergebnis der Umstrukturierung der ostdeutschen Wirtschaft durch die Treuhandanstalt entschied diese im Zeitraum von 1990 bis Ende 1994 insgesamt über das Schicksal von 12.354 Unternehmen. Davon wurden (Böick 2015: 92)

- 53 Prozent privatisiert (6.546 Einheiten),
- 13 Prozent reprivatisiert (1.588 Einheiten),
- 3 Prozent kommunalisiert (310 Einheiten),
- 30 Prozent abgewickelt (3.718 Einheiten),
- 2 Prozent an die BvS/BMGB/TLG[7] übergeleitet (192 Einheiten).

Mitte des Jahres 1990 waren in den Treuhand-Unternehmen ca. 4,1 Millionen Arbeitnehmerinnen und Arbeitnehmer beschäftigt. Dies entsprach rund 42 Prozent aller Erwerbstätigen in der damaligen DDR. Durch Privatisierungen, Ausgründungen und betriebsbedingte Kündigungen erfolgte bis zum 1. April 1992 ein Abbau der Beschäftigtenzahl in Treuhand-Unternehmen auf gut 1,2 Millionen. Dies entspricht einer Reduzierung um 70 Prozent innerhalb von 21 Monaten. Den größten Anteil stellen dabei Arbeitsplatzwechsel aufgrund von Beschäftigungszusagen in privatisierten, reprivatisierten und kommunalisierten Ex-Treuhand-Firmen sowie Arbeitsplatzwechsel in andere Betriebe dar. Die zweitgrößte Gruppe bilden die von Arbeitslosigkeit – meist infolge betriebsbedingter Kündigungen – betroffenen Arbeitnehmerinnen und Arbeitnehmer.

Der dramatische Strukturwandel spiegelt sich letztlich auch in den finanziellen Rahmendaten der Treuhandanstalt wider. Von den optimistischen Schätzungen auf Milliardenerlöse durch den Verkauf des »Volksvermögens« blieb nichts übrig, im Gegenteil. Das Gesamtdefizit der Treuhandanstalt, das nach 1994 in einen »Erblastenfonds« überführt wurde, belief sich auf über 250 Milliarden DM, wobei die weiteren sozialpolitischen Kosten hierin noch nicht enthalten waren. Die Treuhandanstalt stellte diesem massiven Defizit allerdings die von ihr erreichten und von den Investoren erfüllten Investitionszusagen gegenüber, die sich auf knapp 200 Milliarden DM beliefen.

---

7 | BvS – Bundesanstalt für vereinigungsbedingte Sonderaufgaben; BMGB – Beteiligungs-Management-Gesellschaft Berlin mbH; TLG – Treuhand Liegenschaftsgesellschaft mbH.

## Fazit

Hat sich das Engagement der Gewerkschaften im Verwaltungsrat der Treuhandanstalt gelohnt? Das Treuhand-Management hat die Gewerkschaften von Anfang an nicht als dekoratives Beiwerk erlebt, sondern als Organisationen, die wesentliche Weichen mitstellen wollten und entsprechenden Druck entfalteten. Die Gewerkschaften konnten in der Treuhandanstalt in vielen Fällen mitentscheiden und mitgestalten. Die großen Linien aber bestimmten die Politik, der jeweilige Investor sowie das Treuhand-Management.

Eine wirkliche Alternative zur Mitwirkung bei der Umgestaltung der Wirtschafts- und Arbeitswelt in den neuen Bundesländern gab es für die Gewerkschaften nicht. Allerdings war der Preis, den diese Umgestaltung gekostet hat, für die Arbeitnehmerschaft außerordentlich hoch. Er wäre aber mit Sicherheit noch viel höher ausgefallen, wenn sich die Gewerkschaften einer Mitarbeit im Treuhand-Verwaltungsrat verweigert hätten.

Es waren nicht primär die Entscheidungen der Treuhandanstalt, sondern weitgehend die Erbschaft von 40 Jahren Planwirtschaft in der DDR, die eine fast aussichtslose Lage der Betriebe und Unternehmen bei ihrer Umstrukturierung in ein marktwirtschaftliches System zur Folge hatten. Allerdings hatte die Politik der Bundesregierung in den Jahren ab 1990 wesentlichen Anteil an den Rahmenbedingungen für den Umstrukturierungsprozess der Wirtschaft und des Arbeitsmarktes in den neuen Ländern.

In der Nachbetrachtung dieser Zeit hätte der Umstrukturierungsprozess sozialverträglicher gestaltet werden können. Grundlage dafür wäre ein Gesamtfinanzierungskonzept für den Prozess der deutschen Einheit gewesen, das es erlaubt hätte, den Betrieben und Unternehmen größere zeitliche Spielräume für die Sanierung zu ermöglichen. Die Treuhandanstalt konnte sich nur im Rahmen der von der Bundesregierung vorgegebenen Spielräume bewegen. Sicherlich hat die Treuhandanstalt bei der operativen Umsetzung ihres Auftrags auch Fehler gemacht, aber die eigentliche Kritik trifft diejenigen, die die politischen Entscheidungen für die Rahmenbedingungen des Prozesses der deutschen Einheit getroffen haben.

Heute, rund 25 Jahre nach der Wiedervereinigung, lässt sich vorurteilsfrei feststellen, dass der Umstrukturierungsprozess in den 1990er-Jahren in den neuen Bundesländern die notwendige Weichenstellung für ein Wirtschaftsgefüge war, um wettbewerbsfähige Arbeitsplätze zu schaffen und eine Erhöhung des Lebensstandards der Bevölkerung zu ermöglichen. 2015 sind erstmals seit dem Fall der Mauer mehr Menschen aus den alten Bundesländern in die neuen Bundesländer gezogen als umgekehrt. Auch dies ist ein Beweis dafür, dass sich die Lebensbedingungen allmählich angenähert haben.

Eine realistische Alternative für diese Entwicklung gab es nicht, auch wenn sie für einen beträchtlichen Teil der Bevölkerung in der ehemaligen DDR ein sehr schmerzhafter Prozess gewesen ist.

## Literatur und Quellen

Böick, Marcus (2015): Die Treuhandanstalt. 1990–1994, Schriftenreihe der Landeszentrale für politische Bildung Thüringen, Erfurt 2015

Bundesanstalt für vereinigungsbedingte Sonderaufgaben (Hg.) (2003): »Schnell privatisieren, entschlossen sanieren, behutsam stilllegen«. Ein Rückblick auf 13 Jahre Arbeit der Treuhandanstalt und der Bundesanstalt für vereinigungsbedingte Sonderaufgaben, Berlin 2003

Czada, Roland (1998): Der Vereinigungsprozess. Wandel der externen und internen Konstitutionsbedingungen des westdeutschen Modells, in: Georg Simonis (Hg.) (1998): Deutschland nach der Wende. Neue Politikstrukturen, Opladen 1998, S. 55–83

Deutsche Angestellten-Gewerkschaft (Hg.) (1991): Tätigkeitsbericht des Bundesvorstandes der Deutschen Angestellten-Gewerkschaft 1987–1991, Hamburg 1991

Deutsche Angestellten-Gewerkschaft (Hg.) (1996): Tätigkeitsbericht des Bundesvorstandes der Deutschen Angestellten-Gewerkschaft 1991–1996, Hamburg 1996

Fischer, Wolfram/Hax, Herbert/Schneider, Hans Karl (Hg.) (1993): Treuhandanstalt. Das Unmögliche wagen. Forschungsberichte, Berlin 1993

Müller, Hans-Peter (2011): Die Deutsche Angestellten-Gewerkschaft im Wettbewerb mit dem DGB. Geschichte der DAG 1947–2001, Baden-Baden 2011

Treuhandanstalt (Hg.) (1992): Richtlinien für Sozialpläne, Berlin 1992

Treuhandanstalt (Hg.) (1994): Dokumentation 1990–1994, Band 4, Berlin 1994

# Tarifpolitik in der Transformation
## Oder: Das Problem »stellvertretender Tarifautonomie«

*Ingrid Artus*

Der Versuch, »die« Tarifpolitik in der Transformationsphase des deutschdeutschen Einigungsprozesses darzustellen, ist zweifellos gewagt. Der betreffende historische Zeitraum (von 1990 bis etwa 1993/94) ist nicht nur von tiefgreifenden politischen, gesellschaftlichen und wirtschaftlichen Turbulenzen geprägt; »die« Tarifpolitik gestaltete sich – trotz ähnlicher Problemlagen und Ausgangsbedingungen – zudem auch nach Branche und Region sehr unterschiedlich. Die folgende Darstellung ist daher notwendig reduktionistisch und muss sich auf wesentliche Entwicklungslinien konzentrieren. Ihre Grundlagen sind neben der Rezeption einschlägiger Fachliteratur vor allem diverse Forschungsprojekte, die zwischen 1993 und 2000 am Institut für Soziologie der Friedrich-Schiller-Universität Jena durchgeführt wurden. Im Rahmen dieser Forschungen wurden insgesamt ca. 200 Interviews mit betrieblichen und tariflichen Akteur/inn/en in der Metall-, Chemie- und Bauindustrie geführt.[1]

---

1 | Hierbei handelte es sich um ein Projekt der Deutschen Forschungsgemeinschaft zum Thema »Herausbildung neuer Formen der innerbetrieblichen Austauschbeziehungen im Reorganisationsprozess der ostdeutschen Industriebetriebe« (Laufzeit 1992–1995; vgl. Artus et al. 2001), um ein Projekt der Kommission für sozialen und politischen Wandel in den neuen Bundesländern (KSPW) zum Thema »Herausbildung der Unternehmerverbände in den neuen Bundesländern und eine Analyse ihrer Verbandspraxis« (Laufzeit Ende 1995–1996; vgl. Artus 1996a), ein Projekt der Hans-Böckler-Stiftung zum Thema »Tarifgestaltung in ostdeutschen Unternehmen« (Laufzeit Mitte 1996–Ende 1997; vgl. Artus/Schmidt/ Sterkel 2000) sowie ein Promotionsprojekt der Autorin, das ebenfalls von der Hans-Böckler-Stiftung gefördert wurde (Laufzeit 1998–2001). Alle Projekte wur-

Der Beitrag basiert somit auf einer recht umfangreichen empirischen Basis sowie dem intensiven persönlichen Miterleben der Autorin als junge Forscherin, die, aus Westdeutschland kommend, den Transformationsprozess in den sogenannten neuen Bundesländern (allerdings erst ab 1993) vor Ort miterlebt hat; er konzentriert sich im Wesentlichen auf die drei oben genannten Branchen und gliedert sich in die folgenden Abschnitte:

- Zunächst wird recht ausführlich auf die erste Phase der Tarifpolitik im Zeichen der Einheit eingegangen (Kapitel 1). Hier ging es zunächst um den Aufbau handlungsfähiger Tarifverbände in Ostdeutschland. Dominantes und von allen wesentlichen Akteuren geteiltes Ziel in dieser Phase war die Angleichung ostdeutscher Verhältnisse an westdeutsche Bedingungen in möglichst kurzer Zeit.
- Die anfänglich stark konsensuale Tarifpolitik wich relativ schnell einem stärker konfliktgeprägten Szenario. Angesichts der sich zuspitzenden wirtschaftlichen Krise geriet auch die Tarifpolitik in die Transformationskrise (Kapitel 2). So konnten die Arbeitgeberverbände ab 1992/93 eine sukzessive Abkehr vom Kurs der Tarifangleichung durchsetzen – ein Prozess, der von erheblichen Auseinandersetzungen und Distanzierungsprozessen zwischen den Tarifparteien begleitet war.
- In der Folgezeit kam es zu einer partiellen Neubestimmung der ostdeutschen Tarifpolitik; der tarifliche Angleichungsprozess verlangsamte sich deutlich und es bildete sich ein ostdeutsches System industrieller Beziehungen heraus, das sich bis zum heutigen Zeitpunkt in einigen Dimensionen von westdeutschen Bedingungen unterscheidet (Kapitel 3).

## 1. Tarifpolitik im Zeichen der Einheit

Obwohl der Zeitraum zwischen Sommer/Herbst 1989 und dem Frühjahr 1990 die vermutlich interessanteste, an Utopiefähigkeit und demokratischen Reforminitiativen reichste Zeit des Einigungsprozesses war, beginnt die vorliegende Darstellung erst mit der Volkskammerwahl am 18. März

---

den von Prof. Dr. Rudi Schmidt geleitet. Die Inhalte dieses Beitrags entstammen zum großen Teil der zuletzt erwähnten Dissertation (Artus 2001). Sie wurden allerdings für die vorliegende Fassung erheblich gekürzt und teilweise um aktuelle Aspekte ergänzt.

1990. Diese beendete nämlich die Phase eines vergleichsweise offenen Handlungsraums und markiert den Beginn eines Transformationsprozesses, der sich zutreffend als »exogene Transformationsdynamik« (Lehmbruch 1993) oder »Transformation von außen« (Offe 1993), nämlich von Westdeutschland aus, beschreiben lässt. In einer rasanten zeitlichen Entwicklung kam es bereits am 1. Juli 1990 zur Währungs-, Wirtschafts- und Sozialunion zwischen der BRD und der DDR. Damit waren die Würfel gefallen für die Reetablierung der kapitalistischen Marktwirtschaft und auch für die Übernahme des westdeutschen Modells von Tarifautonomie und Betriebsverfassung in Ostdeutschland. In kürzester Zeit galt es daher, handlungsfähige Tarifverbände zu schaffen.

Der exogene (d.h. vom Westen aus gestaltete) Aufbau der Arbeitgeberverbände musste dabei »bei Null ansetzen« (Ettl 1995: 43). Zwar hatten sich bereits in der frühen Wendezeit einige eigenständige ostdeutsche Verbandsinitiativen gegründet (z.B. der Unternehmerverband der DDR, das Unternehmensforum der DDR, der Bund der Selbständigen der DDR), diese konnten sich aber mittelfristig nicht gegen die übermächtige Organisationskonkurrenz aus dem Westen behaupten. Insgesamt kam es jedoch zu einer ausgesprochen raschen und effektiven Aufbauarbeit im Bereich der Arbeitgeberverbände. Dies ist auf eine kongruente Interessenlage von ostdeutschen Betriebs- und Kombinatsleiter/innen einerseits und den westdeutschen Verbänden andererseits zurückzuführen. Angesichts eines erheblichen Bedarfs an Orientierungswissen sowie zwischenbetrieblicher Koordinierung kam es zu einer regelrechten Gründungswelle von Verbandsinitiativen »von unten«, die sich mit dem koordinierten und effizienten Aufbauhandeln der westdeutschen Verbände gut ergänzte. Ab September 1990 wurden die neu gegründeten ostdeutschen Verbandsgliederungen sukzessive in die westdeutschen Spitzenverbände integriert und bis Ende 1990 war der Aufbau bundesweit einheitlicher Arbeitgeberverbände weitgehend abgeschlossen.

Obwohl es damit gelang, zunächst einen recht hohen Organisationsgrad der ostdeutschen Betriebe sicherzustellen (zumal die Treuhand ihre Betriebe anwies, den neuen Verbänden beizutreten), blieb das Verbandshandeln doch zunächst stark westdeutsch geprägt. Die Übernahme der tarifpolitischen Federführung in Ostdeutschland primär durch westdeutsche Expert/inn/en wurde damit begründet, dass diese über einen wesentlich größeren Erfahrungsschatz im Umgang mit den institutionellen Regeln verfügten und insofern eine professionellere Verbandspolitik zu gewährleisten schienen. Die westdeutschen Verbandsfunktionär/inn/en misstrauten jedoch anfangs wohl auch der Fähigkeit und dem Willen der neuen ostdeutschen Kolleg/inn/en, eine klare Arbeitgeberposition bei der tarif- und wirtschaftspolitischen Interessenvertretung einzunehmen.

Anders als im Bereich der Arbeitgeberverbände musste – oder konnte – der gewerkschaftliche Organisationsaufbau nicht »bei Null« beginnen. Die westdeutschen Gewerkschaften taten sich recht schwer mit der Frage, wie sie mit dem realsozialistischen Erbe der ostdeutschen Gewerkschaftslandschaft umgehen sollten. In sehr unterschiedlichem Ausmaß und vergleichsweise spät hatten in den FDGB-Gewerkschaften Reformbemühungen eingesetzt (vgl. Pirker et al. 1990; Wilke/Müller 1991). Etwa seit der Jahreswende 1989/90 begannen die westdeutschen Gewerkschaften zumeist vorsichtig, mit ihren ostdeutschen Pendants zu kooperieren. Angesichts der zeitlich rasanten Entwicklung in Richtung deutsch-deutsche Vereinigung ersetzten die meisten DGB-Gewerkschaften dann jedoch ihre Politik der vorsichtigen sowie gleichberechtigten Kooperation recht schnell durch eine Übernahmepolitik nach westdeutschen Bedingungen. Mit einer »Doppelstrategie aus Überredungskunst und präventivem Druck« (Wilke/Müller 1991) intensivierten sie einerseits den Aufbau eigener Organisationsstrukturen auf ostdeutschem Gebiet (vor allem in der Form gewerkschaftlicher Beratungsbüros); andererseits verstärkten die meisten DGB-Einzelgewerkschaften den Kontakt zu den jeweiligen FDGB-Parallelorganisationen mit dem Ziel, diese von der Notwendigkeit ihrer Selbstauflösung zu überzeugen, um den Weg zu einer reibungslosen Übernahme bzw. Neugestaltung der Gewerkschaftslandschaft in Ostdeutschland freizumachen.

Gleichsam als Gegenleistung wurde (zumindest Teilen der) ostdeutschen Funktionär/inn/en gewöhnlich die Möglichkeit einer Übernahme in die Dienste der Westgewerkschaften in Aussicht gestellt. Der entscheidende Anpassungsdruck ging jedoch letztlich von den ostdeutschen Gewerkschaftsmitgliedern aus, die »mit den Füßen« über die Zukunft der Gewerkschaften in Ostdeutschland abstimmten. Die neu etablierten Beratungsbüros der Westgewerkschaften wurden von den ostdeutschen Beschäftigten in geradezu enthusiastischer Weise angenommen, und die DGB-Gewerkschaften genossen (vorübergehend) einen erheblichen Vertrauensvorschuss. Insofern blieb den ostdeutschen Gewerkschaften kaum eine andere Möglichkeit, als mit den westdeutschen Pendants zu kooperieren und die Weichen organisationsintern auf Anschluss an den DGB zu stellen. Nachdem sie in vielen Fällen zunächst noch ihre Organisationsstrukturen passfähig für die westdeutsche Gewerkschaftslandschaft gestaltet hatten, lösten die Ostgewerkschaften etwa ab September/Oktober 1990 ihre Organisationen auf. Gleichzeitig empfahlen sie ihren Mitgliedern in der Regel, den DGB-Gewerkschaften beizutreten. Meist im Folgemonat beschlossen die entsprechenden Westgewerkschaften eine Satzungsänderung, wonach sie ihren Organisationsbereich offiziell auf das Gebiet der ehemaligen DDR ausweiteten.

Das Jahr 1991 war dann vom flächendeckenden Neuaufbau der regionalen und bezirklichen Organisationsstrukturen geprägt. Die Bezirkseinteilung, die Festlegung von Anzahl und Standorten der Verwaltungsstellen, die Wahl bzw. Ernennung der Gewerkschaftssekretär/inn/en sowie das Schaffen funktionsfähiger Arbeits- und Interessenvertretungsstrukturen in den Bezirken, Verwaltungsstellen und Betrieben waren Aufgaben, die die gewerkschaftlichen Kapazitäten vorübergehend massiv beanspruchten. Zugleich gewannen die DGB-Gewerkschaften aber durch den Einigungsprozess (vorübergehend) rund 3 Millionen neue Mitglieder. Diese blieben im neu entstehenden gesamtdeutschen Funktionärskörper allerdings zunächst unterrepräsentiert (vgl. Fichter/Kurbjuhn 1993: 55ff). Dies lag auch daran, dass die Voraussetzung für eine Weiterbeschäftigung ehemaliger FDGB-Kader in jedem Fall die Abgabe einer sogenannten »Ehrenerklärung« war, wonach der oder die Betreffende zu keiner Zeit in Diensten der DDR-Staatssicherheit gestanden habe. Meist wurde zudem die Bestätigung der Kandidat/inn/en durch die Delegierten gefordert, d. h. ehemalige FDGB-Funktionär/inn/en konnten sich nur auf Wahlämter bewerben. In leitenden Funktionen wurden jedoch – ähnlich wie im Bereich der Arbeitgeberverbände – zunächst häufig westdeutsche Funktionär/inn/en eingesetzt, die teilweise zeitlich befristet, teilweise auch kontinuierlich als Hauptamtliche einen professionellen und mit Westdeutschland vergleichbaren Organisationsaufbau garantieren sollten.

Nachdem am 1. Juli 1990 im Zuge der Währungs-, Wirtschafts- und Sozialunion das westdeutsche Modell der Tarifautonomie offiziell auf das Gebiet der ehemaligen DDR übertragen worden war, waren die ersten Tarifverhandlungen in starkem Maße von Konsensstimmung und einer gewissen Vereinigungseuphorie geprägt. Zunächst verhandelten allerdings fast ausschließlich westdeutsche Expert/inn/en – quasi stellvertretend – im

Auftrag der ostdeutschen Verbände. Sie einigten sich meist ohne große Diskussionen auf zunächst sehr kurzfristige Abkommen mit einer Laufzeit von nur wenigen Monaten. Die wirtschaftliche Entwicklung schien höchst unberechenbar. Beide Seiten waren zudem noch mit dem Aufbau der Verbände beschäftigt. Regelungen zum Rationalisierungsschutz, erste deutliche Lohnerhöhungen zur Kompensation der neuen finanziellen Belastungen sowie in vielen Bereichen erste Maßnahmen der Arbeitszeitverkürzung bildeten eine Art »tarifpolitisches Sofortprogramm« (Bispinck/WSI-Tarifarchiv 1991). Die grundlegende tarifpolitische Zielsetzung war jedoch unumstritten die schnelle und komplette Angleichung der ostdeutschen Lebens-, Arbeits- und damit der Tarifbedingungen an das westdeutsche Vorbild. Dieses Ziel entsprach gleichermaßen der Erwartungshaltung der ostdeutschen Bevölkerung wie den Interessen der westdeutschen Mitglieder von Gewerkschaften und Arbeitgeberverbänden an bundesweit einheitlichen Verhältnissen (vgl. Bialas 1994, Ettl/Wiesenthal 1994, Artus 1996b).

Mit der Angleichung der Tarifbedingungen sollte einer befürchteten massenhaften innerdeutschen Wanderungsbewegung von Arbeitskräften entgegengewirkt und ein Druck auf westdeutsche Tarifstandards durch »billigere« ostdeutsche Regelungen sowie eine ostdeutsche Niedriglohnkonkurrenz verhindert werden. Der Verzicht auf ostdeutsche Sonderregelungen und die Übernahme westdeutscher Standards versprach zudem Orientierungssicherheit in ohnehin bereits turbulenten Verhältnissen. Die schnelle Angleichung der Lebens- und Arbeitsbedingungen war nicht zuletzt auch eine klare Vorgabe der Bundesregierung an die Tarifparteien, da sie ja »blühende Landschaften« versprochen hatte. Dieses Versprechen war ein wichtiger Katalysator für die deutsche Vereinigung sowie zentrales Wahlmotiv vieler Ostdeutscher für die konservative Bundesregierung Kohl gewesen (vgl. Korger 1996). Die Tarifparteien waren daher in dieser Frage keineswegs autonom, sondern mit einer massiven gesellschaftlichen sowie politischen Erwartungshaltung konfrontiert. Angesichts der Mobilisierung weiter Teile der ostdeutschen Bevölkerung im Zuge der »Wende« hätte eine Enttäuschung dieser Erwartungshaltung ein erhebliches soziales Konfliktpotenzial beinhaltet. Und schließlich erschien die schnelle Angleichung zunächst auch wirtschaftlich noch vielen machbar (vgl. Berger 1995:102 ff., Schmidt 1996:230 f.).

Optimistische Zukunftsprognosen von einem »zweiten deutschen Wirtschaftswunder« waren – trotz früher Warnungen von Wirtschaftsexpert/inn/en – in der ersten Zeit nach der deutschen Vereinigung noch weit verbreitet. Ohne größere Diskussionen kam es daher in den Tarifverhandlungen ab Herbst 1990 zu Vereinbarungen, die eine vollständige Angleichung der ostdeutschen Tariflandschaft an die westdeutsche intendierten. Die bewährten westdeutschen Tarifinstrumente wurden weitgehend unverändert auf Ostdeutschland übertragen, d. h. sowohl das System brancheneinheitlicher Flächentarife als solches als auch die grundlegenden rahmentariflichen Bestimmungen bezüglich der Lohn- und Gehaltssysteme und die Strukturen der manteltariflichen Bestimmungen bezüglich Arbeitszeit, Urlaub etc.

Kontrovers diskutiert wurde zwischen den Tarifparteien somit zunächst nicht die Frage, ob das ostdeutsche Entgeltniveau innerhalb weniger Jahre angeglichen werden sollte, sondern lediglich, wie dieses Ansinnen technisch am besten zu bewerkstelligen sei. Jährliche Tarifverhandlungen schienen den Vorteil größerer Flexibilität angesichts instabiler wirtschaftlicher Verhältnisse zu bieten, während mehrjährige Stufentarifverträge Ruhe an der Tariffront für den wirtschaftlichen Umstrukturierungsprozess zu sichern versprachen. In der Mehrzahl der Fälle einigten sich die Tarifparteien letztlich auf jährliche Neuabschlüsse (vgl. Bispinck/WSI-Tarifarchiv 1992). Sowohl in der Bau- als auch in der chemischen Industrie hatten die Gewerkschaften zunächst den Abschluss von Stufenplänen favorisiert, in denen die volle Tarifangleichung bis zum Jahr 1994 vorgesehen sein sollte; sie konnten sich mit diesem Ansinnen jedoch nicht durchsetzen, und es kam letztlich zu Tarifverträgen mit Laufzeiten zwischen einem und eineinhalb Jahren. In der wichtigen Branche der Metall- und Elektroindustrie wurde hingegen Anfang März 1991 ein mehrjähriger Stufentarifvertrag abgeschlossen, der eine hundertprozentige Angleichung der Ost-Löhne und -Gehälter bis 1994 an das Westniveau vorsah.

Insgesamt gelang somit in der kurzen Zeit zwischen März 1990 und Ende 1991 ein sehr rasanter sowie effizienter Aufbauprozess handlungsfähiger Tarifverbände in Ostdeutschland – oder genauer gesagt: Das westdeutsche Tarifsystem wurde schnell und vergleichsweise kostengünstig in das neue Terrain der ostdeutschen Bundesländer »transplantiert«. Damit entstand jedoch eine Konstellation, die Offe (1991) als eine Art »natürliches Experiment« beschrieben hat: Ein Institutionensystem, das im Westen auf eine lange Entwicklungsgeschichte zurückblicken konnte und durch eine jahrzehntelange Akteurspraxis historisch geformt worden war, wurde in ein strukturell deutlich anders geartetes Umfeld übertragen. Ob das in der prosperierenden Nachkriegszeit etablierte westdeutsche System der Tarifautonomie sich auch in der ostdeutschen Ausnahmesituation der Transformation eines gesamten Wirtschaftssystems bewähren würde, stand daher von Beginn an infrage.

Aber nicht nur das Argument des strukturell unterschiedlichen Umfelds legte nahe, dass das westdeutsche Tarifsystem in Ostdeutschland möglicherweise »anders« funktionieren würde als im Westen. Möglicherweise wichtiger ist der Aspekt, dass Institutionen nicht identisch sind mit formalen Organisationsstrukturen und Gesetzesregeln. Sie sind habitualisierte und verallgemeinerte Handlungsweisen, die auf einem hohen Maß an Praxiswissen und eingeübter Kultur beruhen. Insofern lassen sie sich nicht einfach »übertragen«. Während Organisationsstrukturen sich noch vergleichsweise einfach 1:1 in ein neues Umfeld »transplantieren« lassen, konnten etablierte Umgangsweisen mit den neuen Regeln und Strukturen ebenso wenig einfach »mitgeliefert« werden wie implizites Praxiswissen über bewährte Routinen oder der Glaube daran, dass bestimmte Verfahren legitim und sinnvoll sind. Dass das System der Tarifautonomie eben nicht identisch ist mit einer Art gesetzlichen Regelsetzung »von oben« oder dem professionalisierten Handeln einer Gruppe von Expert/inn/en, dass es sich vielmehr um ein sozial höchst voraussetzungsvolles und eminent machtpolitisch geprägtes Verfahren der Kompromissbildung zwischen intermediären Verbänden von »Kapital« und »Arbeit« handelt, die in ihren Durchsetzungsmöglichkeiten sowie in ihrer Normierungskraft von der verbandlichen Repräsentationsfähigkeit und der Folgebereitschaft ihrer Mitglieder abhängen, dieses Wissen musste in Ostdeutschland erst mühsam erworben werden.

Erhebliche Probleme beim Erlernen der Funktionsweise intermediärer Verbände und teils unrealistische Erwartungshaltungen ostdeutscher Akteure in Bezug auf das »neue« westliche Institutionensystem beschrieb 1996 ein (westdeutscher) Vertreter des Hauptverbandes der deutschen Bauindustrie im Rückblick mit den Worten:[2]

---

2 | Die Aussagen stammen aus Interviews im Rahmen eines Forschungsprojekts an der Friedrich-Schiller-Universität Jena zum Aufbauprozess der ostdeutschen Arbeitgeberverbände (vgl. Artus 1996a).

## Tarifpolitik in der Transformation

»Das war das Missverständnis. [...] Ich äußere immer wieder den Verdacht, [...] dass man möglicherweise glaubte, die Verbände würden mehr Funktionen der staatlichen Wirtschaftslenkung, -leitung übernehmen können. [...] Inzwischen sind, glaub ich, die ersten Gründer ernüchtert worden, die haben, glaub ich, aber auch ein bisschen n'anderes Verständnis von den Verbänden gehabt, in dem Sinne, dass die Verbände sozusagen Obrigkeit ersetzen würden.«

Und auch ein Gewerkschaftsfunktionär der IG Chemie schilderte während der Erhebungen zum selben Forschungsprojekt lebhaft gewisse deutsch-deutsche Irritationen bei der Adaption und Interpretation westdeutscher Regeln durch ostdeutsche Akteure:

»Und da muss man natürlich auch sehen, in der DDR haben sich ja so ziemlich alle Funktionäre, alle Funktionsträger sehr, sehr gut gekannt und geduzt. Und das spiegelte sich natürlich auch in den Tarifverhandlungen dann wider, dass sich alle, auch auf unserer Seite, die Betriebsräte, die aus den BGLs [Betriebsgewerkschaftsleitungen] herauskamen, natürlich dann mit den Leuten auf der anderen Seite, zum Teil ja ebenfalls ehemalige BGLer, ja allesamt duzten, und das war natürlich für westdeutsche Arbeitgeberverbandsvertreter schon etwas schwer. [...] Einige ostdeutsche Manager haben anfangs noch die Meinung vertreten, dass, wenn die Löhne steigen, auch ihr Gehalt steigt.«

Es bedurfte einer gewissen Zeit, bis die neuartige Ausdifferenzierung widersprüchlicher Interessenlagen von Arbeit und Kapital bewusstseinsprägend und handlungsrelevant wurde. So berichtete auch ein Arbeitgeberverbandsfunktionär aus der Bauindustrie im Jahr 1996 rückblickend:

»Zunächst mal war es in der Anfangsphase, da hatten beide Seiten es schwer, zunächst mal das Rollenspiel zu verstehen. Da riefen also Betriebsräte bei uns an und sagten, wir sollten ihrer Betriebsleitung mal ordentlich was überbraten und mal Bescheid sagen, das ginge doch so nicht. [...] In der Anfangsphase [...] das war noch ein bisschen mehr Gemengelage, Arbeitgeber und Arbeitnehmer.«

Ab 1992/93 war es dann jedoch zumindest auf tarifpolitischer Ebene vorbei mit der »Gemengelage« von Kapital und Arbeit. Die wirtschaftliche Transformationskrise ab Sommer 1991 war dafür verantwortlich, dass die vergleichsweise konsensuale Interessenpolitik der unmittelbaren Nachwendezeit von einer deutlich krisen- und konfliktreicheren Entwicklung abgelöst wurde.

## 2. Tarifpolitik in der Transformationskrise – oder: Von der Tarifangleichung zur Persistenz ostdeutscher Besonderheit

In den Jahren 1990 und 1991 nahm das reale Bruttoinlandsprodukt in Ostdeutschland um fast 40 Prozent ab, die industrielle Produktion sank sogar um 60 Prozent. Zugleich reduzierte sich die Erwerbstätigenzahl um ein Drittel, im verarbeitenden Gewerbe sogar um die Hälfte, und die Zahl der Arbeitslosen und der Kurzarbeitenden schnellte in die Höhe (Wegner 1996: 15). Im Bereich der Metall- und Elektroindustrie fielen zwischen 1992 und 1994 etwa neun Zehntel der Arbeitsplätze weg. Vor allem in den Jahren 1993 und 1994 kam es zu Betriebsschließungen und Massenentlassungen. Ganze Industrieregionen brachen zusammen. Der Begriff der »Deindustrialisierung Ostdeutschlands« ist sicherlich zutreffend. Als Gründe für diesen »historisch einmaligen Absturz« nennen Wirtschaftswissenschaftler/innen die »plötzliche Marktöffnung gegenüber Westdeutschland und dem westlichen Ausland, die schlagartige Verschlechterung der Wettbewerbsfähigkeit ostdeutscher Produkte durch einen Konversionskurs von 1:1 bei der Übernahme der DM-Währung, die Präferenzen der ostdeutschen Verbraucher für westliche Güter sowie das unerwartete Wegbrechen der osteuropäischen Absatzmärkte« (Wegner 1996: 15).

Wenngleich also die Ursachen für die ostdeutsche Wirtschaftskrise teils in den strukturellen und ökonomischen Voraussetzungen des realsozialistischen wirtschaftlichen »Erbes«, primär jedoch in den wirtschafts- und währungspolitischen Grundsatzentscheidungen des Vereinigungsprozesses zu suchen sind, wurden in der Folgezeit zunehmend die Tarifparteien und insbesondere die Gewerkschaften zu »Sündenböcken« (Bispinck/WSI-Tarifarchiv 1993) für die desolate wirtschaftliche Situation und die steigenden Arbeitslosenzahlen erklärt. Die Bundesregierung vollzog angesichts der dramatischen wirtschaftlichen Entwicklung in kurzer Zeit geradezu eine Kehrtwende in ihrer Politik gegenüber den Tarifparteien, was von vielen Beobachter/inne/n wohl nicht zu Unrecht als Versuch der Ablenkung von den eigenen wirtschaftspolitischen Fehlern interpretiert wurde. Nicht mehr schnelle Angleichung der Lebens- und Arbeitsbedingungen war nunmehr die Devise, sondern eine Abkehr von der bisherigen, nun so genannten »Hochlohnpolitik«. »Moderate Tarifabschlüsse« wurden nun neuerdings gefordert. Bei Nichtbeachtung dieser Forderung drohte die Bundesregierung sogar mit gesetzlichen Eingriffen in die Tarifautonomie.

Zu diesem Zeitpunkt bewegte sich das Tarifniveau Ost – bezogen auf die monatlichen Grundverdienste – in den meisten Tarifbereichen etwa zwischen 65 und 75 Prozent der entsprechenden Westentgelte. Zur Jahreswende 1992/93 zeichnete sich dann in der ostdeutschen Metallindustrie ein Konflikt ab, der für die weitere Entwicklung von exemplarischer Bedeutung sein sollte. Nachdem der Arbeitgeberverband Gesamtmetall sich seit Anfang 1992 in immer schärfer werdendem Ton von dem vereinbarten Stufenplan distanziert hatte, beschloss der Verband im November 1992, von der im Vertrag enthaltenen Revisionsklausel Gebrauch zu machen. Diese sah die Möglichkeit der Neuverhandlung beim Eintritt unvorhergesehener wirtschaftlicher Umstände vor. Die IG Metall weigerte sich jedoch, vom bereits vermeintlich erreichten Ziel der tariflichen Angleichung wieder abzurücken, was angesichts der hohen moralischen Besetzung des Themas »Gleicher Lohn in Ost und West« wohl auch kaum ohne erhebliche innergewerkschaftliche Friktionen möglich gewesen wäre.

Nachdem alle Verhandlungs- und Schlichtungstermine gescheitert waren, sprachen die Metallarbeitgeber Anfang 1993 in allen ostdeutschen Tarifbezirken eine außerordentliche Kündigung des Stufenabkommens aus. Die Legalität dieses Vorgehens war zumindest zweifelhaft, da im gekündigten Vertrag zwar ein Neuverhandlungszwang, jedoch kein Revisionszwang enthalten war. Die IG Metall wertete den Vorgang der außerordentlichen Kündigung denn auch prompt als »rechtswidrig und nichtig« und sah darin einen in der Geschichte der Bundesrepublik bislang vorbildlosen »Bruch der Vertragstreue« (IG Metall Vorstand 1993). Insofern handelte es sich in dem sich anbahnenden Konflikt nicht nur um einen »gewöhnlichen« Konfliktfall tariflicher Interessenauseinandersetzung. Es standen vielmehr die Verlässlichkeit tariflicher Regelungen als solche sowie letztlich auch die Glaubwürdigkeit der tariflichen Durchsetzungsmacht der IG Metall auf dem Spiel, der als kampfstärkster Einzelgewerkschaft zudem eine besondere Bedeutung für die bundesweite Gewerkschaftslandschaft zugeschrieben werden kann.

Zu befürchten war, dass die Prophezeiung mancher Expert/inn/en Wirklichkeit werden könnte, wonach das gewerkschaftlich noch wenig durchdrungene und »kampfunerprobte« ostdeutsche Terrain zum Einfallstor verschärfter Arbeitgeberstrategien werden könnte (Mahnkopf 1992), und dass dadurch mittelfristig auch die gesamtdeutschen Machtverhältnisse zwischen Arbeit und Kapital empfindlich erschüttert werden könnten. Ostdeutschland könnte somit zur »Labormaus des Westens« (Brinkmann 2003) werden, d.h. zu einem Experimentierfeld, auf dem die westdeutschen Arbeitgeberverbände mit begrenzten Risiken Szenarien »ausprobieren« könnten, die – bei Gelingen – dann auf Westdeutschland übertragbar wären.

Diese Befürchtungen traten jedoch (zumindest vorerst, vgl. Kapitel 3) nicht ein: Anfang April 1993 endete die Friedenspflicht und zum ersten Mal in der deutschen Nachkriegsgeschichte trat in einem Tarifgebiet der Metallindustrie faktisch ein tarifloser Zustand ein. Ein Arbeitskampf schien unausweichlich. Angesichts der nahezu geschlossenen Front von Bundesregierung, Treuhand, Arbeitgeberverbänden und öffentlichen Medien gegen den »Wahnsinn« eines Streiks war es eher überraschend, dass die Urabstimmungsergebnisse in allen betroffenen Tarifbereichen mit über 80 Prozent klar für einen Streik ausfielen. Die Kampfbereitschaft der Beschäftigten war durchaus überzeugend, wie die ersten Warnstreikaktionen, die Streiks in der ostdeutschen Stahlindustrie sowie in der Metallindustrie in Sachsen und Mecklenburg-Vorpommern zeigten. Ob ein flächendeckender Streik in der ostdeutschen Metallindustrie zu diesem Zeitpunkt tatsächlich möglich gewesen wäre, muss jedoch ungewiss bleiben, denn am Vorabend desselben einigten sich die Tarifparteien auf einen Kompromiss, der beiden Seiten eine Wahrung des Gesichts ermöglichte.

Der revidierte Tarifvertrag sollte in der Folgezeit in zwei Punkten wegweisend für die weitere ostdeutsche Entwicklung werden: Erstens kam es zu einer deutlichen Verlangsamung des Angleichungstempos und zweitens zur Vereinbarung von Tarifinstrumenten, die eine regulierte Flexibilisierung der Tarifstandards ermöglichten, d.h. im Wesentlichen eine Abweichung »nach unten«. Der Abschluss der berühmt-berüchtigten »Härtefallklausel« war der Einstieg in die Verbetrieblichung des bundesdeutschen Tarifsystems auch im Bereich der Entgeltnormen (nachdem dies bereits in den 1980er-Jahren beim Thema Arbeitszeit erfolgt war) und der Beginn einer Entwicklung, die etwa zehn Jahre später mit dem sogenannten »Pforzheimer Abkommen« auch auf Westdeutschland ausgedehnt wurde. Insofern fungierte Ostdeutschland also doch als »Labormaus des Westens«.

## 3. Das etwas andere ostdeutsche System industrieller Beziehungen als Ergebnis der historischen Ereignisse

Auf formaler Ebene funktionierte der Prozess der »Transplantation« des westdeutschen Tarifsystems in den Osten also ausgesprochen effektiv und erfolgreich. Die Etablierung der Tarifverbände auf ostdeutschem Terrain, die Implementierung ähnlicher Tarifstrukturen wie in Westdeutschland und auch die flächendeckende Installation betrieblicher Interessenvertretungen (vgl. hierzu Röbenack 1996; Schmidt 1998) erfolgte in ausgesprochen kurzer Zeit und weitgehend reibungslos.

Bald zeichnete sich jedoch ab, dass die »von außen« implementierten institutionellen Strukturen in Ostdeutschland andere Ergebnisse und Praxismuster zeitigten, als man dies vom deutschen »Erfolgsmodell« industrieller Beziehungen gewohnt war. Dies lag zum einen an den krisenhaft geprägten wirtschaftlichen Rahmenbedingungen, die teilweise bis in die Gegenwart andauern. So sind etwa die Betriebsstrukturen im Osten noch immer deutlich kleinbetrieblicher, die Wertschöpfung ist geringer, und es gibt überproportional viele sogenannte »verlängerte Werkbänke« ohne eigene Marktmacht und strategisch wichtige Forschungs- und Entwicklungskapazitäten. Zum anderen war und ist die Institutionenpraxis und Interessenpolitik der Akteur/inn/en von Orientierungs- und Erwartungsmustern geprägt, die teils biografisch noch unter realsozialistischen Bedingungen erworben wurden, teils auch beeinflusst sind vom Erleben eines radikalen gesellschaftlichen Wandels und des Verlusts existenzieller Sicherheiten, prekärer Arbeits- und Lebensbedingungen und anhaltend krisenhafter Modi der Vergesellschaftung.

So hat sich das ostdeutsche System industrieller Beziehungen bis heute nicht »normalisiert« im Sinne der strikten Angleichung an westdeutsche Bedingungen. Die ostdeutschen Arbeitgeberverbände waren schon bald mit einer massiven Austritts- bzw. Nicht-Eintrittswelle neuer Betriebe konfrontiert und erfanden unter diesen Bedingungen unter anderem die »Labormaus« einer Verbandsmitgliedschaft ohne Tarifbindung, die bald auch im Westen Karriere machen sollte. In ähnlicher Weise verließen viele arbeitslos gewordene und/oder enttäuschte Mitglieder die DGB-Gewerkschaften. Betriebsratspolitik im Osten erfolgte häufig deutlich gewerkschaftsferner als im Westen (Artus 2001) und war gekennzeichnet von »ostdeutscher Einheit zwischen Betriebsrat und Management« (Liebold 1996).

*Tabelle 1: Flächentarifbindung der Beschäftigten 1996-2015 (Angaben in Prozent bzw. Prozentpunkten)*

|  | Gesamtwirtschaft Westdeutschland | Gesamtwirtschaft Ostdeutschland | Differenz in der Tarifbindung zwischen West und Ost |
|---|---|---|---|
| 1996 | 70 | 66 | -4 |
| 1998 | 68 | 65 | -3 |
| 2000 | 63 | 60 | -3 |
| 2002 | 63 | 59 | -4 |
| 2004 | 61 | 57 | -4 |
| 2006 | 57 | 53 | -4 |
| 2007 | 56 | 52 | -4 |
| 2008 | 55 | 50 | -5 |
| 2009 | 56 | 51 | -5 |
| 2010 | 56 | 50 | -6 |
| 2011 | 54 | 48 | -6 |
| 2012 | 53 | 48 | -5 |
| 2013 | 52 | 47 | -5 |
| 2014 | 53 | 47 | -6 |
| 2015 | 51 | 46 | -5 |

Quelle: IAB-Betriebspanel; eigene Darstellung nach Ellguth/Kohaut 2016: 286

Angesichts von Massenarbeitslosigkeit und erheblichen Konkurrenznachteilen ostdeutscher Betriebe blieb die Tendenz zu »Notgemeinschaftspakten« zwischen Geschäftsleitungen, Betriebsräten und Belegschaften vielfach virulent. Spätestens der gescheiterte Streik der IG Metall im Jahr 2003[3] zeigte die beschränkte gewerkschaftliche Handlungsfähigkeit in Ostdeutschland. So ist das Verhältnis von Tarifverbänden zu ihrer betrieblichen Klientel bis heute problematischer als im Westen. Die demokratische Legitimierung der Tarifpolitik ist schwächer. Das Problem »stellvertretender Tarifautonomie« mit beschränkter Basisverankerung existiert nach wie vor. Dies belegt auch der Blick auf den flächentariflichen Deckungsgrad,

---

3 | Die IG Metall führte 2003 einen Arbeitskampf zur Durchsetzung der 35-Stunden-Woche in Ostdeutschland, den sie nach vier Wochen Flächenstreik abbrechen musste (zu den Ursachen des gescheiterten Streiks vgl. Schmidt 2003).

der zwar in West wie Ost seit Mitte der 1990er-Jahre deutlich zurückging; die Differenz zwischen West- und Ostdeutschland ist jedoch nicht geschrumpft, sondern sogar eher gewachsen. Auch ein Vierteljahrhundert nach der Unterzeichnung des deutschdeutschen Einigungsvertrags ist die damals versprochene Gleichstellung von West- und Ostdeutschland noch immer nicht erreicht. Zwar liegen die Tariflöhne im Osten (bezogen auf das Grundentgelt) nach einem ausgesprochen zähen Aufholprozess mittlerweile nur noch etwa 3 Prozent unter denen im Westen; bei den tatsächlich gezahlten Effektivlöhnen beträgt der Lohnunterschied jedoch noch immer etwa 17 Prozent. Und die Unterschiede beim Thema Arbeitszeit, Urlaub oder Weihnachtsgeld sind auch im tariflichen Bereich noch immer erheblich (Böckler Impuls 2015).

Erst in jüngster Zeit deuten sich einige Veränderungen an, die eine gewisse Vitalisierung ostdeutscher Interessenpolitik »von unten« nahelegen. So ist in Kernbereichen der ostdeutschen Industrie eine Zunahme an Betriebsratsgründungen und eine Aktivierung bestehender Betriebsratsgremien zu beobachten (Röbenack/Artus 2015). Und der »Rückenwind«, den die deutschen Gewerkschaften seit der Wirtschaftskrise 2008/09 verspüren, ist teilweise auch ein »Ostwind«, d. h. in manchen ostdeutschen Regionen und Wirtschaftssegmenten kommt es zu Mitgliedergewinnen und neuen Basiskämpfen um eine tarifpolitische Anbindung (Dörre et al. 2016: 16). Reindustrialisierung, wirtschaftlicher Aufschwung, Beschäftigungsaufbau und auch ein Nachrücken neuer Generationen in Betriebsräte und gewerkschaftliche Vertretungsgremien begünstigen diesen Wandel. Ob damit auch eine künftige Revitalisierung der ostdeutschen Tarifpolitik einhergeht, bleibt abzuwarten.

## Literatur und Quellen

Artus, Ingrid (1996a): Die Herausbildung der Unternehmerverbände in den neuen Bundesländern und eine Analyse ihrer Verbandspraxis. Forschungsbericht im Auftrag der Kommission zur Untersuchung des sozialen und politischen Wandels in den neuen Bundesländern (KSPW), Jena 1996

Artus, Ingrid (1996b): Tarifpolitik in den neuen Bundesländern. Akteure, Strategien, Problemlagen, in: Joachim Bergmann/Rudi Schmidt (Hg.):

Industrielle Beziehungen. Institutionalisierung und Praxis unter Krisenbedingungen, Opladen 1996, S. 71–99

Artus, Ingrid (2001): Krise des deutschen Tarifsystems. Die Erosion des Flächentarifvertrags in Ost und West, Wiesbaden 2001

Artus, Ingrid/Liebold, Renate/Lohr, Karin/Schmidt, Evelyn/Schmidt, Rudi/Strohwald, Udo (2001): Betriebliches Interessenhandeln, Band 2. Zur politischen Kultur der Austauschbeziehungen zwischen Management und Betriebsrat in der ostdeutschen Industrie, Opladen 2001

Artus, Ingrid/Schmidt, Rudi/Sterkel, Gabriele (2000): Brüchige Tarifrealität. Der schleichende Bedeutungsverlust tariflicher Normen in der ostdeutschen Industrie, Berlin 2000

Berger, Ulrike (1995): Engagement und Interessen der Wirtschaftsverbände in der Transformation der ostdeutschen Wirtschaft. Industrieverbände im Spannungsfeld von Mitgliederinteressen und Gemeinwohl. In: Helmut Wiesenthal (Hg.): Einheit als Interessenpolitik. Studien zur sektoralen Transformation Ostdeutschlands, Frankfurt am Main/New York 1995, S. 95–125

Bialas, Christiane (1994): Gewerkschaftlicher Organisationsaufbau und Transformation der Lohnpolitik im Prozeß der deutschen Einheit. Die IG Metall in den neuen Bundesländern 1990–1993, Forschungsberichte der Max-Planck-Arbeitsgruppe »Transformationsprozesse« (AG TRAP), H. 1, Berlin 1994

Bispinck, Reinhard/WSI-Tarifarchiv (1991): Auf dem Weg zur Tarifunion. Tarifpolitik in den neuen Bundesländern im Jahr 1990, in: WSI Mitteilungen 44, H. 3, S. 145–157

Bispinck, Reinhard/WSI-Tarifarchiv (1992): Tarifpolitik in der Transformationskrise. Eine Bilanz der Tarifbewegungen in den neuen Ländern im Jahr 1991, in: WSI Mitteilungen 45, H. 3, S. 121–135

Bispinck, Reinhard/WSI-Tarifarchiv (1993): Sind die Löhne schuld? Die Tarifpolitik in den neuen Ländern im Jahr 1992, in: WSI Mitteilungen 46, H. 3, S. 141–153

Brinkmann, Ulrich (2003): Die Labormaus des Westens. Ostdeutschland als Vorwegnahme des Neuen Produktionsmodells?, in: Klaus Dörre/Bernd Röttger (Hg.): Das neue Marktregime, Hamburg 2003, S. 250–269

Böckler Impuls (2015): Tarifvertrag schafft Einheit, Böckler Impuls 14/2015, www.boeckler.de/cps/rde/xchg/hbs/hs.xsl/61390_61401.htm (Download am 26.7.2016)

Dörre, Klaus/Goes, Thomas/Schmalz, Stefan/Thiel, Marcel (2016): Streikrepublik Deutschland? Die Erneuerung der Gewerkschaften in Ost und West, Frankfurt am Main 2016

Ellguth, Peter/Kohaut, Susanne (2016): Tarifbindung und betriebliche Interessenvertretung. Ergebnisse aus dem IAB-Betriebspanel 2015, in: WSI Mitteilungen 69, H. 4, S. 283–291

Ettl, Wilfried (1995): Arbeitgeberverbände als Transformationsakteure. Organisationsentwicklung und Tarifpolitik im Dilemma von Funktionalität und Repräsentativität, in: Helmut Wiesenthal (Hg.): Einheit als Interessenpolitik. Studien zur sektoralen Transformation Ostdeutschlands, Frankfurt am Main/New York 1995, S. 34–94

Ettl, Wilfried/Wiesenthal, Helmut (1994): Tarifautonomie in de-industrialisiertem Gelände. Report und Analyse eines Institutionentransfers im Prozeß der deutschen Einheit, Arbeitspapiere der Max-Planck-Arbeitsgruppe »Transformationsprozesse« (AG TRAP) 94/2, Berlin 1994

Fichter, Michael/Kurbjuhn, Maria (1993): Spurensicherung. Der DGB und seine Gewerkschaften in den neuen Bundesländern 1989–1991, Manuskripte der Hans-Böckler-Stiftung 120, Berlin/Düsseldorf 1993

IG Metall Vorstand (Hg.) (1993): Zum Konflikt in der Metall- und Elektroindustrie Ostdeutschlands – eine Zwischenbilanz, Frankfurt am Main, 9. März 1993

Korger, Dieter (1996): Einigungsprozeß, in: Werner Weidenfeld/Karl-Rudolf Korte (Hg.): Handbuch zur deutschen Einheit, aktualisierte Neuausgabe, Frankfurt am Main 1996, S. 234–246

Lehmbruch, Gerhard (1993): Der Staat des vereinigten Deutschland und die Transformationsdynamik der Schnittstellen von Staat und Wirtschaft in der ehemaligen DDR, in: BISS Public, H. 10, S. 21–41

Liebold, Renate (1996): Innerbetriebliche Beziehungen in ostdeutschen Industriebetrieben. Die (ost)deutsche Einheit zwischen Management und Betriebsrat, in: Joachim Bergmann/Rudi Schmidt (Hg.): Industrielle Beziehungen. Institutionalisierung und Praxis unter Krisenbedingungen, Opladen 1996, S. 213–235

Mahnkopf, Birgit (1992): Die Gewerkschaften im West-Ost-Spagat, in: Forschungsjournal NSB, H. 3, S. 33–42

Offe, Claus (1991): Die deutsche Vereinigung als natürliches Experiment, in: Bernd Giesen/Claus Leggewie (Hg.): Experiment Vereinigung. Ein sozialer Großversuch, Berlin 1991, S. 71–76

Offe, Claus (1993): Die Integration nachkommunistischer Gesellschaften: die ehemalige DDR im Vergleich zu ihren osteuropäischen Nachbarn, in: Bernhard Schäfers (Hg.): Lebensverhältnisse und soziale Konflikte im neuen Europa. Verhandlungen des 26. deutschen Soziologentages in Düsseldorf 1992, Frankfurt am Main/New York 1993, S. 806–817

Pirker, Theo/Hertle, Hans-Hermann/Kädtler, Jürgen/Weinert, Rainer (1990): FDGB – Wende zum Ende. Auf dem Weg zu unabhängigen Gewerkschaften, Köln 1990

Röbenack, Silke (1996): Betriebe und Belegschaftsvertretungen, in: Joachim Bergmann/Rudi Schmidt (Hg.): Industrielle Beziehungen. Institutionalisierung und Praxis unter Krisenbedingungen, Opladen 1996, S. 161–212

Röbenack, Silke/Artus, Ingrid (2015): Betriebsräte im Aufbruch? Vitalisierung betrieblicher Mitbestimmung in Ostdeutschland. Eine Studie der Otto Brenner Stiftung, Frankfurt am Main 2015

Schmidt, Rudi (1996): Restrukturierung und Modernisierung der industriellen Produktion, in: Burkart Lutz/Hildegard Nickel/Rudi Schmidt/Arndt Sorge (Hg.): Arbeit, Arbeitsmarkt und Betrieb. Berichte zum sozialen und politischen Wandel in Ostdeutschland, Bericht 1, Opladen 1996, S. 227–256

Schmidt, Rudi (1998): Mitbestimmung in Ostdeutschland. Expertise für das Projekt »Mitbestimmung und neue Unternehmenskulturen« der Bertelsmann Stiftung und der Hans-Böckler-Stiftung, unter Mitarbeit von Ingrid Artus, Gütersloh 1998

Schmidt, Rudi (2003): Der gescheiterte Streik in der ostdeutschen Metallindustrie, in: Prokla 132, 33. Jahrgang, Nr. 3, September 2003, S. 493–509

Wilke, Manfred/Müller, Hans-Peter (1991): Zwischen Solidarität und Eigennutz. Die Gewerkschaften des DGB im deutschen Vereinigungsprozeß, Melle 1991

Wegner, Manfred (1996): Die deutsche Einigung oder das Ausbleiben des Wunders. Sechs Jahre danach: eine Zwischenbilanz, in: Aus Politik und Zeitgeschichte 46, B40, S. 13–23

# Der Streik der IG Metall zur Verteidigung des Stufentarifvertrags in den neuen Bundesländern im Jahre 1993

*Lothar Wentzel*

Spätestens nach der Einführung der D-Mark am 1. Juli 1990 in der damaligen DDR stand dort der Kampf um den Erhalt der Arbeitsplätze im Zentrum der Gewerkschaftspolitik der IG Metall. Diese Kämpfe wurden vor allem auf betrieblicher Ebene geführt, daher hatte der Aufbau von Strukturen betrieblicher Interessenvertretung Vorrang. Zugleich musste eine handlungsfähige Gewerkschaftsorganisation neu aufgebaut werden.

Die Lebenshaltungskosten in der DDR und den späteren neuen Bundesländern stiegen nach der Währungs-, Wirtschafts- und Sozialunion rapide an. Zugleich bestand die Gefahr, dass qualifizierte Arbeitskräfte aufgrund der enormen Gehaltsunterschiede in Scharen die DDR verlassen und dies den »Aufbau Ost« massiv infrage stellen würde. Daher stand die Frage der Anpassung der Löhne sehr schnell auf der Tagesordnung. Auch der Arbeitgeberverband Gesamtmetall hatte sich in die Beitrittsgebiete ausgedehnt. Mit ihm gelang es der IG Metall, noch zu Zeiten der DDR einen Tarifvertrag abzuschließen, der zum 1. Juli 1990 eine pauschale Lohnerhöhung von 250 DM vorsah.

Dies konnte nur eine kurzfristige Lösung sein. Der Abwanderungsdruck und die Verteuerung der Lebenshaltungskosten hielten an. Zugleich hatte die Bundesregierung hohe Erwartungen im Hinblick auf die wirtschaftliche und die Lohn- und Gehaltsentwicklung geschürt. Es kam zu Neuverhandlungen zwischen Arbeitgebern und IG Metall, die im März 1991 zu einem Stufentarifvertrag führten.

Dieser Tarifvertrag sah eine schrittweise Erhöhung der Löhne in der Metall-, Elektro- und Stahlindustrie bis zum April 1994 auf das Niveau des bayerischen Tarifvertrags vor. Die IG Metall musste Abstriche beim Eingangslohn machen, stimmte aber nach einigem Zögern dem Verhandlungsergebnis zu.

Der Abschluss wurde allgemein in der Wirtschaftspresse gelobt; der Arbeitgeberverband Gesamtmetall sprach von einem »Tarifvertrag der Vernunft«. Darin spiegelt sich sicher auch der Glaube an die Erfolge nach der Einführung der Marktwirtschaft. Aber ausschlaggebend waren offensichtlich die nüchternen Erwägungen, die der Gesamtmetall-Präsident Werner Stumpfe im Juni 1991 in einem Interview mit der *Zeit* äußerte:

»[...] wir haben vereinbart, dass nur die *Tariflöhne* in den nächsten drei Jahren auf Westniveau kommen, vermögenswirksame Leistungen und anderes aber bleiben weit unter dem, was westlich der Elbe gilt. Auch die Arbeitszeit liegt noch bis 1998 mindestens drei Stunden über der im Westen. Und die Unternehmen müssen natürlich keine übertariflichen Leistungen zahlen, die im Westen bis zu zwanzig Prozent des Tariflohns betragen. Wenn man dies alles zusammennimmt, dann liegen die Arbeitskosten auch noch in vier Jahren nur bei achtzig Prozent des Westniveaus.« (Die Zeit 1991)

Weiterhin ging er davon aus, dass in vier Jahren auch die Produktivität auf dieses Niveau steigen werde.

Die Zustimmung der Arbeitgeber zu diesem Tarifvertrag hielt nicht lange. Im Herbst 1992 erfolgte ein Wirtschaftseinbruch, und mit dem Ende der »Vereinigungskonjunktur« begannen sich die Metallunternehmer vom Vertrag zu distanzieren (Peters 2003: 751 ff.). Der Stufentarifvertrag enthielt eine Klausel, der zufolge jede Tarifpartei berechtigt war, ab 1. Januar 1993 Verhandlungen darüber einzufordern, ob die Vereinbarungen der wirtschaftlichen Lage in den neuen Bundesländern angepasst werden müssten. In diesem Fall war auch eine Schlichtung vorgesehen. Diese Klausel nahmen die Arbeitgeber zum Anlass, eine Neuverhandlung des Tarifvertrags zu fordern. Laut Stufentarifvertrag hätten am 1. April 1993 die Löhne von 71 auf 82 Prozent des Westniveaus steigen müssen, und die Leistungszulagen wären von 7 auf 10 Prozent gewachsen. Das entsprach einer Lohnerhöhung um 26 Prozent. Zum Vergleich: Dieser Lohn hätte dem damaligen Einkommen eines Chemiefacharbeiters im Osten entsprochen.

In den Revisionsverhandlungen, die am 13. Januar 1993 begannen, forderten die Metallarbeitgeber anstelle der fälligen Erhöhung aus dem Stufenplan eine Beschränkung der Lohnerhöhungen auf 9 Prozent mit

## Der Streik der IG Metall zur Verteidigung des Stufentarifvertrags

einer Laufzeit von einem Jahr. Außerdem forderten die Arbeitgeber eine Öffnung für betriebliche Sonderregelungen unterhalb des Tarifvertrags, die als Betriebsvereinbarungen mit den Betriebsräten gedacht waren. Im Ergebnis hätte dies nicht nur eine komplette Aushebelung des Stufentarifvertrags, sondern auch eine Gefährdung der Verbindlichkeit von Tarifverträgen bedeutet.

Eine Schlichtung im Februar 1993 blieb ergebnislos. Die Arbeitgeberseite zeigte sich unnachgiebig. Rudolf Hickel, einer der Schlichter aufseiten der IG Metall, erklärte: »Sie wollten ein Scheitern, um anschließend den Stufenplan zu kippen.« (IG Metall 1993: 81) Hickel wandte sich auch an den IG-Metall-Vorsitzenden Franz Steinkühler, um deutlich zu machen, in welcher prekären Situation sich die Gewerkschaft befände, wenn sie in dieser Lage den Arbeitgebern nachgäbe (Peters 2003: 810 ff.).

Ende Februar kündigten die Arbeitgeber dann – erstmals in der Nachkriegszeit – einen laufenden Tarifvertrag. »Derartiges hatte es in der ganzen bisherigen Tarifgeschichte der IG Metall und von Gesamtmetall noch nicht gegeben. Die IG Metall wurde damit vor die Frage gestellt, ob sie die Rechtmäßigkeit der fristlosen Kündigung vor Gericht überprüfen lassen oder zum Streik aufrufen sollte.« (Kittner 2005: 689) Zwar hatte die IG Metall gute Aussichten, den Rechtsstreit zu gewinnen, aber da sie »die organisationspolitischen Unwägbarkeiten eines langen Rechtsstreits befürchten musste, entschied sie sich für einen Streik« (Kittner 2005: 690).

Die IG Metall war in doppelter Weise herausgefordert: Die Kündigung eines laufenden Tarifvertrags war ein Präzedenzfall, der das ganze Tarifsystem bedrohen konnte. Aber auch die Forderung nach betrieblichen Öffnungsklauseln enthielt eine gefährliche Dynamik, die die Geltung von Tarifverträgen ebenfalls infrage stellte und sich mit ähnlichen Bestrebungen in der Bonner Regierungskoalition deckte. Trotz dieser eindeutigen Konfliktlage war die Situation der IG Metall nicht einfach.

Das Umfeld für einen Arbeitskampf war schwierig. Zwar standen die Menschen in den neuen Bundesländern durch die steigenden Lebenshaltungskosten unter einem großen wirtschaftlichen Druck. Auch hatte die Kündigung des Stufentarifvertrages eine erhebliche Empörung ausgelöst. Grund dafür war nicht nur der Rechtsbruch; es war auch das Gefühl, um die Perspektive einer Angleichung an Westdeutschland betrogen zu werden und dauerhaft Bürger zweiter Klasse zu bleiben. Auf der anderen Seite hatte sich aber die wirtschaftliche Situation in den neuen Bundesländern erheblich verschlechtert. Im Juni 1993 waren in den neuen Bundesländern 1,1 Millionen Arbeitslose registriert, dazu 200.000 Kurzarbeiter, 644.000 Arbeitslose in Altersübergangsgeld und 662.000 in Umschulung und Arbeitsbeschaffungsmaßnahmen (IG Metall 1993: 58). Die Industrie war von der Arbeitslosigkeit am schwersten betroffen: Von ehemals 3,2 Millionen industriellen Arbeitsplätzen waren im März 1993 nur noch 760.000 übrig (Schmidt/Lutz 1995: 167). Die Angst um den Arbeitsplatz trieb die meisten Menschen um.

Das allein waren schon äußerst schwierige Bedingungen für einen Streik. Dazu kam, dass die öffentliche Meinung diesmal in ihrer großen Mehrheit nicht aufseiten der Streikenden stand. Das Argument der Arbeitgeber, ein Anstieg der Löhne gefährde noch zusätzliche Arbeitsplätze, zog in öffentlichen Debatten – auch wenn die weitere Entwicklung entscheidend von der Investitionspolitik abhing und das Einfrieren der Löhne auf Niveau der steigenden Lebenshaltungskosten im Osten die regionale Wirtschaft in die Stagnation treiben musste. Offenbar hatte man sich schon damit abgefunden, dass der Osten zur »verlängerten Werkbank« des Westens werden würde.

Die Bundesregierung nahm klar für die Unternehmer Stellung und die Treuhandanstalt, der größte Arbeitgeber Ostdeutschlands, hatte schon vor dem Streik signalisiert, dass man nur 9 Prozent zahlen würde. Bereits im Dezember 1992 hatte sie erklärt: »In den meisten Fällen [sei es] sinnvoll und gerechtfertigt, bei den Jahresplänen eine Lohnkostensteigerung zugrunde zu legen, die die erwartete Preissteigerung (neun Prozent) nicht übersteigt.« (IG Metall 1993: 81) Während der Schlichtungsverhandlungen empfahl sie erneut eine Lohnerhöhung von 9 Prozent. Die Bundesanstalt für Arbeit handelte ähnlich.

Wie war die IG Metall in den neuen Bundesländern aufgestellt? Die Gewerkschaft verfügte über einen relativ hohen Organisationsgrad, und ihre örtlichen Gliederungen hatten sich inzwischen konsolidiert. Allerdings hatten die Mitglieder keine Streikerfahrung. Es hatte Protestaktionen besonders auf betrieblicher Ebene gegeben, aber selbstorganisiertes Handeln war nicht sehr tief verankert. Lösungen wurden oft »von oben« erwartet. Die Beschäftigten waren eher korporatistische Strukturen gewöhnt, daher war unklar, wie sie sich in einer offenen Konfrontation mit ihren Geschäftsleitungen verhalten würden. Außerdem standen viele Betriebe vor

## Der Streik der IG Metall zur Verteidigung des Stufentarifvertrags

Entlassungen oder hatten schlechte Zukunftsaussichten und konnten deshalb nicht bestreikt werden.

Es bedarf einigen Mutes, in dieser Situation einen Arbeitskampf zu wagen. Für die IG Metall waren aber nicht nur die ordnungspolitischen Fragen entscheidend: Wollte sie sich dauerhaft im Osten verankern, durfte sie die Erwartungen ihrer Mitglieder nicht enttäuschen. Unter diesen schwierigen Umständen entschied sich der IG-Metall-Vorstand, zunächst Druck aufzubauen, um einen Kompromiss zu erreichen. In der Konsequenz bedeutete das aber, dass man im Falle eines Scheiterns einem Streik schwer ausweichen konnte. Als erster Schritt wurde Anfang 1993 eine Mitgliederbefragung durchgeführt, die eine überwältigende Mehrheit für die Beibehaltung des Stufentarifvertrags ergab. Es folgte eine Reihe von Protestaktionen, die während der Schlichtungsverhandlungen gesteigert wurden.

Auch nach dem Scheitern der Schlichtung bestand noch Hoffnung auf eine Einigung in letzter Minute. Eine kleine Episode machte allerdings bald klar, dass eine solche Erwartung wenig realistisch war: Die Arbeitgeber hatten den Tarifvertrag zum 1. April 1993 gekündigt. Damit endete an diesem Tag auch die Friedenspflicht. Das gab der IG Metall die Möglichkeit, eine erste Warnstreikwelle zu organisieren, an der sich nach ihren Angaben 150.000 Beschäftigte aus fast 500 Betrieben beteiligten. Daraufhin schaltete sich der sächsische Ministerpräsident Kurt Biedenkopf am 4. April 1993 persönlich ein und handelte mit dem Chef der sächsischen Metallarbeitgeber Erwin Hein einen Kompromiss aus: Die nächste Stufe des Tarifvertrags sollte gezahlt, die weiteren aber um neun Monate verschoben werden. Dies wurde schon am nächsten Tag vom Arbeitgeberverband Gesamtmetall abgelehnt. Erwin Hein trat zurück. Damit war klar, dass die Zeichen auf Sturm standen.

Jetzt musste sich der IG-Metall-Vorstand entscheiden. Ihm lagen Anträge auf Urabstimmung in allen fünf ostdeutschen Tarifbezirken der metallverarbeitenden Industrie und dem Tarifgebiet der ostdeutschen Eisen- und Stahlindustrie vor. Am 19. April wählte er Sachsen, Mecklenburg-Vorpommern und die Eisen- und Stahlindustrie als Streikbereiche aus. Mecklenburg-Vorpommern wurde in den Streik einbezogen, um etwas »Fleisch auf die Sachsenrippen zu packen« (Frank Teichmüller[1], zit. in IG Metall

---

1 | Frank Teichmüller war damals Leiter des IG-Metall-Bezirks Küste, zu dem Mecklenburg-Vorpommern gehört.

173

1993: 132). Die Urabstimmung fand vom 26. bis 28. April statt. Zum ersten Mal musste die IG Metall ihre Mitglieder darüber abstimmen lassen, ob ein geltender Tarifvertrag auch angewandt werden soll. Die Urabstimmung wurde mit einer neuen, noch größeren Warnstreikwelle vorbereitet und von Kundgebungen begleitet. Der DGB rief eine »Woche der Gegenwehr« in Ostdeutschland aus. Das Ergebnis war erwartungsgemäß: In Sachsen stimmten 85 Prozent, in Mecklenburg-Vorpommern 90 Prozent und in der Eisen- und Stahlindustrie 86 Prozent für den Streik. Als Streikbeginn wurde der 3. Mai 1993, ein Montag, festgesetzt.

Ab diesem Punkt kann ich persönliche Erfahrungen zum Streikgeschehen beisteuern. Ich hatte mich als politischer Sekretär in der Bildungsabteilung des IG-Metall-Vorstandes zur Unterstützung des Streiks gemeldet und wurde in Wismar eingesetzt. Die Streikaktivität konzentrierte sich hier auf die MTW Schiffswerft GmbH (vormals Mathias-Thesen-Werft). Die Werften waren schon von ihrer Größe her die entscheidenden Betriebe für den Arbeitskampf in Mecklenburg-Vorpommern. Unter ihnen hatte die MTW eine besondere Bedeutung: Während die Zukunft der anderen Werften unsicher war, hatte die Bremer Vulkan AG 1992 die MTW übernommen. Sie verfügte zum damaligen Zeitpunkt über eine relativ gute Auftragslage und hatte noch deutlich über 2.000 Beschäftigte. Daher beobachteten die anderen Werftstandorte das Geschehen in diesem Betrieb genau. Die MTW hatte so etwas wie eine Schrittmacherfunktion für den Streik in Mecklenburg-Vorpommern.

Die Belegschaft der MTW besaß durchaus Kampferfahrung (Stamp 2007: 310f.) Sie war für den Erhalt ihrer Arbeitsplätze bei zahlreichen Kundgebungen auf die Straße gegangen und hatte im Februar/März 1992 für zwei Wochen die Werft besetzt, um eine positive Entscheidung von Treuhand und Landesregierung zu erzwingen. Das Ergebnis war eine »kleine Verbundlösung« mit dem Bremer Vulkan, durch die die Werft erst einmal gerettet schien. Man darf darüber nicht vergessen, dass Anfang 1990 noch 6.345 Menschen auf der Werft beschäftigt waren, zum Zeitpunkt des Streiks 1993 weniger als 2.500. Den Werftangehörigen war die Erfahrung eines harten Arbeitsplatzabbaus sehr gegenwärtig, und man kann sich vorstellen, dass sie erst einmal froh waren, dass eine gewisse Stabilität erreicht war. Der dringende Wunsch nach Lohnerhöhung stand im Widerspruch zum Ruhebedürfnis und zur Sorge um den eigenen Arbeitsplatz. Trotz

## Der Streik der IG Metall zur Verteidigung des Stufentarifvertrags

Kampferfahrungen war die Ausgangslage für einen Streik daher nicht besonders günstig. Die Streikleitung in Wismar übertrug die IG Metall einem Gewerkschafter aus dem Westen – auch das war nicht untypisch –, nämlich Werner Dreibus aus der Vertrauensleuteabteilung des IG-Metall-Vorstandes, tatkräftig unterstützt von der Lübecker Rechtssekretärin Ulrike Tirre. Die Betriebsratsvorsitzende der MTW – bisher als »Mutter Courage von der Werft« gefeiert – hatte angekündigt, zum Streikbeginn in den Urlaub zu fahren. Dies war eine deutliche Missbilligung des Streiks. In dieser Situation brachte Dreibus das Meisterstück zustande, den Betriebsrat neu zu organisieren und die Streikvorbereitungen erfolgreich auf den Weg zu bringen, obwohl er sehr kurzfristig eingesetzt worden war und die handelnden Personen nicht kannte. Das Urabstimmungsergebnis auf der Werft ergab die nötige Dreiviertelmehrheit. Allerdings hatte dabei die Hoffnung eine Rolle gespielt, ein eindeutiges Ergebnis bei der Urabstimmung könne von den Arbeitgebern als Warnung verstanden werden und doch noch zu einem Kompromiss führen.

Die Reaktion im Betriebsrat auf die Bekanntgabe des Streikbeschlusses war eher betretenes Schweigen. Danach differenzierte sich dieses Gremium: Ein erheblicher Teil der Betriebsräte stand einem offenen Arbeitskampf skeptisch gegenüber, hatte auf einen Kompromiss in letzter Minute gehofft oder fühlte sich überfordert. Mithilfe des Streikleiters bildete sich aber ein neues Zentrum im Betriebsrat heraus, das den Streik aktiv in die Hand nahm. Diese Spaltung blieb mehr oder weniger während des ganzen Streiks erhalten, wobei die Skeptiker nicht gegen die Streikführung arbeiteten und sich genügend Aktive fanden, um den Streik organisatorisch zu bewältigen.

Die Beschäftigten der Werft – mit Ausnahme des kaufmännischen Bereichs – folgten dem Streik geschlossen. Jeden Morgen versammelten sie sich im Streikzelt und ließen sich für die Streikunterstützung registrieren. Danach aber blieben nur wenige, die den Arbeitskampf aktiv unterstützten, aber es reichte, um alle Werkstore besetzt zu halten. Mein Eindruck war, dass die Streikziele von der großen Mehrheit der Beschäftigten gutgeheißen wurden und dass ein Streikbruch schon aufgrund ihrer Vorstellung von Kollegialität nicht infrage kam. Der Streik aber wurde – so schien mir – eher wie eine Pflichtübung für eine gerechte Sache abgeleistet, mit einer eher fatalistischen Grundhaltung, die mehr nach dem eigenen Überleben fragte, als dass man sich selbst als aktives Subjekt der Veränderung der Verhältnisse sah.

Das Management dagegen, das sich aus Ost- und Westdeutschen zusammensetzte, verhielt sich stark ablehnend. Hier fand bei einigen offenbar ein Stück Rollenklärung bezüglich ihres Leitungsverständnisses und ihrer Stellung in der betrieblichen Hierarchie statt. Bezeichnend hierfür ist eine kleine Anekdote vom ersten Streiktag: Einige Sekretärinnen des kaufmännischen Bereiches waren unsicher, ob sie durch die Gasse gehen sollten, die die Streikenden vor dem Verwaltungsgebäude gelassen hatten. Sie bildeten eine Gruppe, die in Sichtweite der Streikposten stand. Ihre Vorgesetzten redeten daraufhin auf sie ein, um sie zum Marsch durch die Gasse und zur Aufnahme der Arbeit zu bewegen. Sie setzten sich an die Spitze der Gruppe, aber die Sekretärinnen folgten ihnen nicht. Nachdem dieses Vorgehen gescheitert war, änderten die Vorgesetzten ihre Taktik, stellten sich hinter die Gruppe und schafften es so, die Mitarbeiterinnen zum Gang in das Verwaltungsgebäude zu bewegen. Dies wiederholte sich am nächsten Tag nicht mehr. Viele Sekretärinnen waren offenbar nicht erschienen oder hatten sich krankgemeldet. Auch die Mitarbeiterinnen mussten ihre Rolle gegenüber der Geschäftsleitung klären.

Öffentliche politische Unterstützung erhielt der Streik relativ wenig, aber auch Anfeindungen blieben aus. Die sozialdemokratische Bürgermeisterin von Wismar ließ sich nicht blicken. Dagegen besuchte Harald Ringstorff, SPD-Landeschef und Vorsitzender der Landtagsfraktion, die Streikenden, was sehr positiv aufgenommen wurde. Die PDS, die den Streik als einzige Partei vorbehaltlos unterstützte, hatte kaum Einfluss auf der Werft. Damals existierte noch die Bank für Gemeinwirtschaft, die bereitwillig wertvolle logistische Unterstützung für den Streik lieferte, insbesondere indem sie die Streikgelder bereithielt.

Die Beendigung des Streiks wurde im Allgemeinen mit Erleichterung aufgenommen; das Ergebnis – siehe unten – war wenig umstritten. Bei der Auszahlung des Streikgeldes nach Beendigung des Arbeitskampfes gab es eine erstaunliche Beobachtung: Eine Reihe von Streikenden drückten ihre Freude über das ausgezahlte Streikgeld aus – das ihnen doch satzungsgemäß selbstverständlich zustand – und ließ durchblicken, dass man sich nicht sicher gewesen sei, ob das Geld auch tatsächlich gezahlt würde. Hier zeigte sich ein tiefsitzendes Misstrauen gegenüber politischen Organisationen, das im Hintergrund des Streikgeschehens sicher eine Rolle gespielt hat.

## Der Streik der IG Metall zur Verteidigung des Stufentarifvertrags

Es gelang in Wismar, auf der Werft und in verschiedenen kleineren Betrieben, die Streikfront bis zum Ende des Arbeitskampfes ohne Einbrüche aufrecht zu erhalten. Damit war für die Streikleitung ein wichtiges Ziel erreicht, wenn auch ohne breite aktive Unterstützung der Beteiligten. Wie weit sich meine eigenen – subjektiven – Beobachtungen in Wismar verallgemeinern lassen, ist schwer zu beurteilen. Dazu wäre eine Reihe von Fallstudien nötig. Erfahrungsberichte aus anderen Streikgebieten legen aber die Vermutung nahe, dass die Situation in Wismar nicht untypisch für diesen Arbeitskampf war.

Die IG Metall hatte den Streik am 3. Mai 1993 in Sachsen mit etwa 10.000 Beschäftigten begonnen. Mecklenburg-Vorpommern folgte einen Tag später, und am 6. Mai nahmen 6.000 Beschäftigte in der Stahlindustrie den Arbeitskampf auf. Die IG Metall weitete den Streik von Tag zu Tag aus. Auch die anderen ostdeutschen Tarifbezirke wurden zur Urabstimmung aufgerufen: Berlin/Brandenburg stimmte mit 81 Prozent, Thüringen mit 85 Prozent und Sachsen-Anhalt mit 86 Prozent für den Streik (IG Metall 1993: 131). Der IG-Metall-Vorsitzende Franz Steinkühler, der Vorstand und viele haupt- und ehrenamtliche Gewerkschaftsfunktionäre unterstützten den Streik sehr engagiert. Um den Druck weiter zu erhöhen, warf die IG Metall ihre Organisationsmacht in die Waagschale und veranstaltete am 12. Mai einen bundesweiten Aktionstag mit Solidaritätsstreiks und Kundgebungen, an denen nach eigenen Angaben 500.000 Beschäftigte teilnahmen. Schwerpunkte der Aktion waren die VW-Werke in Wolfsburg und Kassel, die Daimlerwerke in Stuttgart und die Stahlstandorte in Duisburg. Auch Mitglieder anderer Gewerkschaften beteiligten sich an den Kundgebungen. Eine Besonderheit war der Solidaritätsstreik der ÖTV im öffentlichen Nahverkehr in Leipzig, dessen Fahrerinnen und Fahrer sich an diesem Tag für mehrere Stunden an den Protestaktionen beteiligten und den Verkehr ruhen ließen.

Die Eskalationsstrategie der IG Metall hatte Erfolg. Am 14. Mai kam es zu neuen Verhandlungen. Ein neuer Stufenplan wurde vereinbart, der die Anpassung der Löhne an den bayerischen Tarifvertrag jetzt nicht mehr für den April 1994, sondern für Juli 1996 vorsah. Die Anpassung erfolgte wieder in Stufen, wobei ab Juli 1995 schon 94 Prozent des Westniveaus erreicht werden sollten. Das Ergebnis wurde in der Urabstimmung in Sachsen, das die Hauptlast des Streiks getragen hatte, mit 78 Prozent angenommen, in Mecklenburg-Vorpommern mit 61 Prozent. Am 19. Mai nahmen die 20.000 Streikenden in Sachsen die Arbeit wieder auf, einen Tag später die 14.000 Streikenden an der Ostseeküste. Die Eisen- und Stahlindustrie streikte eine Woche länger, um dann einen ähnlichen Stufenvertrag abzuschließen. Insgesamt hatten sich 41.500 Beschäftigte an dem Streik beteiligt (Schröder 2000: 322).

Neben der materiellen Seite spielte bei den Verhandlungen die Frage der betrieblichen Öffnungsklauseln eine entscheidende Rolle. Diese Möglichkeit war von Arbeitgeberseite schon öfter in die Diskussion gebracht worden.

»Als ernsthaftes Ziel der Arbeitgeberseite wurde sie jedoch erstmals im ostdeutschen Arbeitskampf in der Metallindustrie 1993 verfochten, was von vielen – auf beiden Seiten – so verstanden wurde, dass Ostdeutschland eine Laborfunktion für mögliche Neuerungen in ganz Deutschland zugeschrieben werden sollte. Die Arbeitgeber konnten sich jedoch mit ihren eigentlichen Plänen, dass die Betriebsparteien unkonditioniert vom Tarifvertrag abweichen dürfen, nicht durchsetzen.« (Kittner 2005: 690)

Abweichungen vom Tarifvertrag durch eine Betriebsvereinbarung zuzulassen hätte bei der schwachen Stellung vieler Betriebsräte im Osten einen Dammbruch bedeutet und wäre der Anfang vom Ende des bisherigen Tarifsystems in Deutschland gewesen.

Anstelle der Öffnungsklausel wurde eine Härtefallregelung vereinbart, die aber nur wirksam werden konnte, wenn beide Tarifparteien zustimmen, »also etwas, das auch ohne tarifliche Klausel jederzeit möglich war und ist« (Kittner 2005: 690). Die Härteklausel wurde relativ selten angewandt (1993 in 18 Fällen in der ostdeutschen Metallindustrie, 1994 in 12 Fällen, 1995 in 44 und 1996 in 18 Fällen; Kittner 2005: 691). Damit war dieser Angriff auf die Tarifverträge weitgehend abgewehrt.

Die IG Metall konnte den Streik im großen Ganzen als Erfolg verbuchen. Sie hatte zwar Lohnzugeständnisse machen müssen, aber die waren angesichts des wirtschaftlichen Umfeldes vermittelbar und wurden vor allem von der Mehrheit der Betroffenen offensichtlich als nicht verhinderbar akzeptiert. Die Frage der Öffnungsklauseln konnte entschärft und damit vorläufig verhindert werden, dass der Osten zum tarifpolitischen Experimentierfeld wurde.

## Der Streik der IG Metall zur Verteidigung des Stufentarifvertrags

Vor allem aber war es der IG Metall gelungen, einen Arbeitskampf mit streikunerfahrenen Mitgliedern in einem sehr schwierigen wirtschaftlichen Umfeld erfolgreich durchzuführen – trotz Gegenwind aus Öffentlichkeit und Politik. Wesentlich für den Erfolg war, dass sich die IG Metall mit ihrer Organisationsmacht voll hinter den Streik stellte und ihn als gesamtdeutschen Arbeitskampf führte, was ihr die Möglichkeit gab, mit den bundesweiten Protestaktionen am 12. Mai eine weitere Eskalationsstufe aufzubauen, wobei sie die Furcht der westdeutschen Beschäftigten vor Lohndumping im Osten zur Mobilisierung nutzte. Die IG Metall hatte ihre Handlungsmöglichkeiten weitgehend ausgereizt; das Ergebnis entsprach den Kräfteverhältnissen.

Tarifkämpfe können aber schwere wirtschaftliche Fehlentwicklungen kaum korrigieren. Der Stufentarifvertrag wurde nicht zum Ausgangspunkt einer konsolidierten Tariflandschaft in der Metallindustrie der neuen Bundesländer. Die überwiegend klein- und mittelbetriebliche Struktur, die hohe Arbeitslosigkeit, konfrontative Haltungen in den Unternehmensleitungen und die Schwäche der Arbeitgeberverbände führten dazu, dass die Tarifbindung weit hinter Westdeutschland zurückblieb. Neun Jahre später, 2002, waren nur 25 Prozent der ostdeutschen Betriebe in allen Branchen tarifgebunden. Allerdings fielen noch 55 Prozent aller Beschäftigten unter einen Tarifvertrag, im Westen waren es 70 Prozent (Kittner 2005: 692). Die Arbeitszeiten blieben länger, und die tatsächlich gezahlten Löhne kamen nicht weit über die Differenz zu Westdeutschland hinaus, die bereits in den 1990er-Jahren erreicht worden war. Der Streik von 1993 hat das auf lange Sicht nicht verhindern können.

### Literatur und Quellen

Die Zeit (1991): Besser als ihr Ruf, Interview mit dem Präsidenten des Arbeitgeberverbands Gesamtmetall Werner Stumpfe, in: *Die Zeit* vom 21.6.1991, www.zeit.de/1991/26/besser-als-ihr-ruf (Abruf am 23.2.2017)

IG Metall (Hg.) (1993): Aufrechter Gang in schwieriger Zeit. Der Kampf um den Stufenplan und die Verteidigung der Tarifautonomie in Deutschland 1993, verantwortl. Jürgen Mechelhoff, Frankfurt am Main 1993

Kittner, Michael (2005): Arbeitskampf. Geschichte, Recht, Gegenwart, München 2005

Peters, Jürgen (Hg.) (2003): In freier Verhandlung, bearbeitet von Holger Gorr, Göttingen 2003

Schmidt, Rudi/Lutz, Burkart (Hg.) (1995): Chancen und Risiken der industriellen Restrukturierung in Ostdeutschland, Berlin 1995

Schröder, Wolfgang (2000): Das Modell Deutschland auf dem Prüfstand, Wiesbaden 2000

Stamp, Friedrich (2007): Im Wandel solidarisch bleiben, Hamburg 2007

## Die Autorinnen und Autoren

**Ingrid Artus (Prof. Dr.)** ist Professorin am Institut für Soziologie der Friedrich-Alexander-Universität Erlangen-Nürnberg mit den Schwerpunkten Arbeits- und Industriesoziologie, Industrielle Beziehungen.

**Marcus Böick (M.A.)** ist wissenschaftlicher Mitarbeiter an der Professur für Zeitgeschichte der Ruhr-Universität-Bochum. Er promovierte im Juni 2016 mit einer Dissertation zum Thema »Manager, Beamte und Kader in einer Arena des Übergangs. Eine Ideen-, Organisations- und Erfahrungsgeschichte der Treuhandanstalt und ihres Personals, 1990–1994«.

**Detlev Brunner (PD Dr. phil.)** ist Privatdozent und wissenschaftlicher Mitarbeiter am Lehrstuhl für Deutsche und Europäische Geschichte des 19. bis 21. Jahrhunderts der Universität Leipzig. Zu seinen Forschungsschwerpunkten gehören Deutsch-deutsche Zeitgeschichte, Transformationsgeschichte seit 1990, die Geschichte der Gewerkschaften und die Geschichte von Sozialstaaten.

**Renate Hürtgen (Dr. phil.)** war zuletzt wissenschaftliche Mitarbeiterin am Zentrum für Zeithistorische Forschung Potsdam e.V. mit den Schwerpunkten Sozialgeschichte der DDR, Arbeitergeschichte, Angestellte im DDR-Industriebetrieb, Staatssicherheit im Betrieb sowie Antragsteller auf Ausreise aus der DDR. Sie war 1989 Mitbegründerin der Initiative für eine unabhängige Gewerkschaftsbewegung in der DDR.

**Roland Issen** ist Gewerkschafter und Politiker (SPD). Von 1987 bis 2001 war er Vorsitzender der Deutschen Angestellten-Gewerkschaft (DAG). 2001 gehörte er zu den Mitbegründern der Vereinten Dienstleistungsgewerk-

Die Autorinnen und Autoren

schaft (ver.di). Von 1990 bis 1994 war er Mitglied im Verwaltungsrat der Treuhandanstalt.

**Michaela Kuhnhenne (Dr. phil.)** ist Erziehungswissenschaftlerin und Forschungsreferentin in der Abteilung Forschungsförderung der Hans-Böckler-Stiftung für die Forschungsschwerpunkte Geschichte der Gewerkschaften und Bildung für die und in der Arbeitswelt.

**Stefan Müller (Dr. phil.)** ist Referent für Arbeitsbeziehungen und Gewerkschaftsfragen im Archiv der sozialen Demokratie der Friedrich-Ebert-Stiftung. Seine Forschungsschwerpunkte sind Geschichte der Humanisierung der Arbeit, Ostpolitik der deutschen Gewerkschaften in der Ära der Entspannungspolitik 1969–1989, Geschichte der Kartographie.

**Hartmut Simon (Dr. phil.)** ist Historiker und Bereichsleiter Information und Dokumentation in der ver.di-Bundesverwaltung. In dieser Funktion ist er auch zuständig für das ver.di-Archiv und die Pflege und Aufarbeitung der Geschichte der ver.di und ihrer Gründungsorganisationen.

**Wolfgang Uellenberg-van Dawen (Dr. phil.)** ist Historiker. 1982 bis 2008 war er in verschiedenen Funktionen beim DGB tätig. Von November 2008 bis 2014 war er Bereichsleiter Politik und Planung in der ver.di-Bundesverwaltung. Schwerpunkte: Arbeits-, Sozial- und Gesellschaftspolitik, Dienstleistungspolitik für Gute Arbeit, Verhältnis Gewerkschaften und Parteien, Geschichte der Arbeiterbewegung.

**Lothar Wentzel (Dr. phil.)** ist Historiker. Er arbeitete mehr als 25 Jahre im Bereich Bildung und in der Grundsatzabteilung der IG Metall. Er ist als Referent in der Bildungsarbeit der IG Metall tätig.

# Geschichtswissenschaft

Torben Fischer, Matthias N. Lorenz (Hg.)
**Lexikon der »Vergangenheitsbewältigung« in Deutschland**
Debatten- und Diskursgeschichte des Nationalsozialismus nach 1945

2015, 494 S., kart.
34,99 € (DE), 978-3-8376-2366-6
E-Book
PDF: 34,99 € (DE), ISBN 978-3-8394-2366-0

Debora Gerstenberger, Joël Glasman (Hg.)
**Techniken der Globalisierung**
Globalgeschichte meets Akteur-Netzwerk-Theorie

2016, 296 S., kart.
29,99 € (DE), 978-3-8376-3021-3
E-Book
PDF: 26,99 € (DE), ISBN 978-3-8394-3021-7

Alban Frei, Hannes Mangold (Hg.)
**Das Personal der Postmoderne**
Inventur einer Epoche

2015, 272 S., kart.
19,99 € (DE), 978-3-8376-3303-0
E-Book
PDF: 17,99 € (DE), ISBN 978-3-8394-3303-4

Leseproben, weitere Informationen und Bestellmöglichkeiten
finden Sie unter www.transcript-verlag.de

# Geschichtswissenschaft

Manfred E.A. Schmutzer
**Die Wiedergeburt der Wissenschaften im Islam**
Konsens und Widerspruch (idschma wa khilaf)

2015, 544 S., Hardcover
49,99 € (DE), 978-3-8376-3196-8
E-Book
PDF: 49,99 € (DE), ISBN 978-3-8394-3196-2

Pascal Eitler, Jens Elberfeld (Hg.)
**Zeitgeschichte des Selbst**
Therapeutisierung – Politisierung – Emotionalisierung

2015, 394 S., kart.
34,99 € (DE), 978-3-8376-3084-8
E-Book
PDF: 34,99 € (DE), ISBN 978-3-8394-3084-2

Thomas Etzemüller
**Auf der Suche nach dem Nordischen Menschen**
Die deutsche Rassenanthropologie in der modernen Welt

2015, 294 S., kart., zahlr. z.T. farb. Abb.
29,99 € (DE), 978-3-8376-3183-8
E-Book
PDF: 26,99 € (DE), ISBN 978-3-8394-3183-2

Leseproben, weitere Informationen und Bestellmöglichkeiten
finden Sie unter www.transcript-verlag.de